聪明投资课

一个独立投资人的心路历程

金立成◎著 （@立成说投资）

中国铁道出版社
CHINA RAILWAY PUBLISHING HOUSE

内 容 简 介

本书主要从投资必要性、财商教育的重要性和股票投资的系统性三方面来阐述的。前两章主要是投资理念的一些普及，后面几章则是重点介绍股票投资之道，如何做好股票投资是本书的重点内容。

只有拥有正确的投资理念，才能在投资路上走得稳健长远。做投资的根本目的在于获得财富，投资赚钱只是一个人判断力的副产品。很多人在做投资之前都缺乏理念的支撑，东一下，西一下，胡乱折腾，最终也没有得到什么好结果。

本书是站在投资大师的肩膀上阐述了股票投资的道与术，重点介绍了投资成功之道的秘密，并结合实际案例分析了如何做好投资，如何给一家公司进行合理恰当地估值，并揭露了一些大牛股的基因和密码。

此外，笔者还根据自己长时间的探索，摸索出几个常用的投资制胜的模型，这些模型有很高的成功概率，是经过市场反复验证过的，是笔者投资经验的精华与总结，读者可以根据自己的喜好进行学习研究。

投资模型只是投资方法而已，背后的核心内容是投资之道，普通投资者只有不断感悟投资背后的道理，才能让自己的投资之路升华到更高的境界。

热爱投资的人，均是热爱学习的人，也是热爱自由、追求真理的人。投资致富并非人生的终极目标，努力成为一个有价值的人、能对社会有益的人才能体现出人生的价值与意义。

投资的真功夫在投资之外！悟道的人终将富足、获得自由。

图书在版编目（CIP）数据

聪明投资课：一个独立投资人的心路历程 / 金立成

著 . —北京：中国铁道出版社，2018.7

ISBN 978-7-113-24436-1

Ⅰ . ①聪… Ⅱ . ①金… Ⅲ . ①股票投资－基本知识

Ⅳ . ① F830.91

中国版本图书馆 CIP 数据核字（2018）第 084605 号

书　　名：聪明投资课——一个独立投资人的心路历程
作　　者：金立成　著

责任编辑：张亚慧		读者热线电话：010-63560056	
责任印制：赵星辰		封面设计：MXK DESIGN STUDIO	

出版发行：中国铁道出版社（100054，北京市西城区右安门西街 8 号）
印　　刷：北京鑫正大印刷有限公司
版　　次：2018 年 7 月第 1 版　　　2018 年 7 月第 1 次印刷
开　　本：700mm×1000mm　1/16　印张：16.25　字数：253 千
书　　号：ISBN 978-7-113-24436-1
定　　价：49.00 元

PREFACE
前　言

随着我国社会经济的不断发展，大多数普通老百姓手上积累的余钱越来越多。钱多了，自然就有投资理财的需求。"你不理财，财不理你""人无股权不富"等财富观念日益深入人心。目前，我国仍然处在社会主义初级阶段，以"经济建设为中心"这一基本国策没有变化，就单个家庭而言，也需要以"小康而富足的生活"为目标而努力奋斗。

我国 M2 的数额从 1990 年的 1.53 万亿增加到 2017 年的 167.7 万亿，在过去的 28 年里，M2 扩张了 100 倍有余，与此对应的是物价、工资、房价的上涨。在过去的十几年里，我国大城市的房价一直在震荡上涨，一些一线城市的房价在 10 年的时间内涨幅高达 10 倍，造富效应非常明显。

在当今时代，新的科技日新月异。不关心时代的发展和国家的经济发展走势，很容易被时代抛弃；不努力做好投资和理财，仅仅依靠工资收入，很难过上自己想要的生活水准。因此，不少人都意识到投资和理财的重要性，于是他们满怀致富的希望，纷纷下海、跃跃欲试，可是等待他们的并不是投资的成功，而是大面积的亏损和失败。

可见，大多数人都有想做好投资的初衷，但是他们往往却缺乏基本的投资能力和投资需要的基本素养。就投资而言，我国大多数学校是缺乏相关课程供学生学习的，很多学生一毕业，就面临找工作的压力，更没有多少时间和精力去学习投资了，这样就造成了不少人财商比较低的局面。而等到他们有点儿积蓄想学习投资时，这时候就会病急乱投医，有些人甚至会乱投资、瞎投资，最终葬送了他们辛苦赚来的血汗钱，让人唏嘘不已。

普通百姓亟须财商教育和投资教育，只有走上了正道，才能让一个人行走得长远。当前，投资渠道相对狭窄，供普通人选择的投资产品往往只有银行理财产品、余额宝、各类 P2P 平台产品以及大家耳熟能详的股市了。银行理财、余额宝的投资收益比较有限，风险较低。P2P 平台近年来"跑路"的不少，很多小众投资者血本无归，不少人对 P2P 平台产品的投资抱有较高的戒备心理。而股票投资的风险比较高，潜在收益也相对比较高，再加上股市造富"神话"频繁。于是，不少人就开始尝试股票投资，希望能从中挖出人生的第一桶金。

理想很丰满，而现实却很骨感！对大多数人而言，若不勤勉学习，投资股票是难以获得成功的，更不可能挖出人生的第一桶金。股市里有句谚语："一赚二平七亏损"。实际上，经过股市长时间的洗礼，长期来看，真正能从股市里赚钱的人不足 5%。短期来看，股市里不乏各类"股神"出没，但长期而言，只有极少数人能最终成为赢家。能善终、笑到最后的投资者才是真正的王者。

曾几何时，笔者初入股市也是一名不折不扣的投资失败者。可是失败并不可怕，只要肯付出，它往往最终会成为迈向成功的垫脚石。为了求得真经，笔者在求知路上苦苦找寻，阅读书籍数千册，但经过十多年来的投资实践，逐步掌握了股市投资的一些规律和高概率盈利技能以及投资模型，并在股票投资实践中形成了自己的投资价值观。这些经验的摸索和盈利的实践都是通过大量的时间和金钱得来的，对于普通投资者尤其是那些初学者来说，有相当大的借鉴价值。荀子曾说："君子生非异也，善假于物也。"

本书凝结了笔者多年来对理财与股票投资的感悟，是长期投资实践的精华和总结。本着服务大众的心态，希望本书能给那些在投资理财之路上不断探索的朋友一些建议和启发。只要书中的某个观点能打动读者，或者能启发更多的人走上投资之路，也是让笔者感到非常欣慰的一件事。同时，书中的观点可能有一些不足之处，希望读者多加批评指正，欢迎读者关注笔者个人微信公众号"立成说投资"进行留言，我将不胜感激。

这里提醒广大投资者，股市有风险，投资需谨慎，投资收益受多重因素影响，收益情况因人而异。

编　者

2018 年 3 月

| 目 录 |
CONTENTS

第 1 章 为什么要投资 / 1

1.1 人生的两大追求 / 3

1.2 财富分配的密码 / 4

1.3 投资是生活必需品 / 6

1.4 投资、投机与赌博 / 8

1.5 正确的投资理念 / 10

    1.5.1 保守 / 10

    1.5.2 复利 / 11

    1.5.3 耐心 / 11

1.6 认清资产与负债 / 12

1.7 投资的目标 / 14

1.8 选择股票的理由 / 16

1.9 复利的魔力 / 17

1.10 家庭幸福与资产配置有关 / 19

第 2 章 财商教育 / 23

2.1 在中国,投资事业是一片蓝海 / 24

2.2 普通上班族的逆袭之道 / 25

2.3 一流的父亲 / 28

2.4 做有远见的父母 / 30

2.5 关于财富,你的理解可能都是错的 / 31

2.6 真正的投资者 / 34

2.7　少数人与财富 / 35

2.8　致命的投资心理 / 37

2.9　人生决战在中年 / 39

2.10　投资二级市场中的"大多数人" / 40

2.11　从命运的角度看投资 / 42

2.12　怎样选择打新门票 / 44

2.13　优秀投资者的对手 / 46

2.14　大多数散户为什么会赔钱 / 47

2.15　哪一种人在股市里注定发财 / 49

2.16　"价值连城"的三五天 / 50

2.17　"合格而称职"的投资本金 / 52

2.18　投资的合理目标 / 54

2.19　投资的三种境界 / 56

2.20　耽误一生的"错误"赚钱方法 / 57

第3章　股票投资的基石 / 61

3.1　赌徒派、技术派、投资派 / 62

3.1.1　赌徒派 / 62

3.1.2　投机派 / 63

3.1.3　投资派 / 64

3.2　能力圈——不投资不懂的东西 / 65

3.3　如何看待股票市场 / 67

3.3.1　成熟投资者应对市场的价值观 / 67

3.3.2　对股价波动的理解 / 69

3.3.3　股市市场定位与大股东清仓式减持 / 70

3.4　究竟买什么股票 / 72

3.5　安全边际——何为好价格 / 75

3.5.1　巴菲特历史投资业绩 / 75

3.5.2　格雷厄姆的安全边际 / 77

3.5.3 安全买入价的 A 股实践 / 78

3.6 买入时机的选择 / 79

3.6.1 当遭遇熊市时 / 80

3.6.2 优秀企业遭遇巨大利空时 / 81

3.6.3 当公司大股东大力度回购股票以及管理层大幅度增
持股票时 / 81

3.6.4 当强周期性企业的现金流出现大幅度改善向好时 / 82

第 4 章 投资系统的构建 / 83

4.1 我的投资价值观 / 84

4.2 选股模型 / 86

4.3 内在财富决定外在财富 / 88

4.4 便宜是王道 / 89

4.4.1 现在的价格比历史的价值便宜 / 90

4.4.2 现在的价格比未来的价值便宜 / 91

4.5 闲谈"耐心"的价值 / 93

4.6 投资杠杆能用吗 / 94

4.7 公司研究的几个核心点 / 96

4.7.1 行业的发展趋势 / 96

4.7.2 企业的商业模式 / 96

4.7.3 公司获取现金的能力 / 97

4.7.4 公司的管理层素质 / 97

4.8 投资的仓位管理 / 98

4.8.1 小资金，应集中 / 98

4.8.2 大资金，适当分散 / 99

4.8.3 不轻易满仓，随时保留一定比例现金仓位 / 100

4.9 如何面对股票市场波动 / 101

4.10 致命的投资思维 / 102

4.11 不同类型企业的估值思考 / 104

4.11.1 高杠杆企业和周期性企业，重点看 PB，兼看 ROE 与 PE / 104

4.11.2 稳定消费型企业，重点看 PE 和 ROE，兼顾 PB / 105

4.11.3 消费垄断型企业，重点看 PE / 105

4.11.4 高科技企业，重点看 ROE，兼看 PE / 106

4.12 如何提高投资判断力 / 107

4.13 什么时候卖股票 / 109

4.13.1 牛市的时候卖出 / 109

4.13.2 基本面变坏时卖出 / 110

4.13.3 到达目标价的时候卖出 / 110

4.14 战略投资的产业链思维 / 111

4.15 神奇投资公式 / 113

4.16 投资理念重于个股 / 115

第5章 公司估值 / 117

5.1 艺术性——定性分析 / 118

5.1.1 典型的商业模式 / 118

5.1.2 行业的竞争格局 / 120

5.1.3 公司的核心竞争力 / 122

5.1.4 公司发展战略 / 123

5.1.5 管理层的素质 / 124

5.2 科学性——定量分析 / 125

5.2.1 重要财务指标分析 / 126

5.2.2 净利润的现金含量 / 135

5.2.3 财务业绩的预测 / 136

5.2.4 常见的财务造假方式 / 138

5.3 走出估值的迷雾——构建估值系统 / 140

5.3.1 账面价值、公允价值与内在价值 / 140

5.3.2　现金流折现值（DCF）/ 142

5.3.3　DCF 的估值思维 / 144

5.3.4　系统性估值策略 / 146

5.3.5　典型的投资制胜估值模型 / 148

第 6 章　公司财报分析案例　/　149

6.1　伊利股份——好公司值得收藏 / 150

6.1.1　财务报表解读 / 150

6.1.2　公司经营分析 / 152

6.1.3　公司经营战略 / 153

6.1.4　结论 / 153

6.2　承德露露——能困境反转吗 / 154

6.3　宋城演艺——现金流出色的商业模式 / 157

6.3.1　公司是做什么的 / 157

6.3.2　行业发展趋势 / 158

6.3.3　公司的核心竞争优势 / 159

6.3.4　2016 年财务报表分析 / 161

6.3.5　股权结构分析 / 162

6.3.6　以董事长为首的管理层分析 / 163

6.4　保利地产——未来市值能到 5000 亿吗 / 164

6.5　福耀玻璃——沙漠之花也能绽放异彩 / 166

6.5.1　公司简介以及 2016 年业绩总体印象 / 167

6.5.2　行业发展前景分析 / 168

6.5.3　公司的竞争优势 / 168

6.5.4　2016 年财务报表分析 / 169

6.5.5　公司股权结构分析 / 170

6.5.6　董事长曹德旺先生 / 171

6.6　富安娜——被遗忘的公司 / 172

6.7　乐视网——现金流枯竭的典型 / 175

6.7.1 乐视网公司简介 / 175

6.7.2 行业发展趋势 / 175

6.7.3 财务报表分析 / 176

第7章 优质股权的收藏家——顶尖投资模型 / 179

7.1 贵州茅台 / 181

7.2 双汇发展 / 182

7.3 恒瑞医药 / 184

7.4 片仔癀 / 187

7.5 招商银行 / 189

第8章 中国股市的投资模型 / 191

8.1 可转债与正股套利模型 / 192

8.1.1 公司案例分析：三一重工 / 192

8.1.2 三一重工的基本信息 / 192

8.1.3 选择三一重工的理由 / 193

8.1.4 三一重工价格买入区间 / 195

8.1.5 投资三一的预期收益 / 195

8.2 "逆向投资"模型 / 196

8.2.1 公司案例分析：奥瑞金 / 196

8.2.2 奥瑞金的基本信息 / 197

8.2.3 选择奥瑞金的理由 / 197

8.2.4 奥瑞金的买入价格区间 / 200

8.2.5 投资奥瑞金的预期收益 / 200

8.3 隐蔽资产模型 / 201

8.3.1 公司案例分析：辽宁成大 / 201

8.3.2 辽宁成大的基本信息 / 202

8.3.3 选择辽宁成大的理由 / 202

8.3.4 辽宁成大的买入价格区间 / 204

8.3.5 投资辽宁成大的预期收益 / 204

8.4 困境反转模型 / 205

    8.4.1 公司案例分析：闰土股份 / 205

    8.4.2 闰土股份的基本信息 / 206

    8.4.3 选择闰土股份的理由 / 206

    8.4.4 闰土股份的买入价格 / 208

    8.4.5 投资闰土股份的预期收益 / 209

8.5 低估绩优模型 / 209

    8.5.1 公司案例分析：民生银行 / 210

    8.5.2 民生银行的基本信息 / 210

    8.5.3 选择民生银行的理由 / 211

    8.5.4 民生银行的买入区间 / 214

    8.5.5 民生银行的投资收益 / 215

8.6 资产收藏模型 / 215

    8.6.1 公司案例分析：信立泰 / 216

    8.6.2 信立泰的基本信息 / 216

    8.6.3 选择信立泰的理由 / 217

    8.6.4 信立泰的买入价格区间 / 219

    8.6.5 投资信立泰的预期收益 / 220

第 9 章　投资组合与投资策略 / 221

9.1 投资组合管理 / 222

    9.1.1 投资风险管控 / 222

    9.1.2 资产配置的逻辑 / 224

    9.1.3 构建投资组合 / 227

9.2 投资策略分享 / 231

    9.2.1 股债动态平衡策略 / 231

    9.2.2 现金为王投资策略 / 232

    9.2.3 集中投资策略 / 233

    9.2.4 大周期投资策略 / 234

后 记 财富自由与身心自由 / 237

孤独与自由 / 238

财富与自由 / 239

自由生活的安排 / 241

财富传承的秘密 / 243

个人商业模式与财务自由 / 245

第1章

为什么要投资

俗话说："你不理财，财不理你。"可是很多人越理财，离财富却越远。

在现代金融越来越发达的今天，不懂金融、不懂货币、不懂投资，往往意味着财商低，一个财商比较低的人在现代社会是很难过上自己想要的生活的。财商与财产管理的能力密切相关，财产管理主要包括以下四个方面：保险、储蓄、税务和投资，而投资恰恰是财富提升的最重要手段之一，因此投资能力的高低代表着财商水平的高低。

本章主要内容包括：

➤ 人生的两大追求   ➤ 认清资产与负债

➤ 财富分配的密码   ➤ 投资的目标

➤ 投资是生活必需品   ➤ 选择股票的理由

➤ 投资、投机与赌博   ➤ 复利的魔力

➤ 正确的投资理念   ➤ 家庭幸福与资产配置有关

　　既然认识到投资对财富提升的重要性，所以我们必须要做投资，投资是人人都要懂的必修课。就当今社会的投资种类来看，投资有虚拟金融投资与实业投资两大类。

　　对于实业投资来说，门槛往往比较高，事情烦琐而复杂，接触的社会机构与部门多，而且投资退出相对不那么自由。举例来说：比如，开一家养猪场，在市场行情好的时候，赚大钱了，于是不断扩大生产规模，但当新的市场周期来临，行情看跌，这时候可能就要赔钱了，在市场行情不好的时候想退出投资变现，及时把养猪场卖了容易吗？有人会接手吗？而虚拟金融投资往往没有这么复杂，在市场行情不好的时候深度了解相关上市公司的基本情况，买入相关上市的公司股权，在市场行情好的时候抛出即可，同样也能赚到钱，殊途同归，这是虚拟金融投资的便利性所在。

　　世界上所有的富人都有一个共同的特点：那就是优秀企业股权的持有者。作为普通百姓，要不要学习做投资呢？要不要跟随富人呢？社会上的财富有很多种，企业作为社会的重要组成部分，为国家创造了税收，为百姓解决了就业，企业的所有者合理分享企业所得利润，这是理所应当的。投资股票，成为股东，也就有了被动收入，这是投资应得的结果。普通百姓也能借助富人的经营智慧，分享社会财富，与时代发展的洪流融入一起。

　　在通胀日益加剧的今天，全球货币超发，长期持有现金往往意味着持有资产贬值。只有把现金投资出去，才能够保持增值。你把钱存入银行干吗？钱存入银行就是在补贴富人，富人就是那些喜欢从银行借钱的人，他们深知通胀的道理，只要合理的负债，随着时间的累积与通胀的作用，负债就会减轻。有人会说自己没有富人那么会找投资项目，那该怎么办？我的建议有两个，第一：去找靠谱的投资人，把钱交给他，让他帮你投资；第二：自己学会投资，把自己打造成投资专业人士，让投资为自己创造财富。

　　对于那些对投资不是很懂，但也不愿意付出过多的时间去学习投资的普通百姓来说，购买指数基金是比较不错的投资选择，只要能坚持长期定投，其投资业绩往往能打败 90% 的投资者，包括机构投资者，这同样也能创下不错的被动收入，为自由的生活带来一份保障。

1.1　人生的两大追求

　　人一辈子不容易。只要活在世上，就难免要吃喝拉撒睡，与日常生活相关的就是柴米油盐酱醋茶。这些都是最基础的消费，若生活要有品质品位一点，房子车子也是必需品。很显然，人生的幸福生活是离不开物质的，而物质的来源主要靠金钱来购买。因此，对于大多数普通人来说，金钱是可以提高生活的幸福指数的。

　　"天下熙熙，皆为利来；天下攘攘，皆为利往"这是古人对现实生活的总结与概括，总体来说，普通百姓在社会上生存离不开"利"字。对于大多数人来说，上班仅仅是为了获得微薄的薪水。当然了，可能极少数人有更高的追求，不单单是为了薪水，而是为了自我价值的实现。因此，物质上的自由，也就是财务自由是何等重要，这样就可以解放自己，追求自己的爱好，有更多的选择。

　　人生的第一大追求：财务自由。有了财务自由，就有了人身自由、时间自由、心灵自由。很多人一生都在努力为工作打拼，仍然无法获得财务自由。每个月仅仅获得微薄的薪水，交了房贷车贷以及孩子的教育费用后，所剩无几，没有什么可利用的投资本金。本金乃投资之本，是个人获得财务自由的第一步。很多上班族，其实就是 3M 族而已，3M 指的是 Money Making Machine（赚钱机器），为了上班而上班，无长远的财务规划，一辈子都脱离不了打工的命运。

　　可见，根本没有人愿意成为这样的上班族，但是现实生活中这样的上班族太多了。等自己混到中年后，孩子也大了，生活压力更大了，只有把改变命运的希望寄托给下一代了。既然如此，普通上班族应该怎么做呢？在上班的同时，努力提高自己的能力，积累第一桶金，学会投资，让投资为自己创造财富。当一个人的被动收入大于主动收入，并且能满足生活的需求，那么这个人就可以算作财务自由了。

除了财务自由乃人生的追求外，还有一项追求，其实比财务自由更重要，那就是身体健康。健康的身体是革命的本钱，这是老生常谈的话题。曾经有人问巴菲特："您已经赚到如此之多的财富，除此之外，您目前最大的追求是什么？""股神"是这么回答的："成为一个长寿的人。"

身体健康是长寿的前提，越长寿，投资复利的雪球才会越滚越大，巴菲特80%的财富都是60岁之后赚得的。可见，对于投资来说，慢就是快。但是如果没有一个好的身体，这种由时间与复利所创造的奇迹是看不见的。

为了人生过得更好，我们每个人都有共同的追求：身体健康与财务自由。环顾全球，伟大的投资者往往都是长寿的人，到底是长寿造就了投资者的伟大，还是投资能力造就了投资者的伟大呢？其实二者是相辅相成的，相互促进与相互影响的。

1.2 财富分配的密码

知道了健康、财务自由的重要性后，我们需要把这个目标贯彻在日常生活中，付诸在自己的行动里，否则，再美好的理想与目标都成了空谈。俗语说："空谈误国，实干兴邦。"踏踏实实的行动才能改变命运，如果真正做到了知行合一，这个世界再也没有什么难事了。"知道"与"做到"之间横跨着世界上最遥远的距离。

在付诸行动之前，首先要懂得财富在哪里？社会上到处都充斥着财富，究竟如何获得财富呢？在当今社会，财富分配有什么密码吗？为什么有些人能轻松获得财富，而有些人辛苦一辈子也没有获得多少财富呢？这里面究竟有些什么文章，水到底有多深，让我们一起深入了解一下吧！

现代社会主要是以市场经济为主导的社会。在市场经济里，公司是一切经济活动的主体，公司也是创造财富的主要领域。因此，大多数人可以看到社会上的大富豪往往是拥有公司股权或者控制权的人。从表象上看，拥有公司的股权是财富分配的密码？但是，从实质上说，财富分配的密码是合理聪明的承担风险。

《穷爸爸富爸爸》一书中曾指出，要想成为富人，必须要做右象限的人，那就是企业所有者与投资者。而左象限的人是上班族与自由职业者，这些人成为富人的概率相对要低很多，因此他们往往是穷人。那这是为什么呢？有人说，右象限的富人有自己的赚钱系统，可以轻松获得被动收入，而左象限的人往往只能获得主动收入，那就是出卖自己的时间或劳动或从事小生意赚钱。这当然是对的，但是并不深刻。

记得我曾经写过一篇文章《思维的层次》，很多人更多只是关注结果，很少思考出现结果的原因。而关于原因方面，能进一步思考原因的就更少了，独立思考在当今时代非常重要，这关系到个人的判断力。右象限比左象限财富更多的深层次原因在于，右象限的人合理聪明地承担了风险、付出了资本，而左象限的人往往仅仅只是付出了劳动而已。当今社会是市场经济，社会分配财富的逻辑如下：风险 > 资本 > 劳动。

此话怎讲？金融学里一个基本的理念是，所有资产定价都无法绕开风险这一核心要素，或者说资本资产的定价，就是对风险的定价，也没有什么大的问题。比如说，银行存款的风险几乎为 0，那么银行的存款利率当然是非常低的。在投资界，赚钱最多的当属一级投资者，那就是种子基金，也就是平时大家所说的风投，项目一旦成功，就会获得成千上万倍的回报。举个例子，MIH 当年对腾讯公司的投资，3200 万美元变为现在近 600 亿美元，回报近 2000 倍，在短期内（10 几年）获得如此高的回报，只有风投才能实现。为什么？当年，这笔资金承担的风险实在不小，有打水漂的可能性。

再来谈谈资本，资本与风险投资类似，但是其承担的风险没有风投大。比如一个老板出资成立一家企业，年收入 10 亿元，净利润 1 亿元，那么这个净利润就是这个老板的投资利得收益，而在这家企业上班的员工，只能获得工资，而无法享有利润的分配，哪怕这个员工在公司创造的价值再大，只能获得一般的工资收入，若没有公司的股权，也无法享有资本利润分配。道理很简单，普通员工仅仅出卖了自己的劳动获得收益，其承担的资本风险与企业的经营风险几乎可以忽略，而普通员工所创造的价值也因风险而转移给老板，因此，收益也归老板所有。

综上所述，聪明的你能洞察出什么玄机呢？那就是要想赚得更多的财富，必须合理聪明地承担风险，若天天就想着旱涝保收，那获得财务自由的概率是很低的。飞行员的收入都是比较高的，为什么？因为他们承担了普通人没有承担的风险。

因此，如果你不想承担一点风险，就和社会上大多数人一样，过着依靠工资收入的生活，那么这样的生活肯定是普通大众的生活，也没有什么不好，但是距离财务自由就远了。普通大众过的是什么生活呢？每天上班赶地铁，朝九晚五，每个月拿着老板发的固定工资，日子过得紧巴巴，还要还房贷，咬咬牙供着上一代和下一代，最终把命运的改变寄托给后代。这就是大多数百姓过的日子。这个世界是公平的，富人之所以是富人，往往是因为他们的思维与穷人有巨大差异，更多的原因还是他们勇于担责、勇于承担风险。

合理聪明地承担风险，这样才能改变命运，改变财务不健康的现状。在当今时代，不懂得投资（合理承担风险）只能过着极为普通的生活。不管是股票投资还是实业投资都是有风险的，只要合理控制好风险，勇于承担，那么财务就会越来越健康。其实合理地承担风险，也是在承担责任。做投资要保守（合理控制风险），要尊重复利的魔力，但是过于保守，一点风险都不想承担，还想获得自由的美好愿望只能存在于睡梦之中了。

让我们一起记住财富分配的密码：合理聪明地承担风险。俗语说："富贵险中求，"大概就是这个意思吧。但是，千万要记住，不合理不聪明地承担风险，就让财富打水漂了，就是与财富无缘。

1.3 投资是生活必需品

什么是投资？其实答案有千千万万。现实生活中，看似每个人都在忙碌，其实各自在自己的领域做着投资。当然了，除了投资之外，很多人还在做投机，甚至在赌博。但是，要想生活过得更好，投资是必需品。因为投资成功了，财务就自由了，时间随着也自由了，最后心灵也自由了。为了生活自由、幸福，投资是一定要做的事情。

有人天天健身、跑步，那是在投资健康；有人天天阅读、独立思考，那是在投资大脑；有人创业开工厂，那是在投资未来的现金流；有人把自己的存款源源不断存入银行，那是在委托银行帮自己做投资，获得微薄的利息；有人长线买入上市公司的股票，那是在投资一家企业的未来，并获取稳定的股息当作现金流。

总之，投资这件事就发生在我们的日常生活中，离我们很近。小到个人，大到国家，其实都在做投资，做投资的目的就是为了生活富足，能堂堂正正做人，选择自己喜欢做的事情，提高幸福指数。我国自改革开放以来，一直在做投资，发展经济，正因为如此，老百姓的生活水平与以往相比才有天壤之别。

以上是在谈广义上的投资，本文讨论的范围要缩小，重点要谈的是实业投资与虚拟证券投资。说到实业投资，我们马上就会联想到开工厂，开诊所，开连锁服务机构等。实体投资需要资金、人际关系、专业行业经验，经营管理水平、社交能力等，能创业做老板的人，天生就是冒险家，承担了无穷的压力的同时，往往也能获得一份自由。谈到虚拟证券投资，很多人马上就会想到股票，其实除了股票之外，还有基金、债券、外汇、大宗商品期货等，只是股票是平时生活中讨论最多的。虚拟证券投资与实体投资相比，所需要的能力完全不同，虚拟证券投资往往需要理性并具有耐心的性格、不错的财务分析能力，心理学常识等。但是，无论是哪种投资，本质都是相通的，都是为了获得未来的现金流。

在当今社会，货币的印刷速度是惊人的。自纸币诞生那天起，就改变不了日益贬值的命运，那是因为通货膨胀。现在全球在"玩"货币贬值竞赛，长期持有现金就是持有贬值资产，只有把现金投资出去，才有可能保值增值。实体创业，人人当老板那是不现实的事情，但是这不妨碍人人可以当股东，只要选对行业、跟对人了，投资致富就不是很难的事情。因此，虚拟股权投资可以说是最便利的投资方式，只要学会了，那么被动收入就会得到大幅提高，慢慢把自己从工作中解放出来，去选择更喜欢的事情就会成为现实。

环顾全球，世界各国的富豪们都有一个显著的特点：那就是优秀企业的股权持有者，有些是上市公司，有些不是。但唯一的共性是他们持有大量的股权，而非普通百姓所说的现金。说某某身家多少亿，那一般是按股权计算的。作为普通百姓，更应该像富人学习，像富人学习持有优秀企业的股权，因为优秀企业的股权，随着时间的流逝，不但越来越值钱，而且股息也会日益增长，是跑赢通胀的好手，是获得自由的利器。

投资是生活必需品，心动不如行动。不要做语言的巨人，行动的矮子。唯有行动才能改变命运，那就从今天开始，学习投资、实践投资、感悟投资的真谛吧。

1.4 投资、投机与赌博

认识到投资的重要性与必要性后，很有必要了解投资、投机与赌博之间的差异。很多人在干着投机与赌博的生意，却浑然不知，还窃以为自己是在做投资呢？这是很可怕的。当然了，投资是为了赚钱，但是其风险相对可控。但这并不是说投资要比投机或赌博一定要高明很多，因为投机或者赌博也能赚钱，甚至可以赚大钱。那为什么投机、特别是赌博就很可怕了呢？投机与赌博的可怕在于风险高，可持续性低，只要这个游戏持续不断地玩下去，归零是大概率事件，这是其一；投机与赌博的可怕还在于其在短期内可获得巨额回报，属于立刻可以看到回报的那种"好事"，很多人会上瘾，只要上瘾了，戒掉就难了，这是其二。相对而言，投资的方法回报慢，时间相对长，考验人耐心，但是可持续性高，只要有长长的坡，厚厚的雪，哪怕是从一个不起眼的小雪球开始，也能滚出一个人生的大雪球。

聪明人应该学会从他人的经验中获得人生启发、普世智慧。一个人如果一开始以错误的方法赚了钱。那么，这很可能耽误这个人一辈子。赌博就是如此，很多人一开始以赌博的方法挖掘到了人生的第一桶金，从此就开始迷上了赌博。为什么有人会持续赌下去呢？因为赌徒们一开始以赌博的方式快速赚到了钱，后面即使输钱了，但是他们还是相信一定会赢回来的，这就是赌徒的逻辑。曾经看过一个国内老板去赌博的日记，惊心动魄，波澜起伏，但最终改变不了其血本无归，倾家荡产，家破人亡的悲惨结局。有人说，这个故事太遥远，那么普通人身边有没有这样的例子吗？本人认识的一个朋友就是如此，喜欢打麻将，后面输钱了，一发不可收拾，借高利贷赌博，高利贷没法还了，债主逼债，弄得鸡犬不宁，最后妻离子散，自己跳江自杀，令人唏嘘。"十赌九输"，赌徒们的结局一般都是如此，若有爱好赌博的人看了这段话，请早日戒赌吧。

说完了赌博，那么投机呢？投机应该很不错吧，经常投机应该也能赚不少钱。当然了，相对而言，投机就比赌博高明多了，高明在哪里呢？投机，顾名思义，就是投资机会，没有机会就不进场交易，主要目的是为了在短期内快速博取价格差。请注意这里的描述词语"短期快速"，在股市里是如何表现的呢？就是换手率极高，频繁买卖交易，此外，就是追逐 PE 极高的股票，PE 极高的股票，投机风险一般都高。

在做投机之前，很多人还是会做出一番总结和评估的，不会轻易下手，相对而言，投机成功的概率比赌博要高，但是与赌博都有一个致命的缺点，那就是可持续性低，无法长时间复制。古今中外，没有一个人靠持续投机发了大财的，最终还是改变不了亏损的命运。

最后重点谈谈投资。投资与投机有类似的地方，都注重市场机会，但是投资与投机的差异性体现在哪些方面呢？投资关注的重点是股票背后的企业；投机关注的重点是短期市场价格的涨跌；投资保守，注重安全边际；投机激进，注重买卖差价；投资的公司如果股价大跌，大幅低于投资者的买入价，投资者会毫不犹豫地逆势加仓，越跌越买。投机的公司若股价大跌，大幅低于投机者的买入价，投机者会忍受痛苦坚决止损、割肉。

投资秉承的理念是"买股票就是买公司"，投机推崇的理念是"买股票就是为了短期获得差价，获利而逃"。投资做的往往是长线，投机做的基本是短线。这么一说，是不是一目了然了呢？一个投资者最大的错误是持股人搞不清自己到底是做投资还是投机。股价涨了持股人的心态就成了投机者的心态，股价跌了持股人的心态就成了投资者的心态。一个真正的投资者在短期一定能忍受股价下跌造成的获利回吐，不会因为短期的获利回吐就变成了投机者。千万不要以投机者的心态来做投资，二者本质差别太大。短期股价的涨跌与真正的投资无关，投资本质上是为了获取企业成长的收益,包括股息。

总而言之，投资持续赚钱的概率是最大的，投机与赌博赚钱没有可持续性。段永平先生说得好：是"for money"还是"for fun"呢？每个人都要认认真真地做投资，慎做投机，远离赌博，这样才是走在正道上，虽然慢了点，但慢就是快。

1.5　正确的投资理念

无论是实体投资，还是虚拟金融投资，都离不开投资理念。投资理念也称为投资哲学，正确的投资哲学是引导投资成功的必需品。很多人投资经历失败，而且是长期持续失败，这正是因为他们没有从源头上去思考如何避免投资失败，也就是说，他们没有正确的投资理念。

本节主要探讨正确的投资理念。根据本人多年的投资思考与投资实战经验，个人认为正确的投资理念主要包括以下几个方面。

1.5.1　保守

根据前面几节讨论的内容，要想获得财务自由，必须要做到"合理、聪明地承担风险"这一条。"保守"二字并不意味一点风险都不承担，而是恰恰要说明"保守"是如何做到"合理""聪明"四个字的。

那么什么是保守？简单地说，保守就是不激进。还是套用世界名人的话来解释"保守"二字，这样比较容易理解。关于投资方面，李嘉诚曾经有句名言："不要告诉我这笔投资如何如何赚钱，要告诉我投资本金若干年是否还在。"世界投资巨擘、"股神"沃伦·巴菲特曾经这么描述如何才能投资成功，他说主要有两条重要法则：第一条：保住本金，不要赔钱；第二条：记住第一条。聪明的你应该明白了保守的含义了吧。

保守主义的哲学是任何一个投资者都应该遵从的，这样才能长久存在于这个市场，"股神"年年有，但是持续几十年的"股神"就凤毛麟角了。投资者应该追求的是稳定的赚钱，而不是一夜暴富后又一夜归零，人的寿命是有限的，经不起如此折腾和重来。小心驶得万年船，在投资战场上如履薄冰，时刻不要忘记风险，这样才能真正做到"胜而后求战"，投资赚钱也就是"保守"的副产品了。

1.5.2 复利

复利号称人类第八大奇迹。谈到复利，很多人知道复利的奥妙所在，这里就不赘述了。关于复利，我主要谈以下三点。

第一：重视复利，特别是正复利。负复利只会让亏损越来越大，正复利才会让投资的雪球越滚越大，正复利告诉我们投资要抑制亏损，才能跑得更远。

第二点：慢就是快。这句话听起来就是悖论，但是复利的威力就是越在后期赚钱的速度越快，巴菲特 80% 左右的财富都是 60 岁以后赚得的，后期赚钱的数量与规模是非常惊人的。因此，做投资心态要稳健，不要急切。

第三点：要有一定数量的投资本金（至少 6 位数以上），本金太少的投资者虽然也能感觉复利的存在，也能体会到复利的重要性，但是他们的本金太少，往往在投资实战中表现出耐心不足的情况，喜欢频繁操作，增加投资出错的概率。

1.5.3 耐心

做投资要有耐心是老生常谈的话题了。我认为耐心主要表现在投资赚钱应该以年为单位来计算，而不是以天、月来计算。也就是说，投资持有的时间应该考虑到尽可能地长。投资者一定是非常有眼光与远见的人，耐心就是表现在这个方面。当下即时的投资不会马上赚钱，投资赚钱肯定是需要时间的，很多人投资赔钱的重要原因就是他们急切于获得投资回报，想立竿见影看到投资结果。这是人性使然，因此很多人就去了赌场，热衷于彩票、麻将等游戏。

我曾经写的博文《耐心于财富》提到：每个人都有不同程度的耐心。或以小时计算，或以天计算，或以年计算。大家可以发现这么一个规律，领时薪的人基本都是社会最底层；领月薪的基本都是普通上班族，属于社会的夹心阶层，而领年薪的基本都是公司高管，社会的中高产阶层。企业家作为社会上最富有的人群之一，他们的耐心一定是以年数来计算的，因为眼光的不同，判断力的差异，最终导致了耐心的不同。你想成为那种人？

其实，耐心是属于内在财富的重要部分。投资哲学上说："内在财富决定外在财富"，我深以为然。耐心只是一种表象，耐心的背后是对行业的深层次地理解，卓越的判断力以及长远的眼光。没有这些理解，判断力与眼光、耐心也无从谈起。因此，作为投资者，应该努力让自己成长，提升自己的内在财富，这才是改变的关键。

作为投资者也好，企业家也罢，不要只是简单地看到结果，结果都是表象，背后深层次的东西才是值得大家认真学习和研究的。投资绝对是一种修行，对心的修炼要求很高，投资成功的人一定是内心丰富，具有非凡智慧的人。

只要用正确的"投资理念"来指导投资，就一定远离了失败，成功一定指日可待。

1.6　认清资产与负债

穷人与富人之间的差异，表面上是财富数字的差异，实际上是头脑的巨大分野。富人购买资产，穷人购买负债，一词之差造就天壤之别、不可逾越的财富鸿沟。富人思维是经营者思维，而穷人思维是消费者思维。无论是哪一个人，只要他名下的资产越来越多，那么他一定越来越与财务自由靠近。在做投资之前，务必要认清资产与负债的重要差异。

什么是资产？这本身是一个会计词汇，首先从会计定义来看资产的解释。顾名思义，资产是指"由企业过去经营交易或各项事项形成的，由企业拥有或控制的，预期会给企业带来经济利益的资源。"很明显这是从企业的角度来定义资产的，其实把企业换成个人这个定义也是成立的。既然如此，资产的重要特征是什么？未来会带来经济利益，也就是现金流的流入。

什么是负债？这同样也是一个会计词汇，负债是指"由企业过去经营交易或各项事项形成的，预期会带来经济利益流出的义务。"显而易见，负债的核心特征是未来会带来经济利益的流出。资产与负债恰恰相反，一个是现金流的流入，一个是现金流的流出。

问题来了，那么现实生活中哪些东西是资产呢？哪些又是负债呢？大家经常讨论的房子、车子就一定是资产吗？其实不一定，千万不要以为买房、买车就一定是买资产。回过头来看定义，只要未来能带来现金流流入的东西就是资产，反之就是负债。买房有几种情况，若是全款买房用来出租，那么房子可以带来预期的租金现金流，这么房子就是资产；若全款买房是为了未来一段时间内高价卖出变现，这也是购买资产；但是若按揭买房是为了自住，这套房子绝对不是资产，而是负债，因为此套房子每个月的物业费、按揭贷款都会造成现金的流出。写到这里，作为读者的你可能不同意，你的理由如下："我以后可能还是要把房子卖出或者出租的。"但这也是以后的事情，若事实真的如此，那么此套房子可以称为"积极负债"，积极负债未来也可能带来收益。有一点一定要提出来，购买豪宅一定是负债，而不是资产，很多人购买豪宅都是自住的，为了享受生活的。豪宅每个月的固定物业费等费用开支是相当庞大的。

买车一定是购买负债，无论是普通小车还是豪车，都是如此。车子是典型的消极负债，很多人买车，特别是买豪车是为了挣面子，而不是为了解决代步的问题。大多数人并不是生意上的成功人士，完全没有必要买豪车来给自己撑门面。一个人有多少钱，过得是否舒适，并不需要通过一辆车子来点缀的。但是现实生活中，很多人还在按揭买车，提前消费，这是我极其反对的。只要价格合理，按揭买楼改善居住环境，我是支持的。但是按揭买车无论是出于什么理由我都是反对的。买一辆车子每年会增加少则几万元多则十几万元的固定支出，而且若干年后车子就会大幅贬值，甚至一文不值。出门经常打车（现在有滴滴专车）一年也花不了几万元。一般情况下，经济条件允许的话，我仅仅赞同每个家庭购买一辆经济适用型的代步轿车。

以上是用房子、车子来简单解释资产与负债的差异。其实，现实生活中的朋友在买东西的时候很少去思考这样一个简单的问题：是在买资产呢，还是买负债？是经营行为呢？还是消费行为？我这里不是说负债一定不好，而是在强调，要配置更多的资产，压缩负债的配置，只有长期这么做，个人的财务状况才会越来越健康。

1.7　投资的目标

不管做任何事情，都要树立目标。有了目标才会有方向感，树立目标后就不要三心二意，随波逐流。大多数人之所以过得碌碌无为，就是因为找不到人生目标。投资亦是如此，在做投资之前，要确立投资的目标，这样才有动力。

不同的人生阶段，有不同的人生财务规划。一般来说，投资主要横跨人生的三个阶段：青年期、中年期以及老年期。

第一阶段：青年期（22 岁 –35 岁），从大学毕业到参加工作，大概有13 年左右的时间。对于毕业初期的小年轻来说，可承受的风险较大，投资可以相对激进一些。但毕业不久的年轻人很难有多大的投资本金，这时候需要做的是边努力工作，边实践投资，第一桶金是关键。第一桶金往往来自工作薪水的结余以及投资收益的增加，第一桶金至少是 50 万 –100 万元，否则投资收益难以覆盖生活成本。

第二阶段：中年期（36 岁 –55 岁），这时候已经大学毕业多年，工作经验也比较丰富，个人收入处在人生的顶峰时期。与此同时，个人的支出负担也比较重，子女教育、父母养老都是大笔硬性支出。若在青年时期打下了投资基础，那么在中年期投资会得心应手，这时候投资本金应该在 300 万 –500万，每年只需要 10% 左右的投资收益就可以让家人过上体面的生活。本阶段的投资策略应该是偏稳重型，稳中有进，避免大起大落。

第三阶段：老年期（56 岁 –85 岁），工作处于退休状态，但是对于大多数 80 后 90 后来说，估计要等到 65 岁才能退休。随着科技的日新月异，人类寿命得到大大的延长。80 后的平均寿命应该有 80 多岁，00 后的平均寿命估计在 90-100 岁之间，全球迎来老龄化的高峰期。若在中年期累积了大量财富基础，资产预计在 1000 万左右，那么老年生活肯定是可以得到保障的。对于老年人来说，主要是为了规避风险，投资也倾向于低风险的投资标的。

1000 万左右的本金，只需要区区 5% 的收益就有 50 万的本金，这笔资金足以让老年人过上舒坦的生活。

有了财务规划后，就要明确投资目标了。众所周知，名气最大的"股神"巴菲特的常年复利收益在 20% 左右，因此对于那些对投资要求比较高的朋友来说，复利收益 20% 可以作为比肩"股神"的投资目标。这一目标实现是非常不容易的，对于大多数人来说是根本不可能的事情。

我认为投资目标主要有三个：第一：绝对赚钱；第二：跑赢通胀；第三：战胜指数。近年来，我国的 M2 的增长速度是非常快的，按照复利来计算，年均增速在 12% 以上。目前我国的 M2 总量大概是 150 万亿元，按照当前的增长速度来计算，M2 很快就会突破 200 万亿元，从理论上讲，若投资收益跟不上 M2 的增长，个人的财富是很难得到保证的，长年跑赢 CPI 比较容易，但跑赢 M2 不容易。因此，对于投资高手而言，投资目标还有一个：跑赢 M2。

青年期，投资主要关注资本利得的收益，股息收益可以适当减少；中年期，投资要兼顾资本利得的收益与股息收益的平衡；老年期，投资重点关注股息的收益，主动减少资本利得的收益。在追求财务自由的路上，人与人的主要差距就是在于获得第一桶金的时间点，时间越早，就越容易过上自己想要的生活。

在当今社会，我认为年轻人的第一桶金至少是 50 万元，若没有 50 万元的本金，大多数人投资心态不会太好，容易患得患失，频繁操作，追求财富的快速增值，这往往与长期投资收益是相悖的。50 万的本金，只需要 10% 的收益就有 5 万元，基本能满足一个人一年在二线城市的基本开销了，再加上个人工资收入大概 10 万元，个人年总收入在 15 万元左右，基本的小康生活已经实现。随着工资收入的增加以及投资收益的增长，投资本金不出几年就能达到 100 万，届时财务自由的日子就会逐渐向你招手了。只要有耐心，日复一日地坚持下去，富足的生活人人都能得到。

1.8 选择股票的理由

对于大多数普通百姓来说，平时接触最多的投资算是银行存款了，其次是各大银行的理财产品，再次是保险中的理财险。除了这些常见的金融理财产品外，普通百姓还可以考虑房产投资，比如投资住宅、商铺等。

对于股票投资而言，大多数人还是带有偏见的，觉得股票最不靠谱，犹如赌博一般。经历过 2008 年以及 2015 年股灾的有巨额亏损的投资者，他们对于股票投资更是嗤之以鼻，觉得股票投资的门槛高，不适合普通百姓。

诚然，相对而言，股票投资的风险比银行存款、理财产品、P2P 理财、理财险以及房产投资都要高一些，但其投资回报也要高很多。只要掌握了股票投资的一些方法和理论，投资股票完全是可行的，而且长期而言，股票还是让人获得财务自由的重要工具。

众所周知，世界上大多数富豪都是拥有股票的，有些股票是可以随时变现的，有些是不易流通的。这些富豪都是以做企业的心态来持有股票，而不是大多数普通百姓想象的那样——股票不过是赚快钱、甚至是赌博的工具而已。

银行存款的投资风险最低，但肯定是跑不赢通胀的；银行理财产品并非一点风险也没有，打破刚性兑付的事情时有发生，有些理财产品的投资收益虽然能勉强跑赢通胀，但流动性还是差了些。

房产投资门槛比较高，需要较大的投资本金，而且流动性很差，变现能力差，长期来看，房产投资还是能跑赢通胀的，但现在买入房产投资想要获得 10 年前那样的投资回报几乎是不可能的，房产普涨普跌的时代已经逐渐成为历史了。

股票投资的资金门槛并不高，波动风险比较大，但是其长期投资回报都是远远超过银行理财以及房产投资的。股票的本质是公司的所有权，只要公司赚钱效益在不断提高，股票的投资价值就会不断上涨，而且投资收益是上不封顶的。

稍微懂一点儿股票的人就知道，无论是 A 股还是海外市场上大牛股，有些公司的股价长期以来都是不断上涨的，有些公司股价的长期涨幅高达数百倍，甚至上千倍。拿大家都熟悉的公司腾讯控股来举例：腾讯自 2004 年上市以来，其股价在 13 年里上涨了 450 倍，长线持有腾讯公司的股东基本都获得了财务自由。伊利股份自 1999 年上市以来，其股价在不到 20 年的时间里上涨了 100 多倍。投资房产、买银行理财能获得这么高的收益吗？

只要以一个长远的眼光来判断，投资股票是最佳的理财工具，中外股市的发展历史都表明，股票的长期收益是能战胜通胀的。现在国家的社保基金都在不断入市，买入优质企业的股权，以期获得不菲的投资收益；若社保基金不投资，以后面临亏空是必然事件。作为普通百姓来说，学会股票投资，选择股票来投资更是一种明智的选择。这种选择是迫切也可算作必需的。

1.9 复利的魔力

复利是指在每经过一个计息期后，都要将所生利息加入本金，以计算下期的利息。这样，在每一个计息期，上一个计息期的利息都将成为生息的本金，即以利生利，也就是俗称的"利滚利"。

爱因斯坦曾说："复利是人类第八大奇迹。"复利的魔力在于其指数型增长模式，学过高中数学的人都知道指数型增长是怎么回事。投资亦然，投资获得巨大收益从根本上讲都是复利增长的结果。复利增长速度短期看很慢，但是随着时间的推移，其增速越来越快。

著名投资大师巴菲特在 40 岁的时候仅仅只有 4000 多万美元，而当时全球很多富豪的资产都比他多得多，可是等巴菲特 60 岁的时候，比他的资产还多的人就少很多了，而当他到了 80 岁的时候，他已经是当时全球第二富有的大富豪。巴菲特的巨额财富不但是时间铸就的，更是复利之花盛开的结果。

富豪们都深谙复利的增长之道。要想让复利持续地增长下去，必须满足两个条件：第一个是不亏损；第二个是保持一定的正增长速率。不亏损是复利增长的前提，丢了这个前提，复利是很难发挥其巨大魔力的。从巴菲特的历史投资业绩来看，投资亏损的年份寥寥，而在大多数年份里其投资收益都在 20% 左右，最高一年的投资收益达到 50% 之多，但难能可贵的是，他让这份成绩单持续了几十年。

环顾全球，知名投资大师都认同一条投资戒律：投资的首要条件是不赔钱。李嘉诚曾经也说过类似的话语，不赔钱才能让你在生意场上获得持久的成功。可见，真正的富人都是相对保守的，而不是大家所认为的冒极大的风险去做博弈和投资。

一起来看看复利投资回报的测算表，真正见识一下魔力所在。

年数 / 复利增长率	5%	10%	15%	20%	25%	30%
第 1 年	1.05	1.1	1.15	1.2	1.25	1.3
第 3 年	1.157	1.331	1.52	1.728	1.953	2.197
第 5 年	1.276	1.61	1.923	2.488	3.05	3.71
第 10 年	1.628	2.593	3.701	6.191	9.31	13.78
第 15 年	2.07	4.177	7.121	15.407	28.421	51.186
第 20 年	2.653	6.727	13.701	38.338	86.736	190.05
第 30 年	4.321	17.499	26.359	237.88	807.8	2620

由此可见，年收益率对最终收益造成的差距，投资同样的年数，年化收益 15% 与 20% 在 5 年内看不出重大差异，但在 15 年后，就是不可逾越的财富鸿沟了。优秀投资者的投资业绩往往以 20% 的复利增长作为参考值，不要小看 20% 的投资回报，若能持续 20 年，本金将会翻 38 倍。很多有过投资经历的投资者会说，20% 太简单了，只要 2 个涨停板就搞定了。关键是这两个涨停板能持续多久呢？若没有持续性，复利也是无法累积的。

总而言之，抑制亏损是投资取得成功的第一要务；在这个前提下，再慢慢提高投资收益率，就可以让自己的投资本金随着时间的推移逐渐增多，逐渐能获得财务自由。在当今时代，财务自由的本金至少是 1000 万元。若按照 20% 的复利增长来计算，投资 20 年，考虑到货币贬值的因素，投资本金至少是 50 万元，这样在 20 年后才能获得 2000 万元的投资本金，能满足基本财务自由的目标。

投资与否，短期看不出什么问题，长期来看，这将造成天壤之别。唯有早日行动，克服懒"癌"症，才能逐步达成目标。

1.10　家庭幸福与资产配置有关

家庭是社会的细胞。家庭幸福指数提高，社会就会更加和睦。到底是哪些因素影响了大多数家庭的幸福指数？有人说是性格、有人说是兴趣、也有人说是财富。众说纷纭，不一而足。

曾经有项社会调查：金钱买得来幸福吗？很多人对此问题的答案是否定的。他们往往会说幸福是无价的，和金钱无关。硬生生地把物质上的金钱与精神上的幸福联系在一起，这似乎很不道德，也让很多人嗤之以鼻。

的确，幸福是无法用金钱来买的，在陈列着各式花样商品的超市、购物中心里，并没有出售一种称为"幸福"商品。股市里，有家地产上市公司名为"华夏幸福"，在 2017 年因"雄安概念"名噪一时，其股价在短期内一跃而上，吸粉无数，最终却给大多数投资者带来了无尽的痛苦，鲜有投资者说自己是幸福的。

既然金钱是无法买来幸福的，那么金钱就和幸福没有关系了吗？很显然，这种在金钱与幸福直接"画上等号"的价值观是有问题的。在这种病态的思维模式下，金钱不仅和幸福没有关系，反而还是相互排斥的，这不符合事实。

事实却是这样的，经济上越宽裕的家庭，在同等条件下，其幸福指数是远远超过那些经济上拮据家庭的。不少家庭破裂的直接因素，就是经济——也就是金钱上出现了问题。因此，拥有一个正确的金钱观，有利于提高家庭幸福指数。

大多数人的一生都遵循如下运动轨迹和规律：大约在 22 岁大学毕业，然后开始辛苦找工作，进入工作岗位，逐渐有了第一笔收入，工作数年之后，往往就会有些资产，而后结婚生子，成家立业。在此之后，大多数人在工作岗位上，勤勉工作，努力往上爬。有些人在中途创业了，有些人当上了高管，还有些人默默无闻，最差的是中年失业，老年无依无靠，直至生命终结。一生就这样结束了。

人活在这个地球上，每个人都会与金钱发生关系。国家要"以经济建设为中心"，对于大多数家庭来说，这一条也是适合的，因为很多家庭并不富裕，还没有达到财务自由的水准。财富自由靠的是被动收入，也就是资产性收入。因此，聪明的家庭就会不断购入资产，让自己获得源源不断的"睡"后收入。

一般来说，只要愿意学习，大多数人一辈子都会有机会、有能力接触到如下常见资产。实物资产有：房产、土地、古玩、黄金等；非实物资产有：基金、股票、保险、期权、期货、外汇、权证、信托等。

实物资产往往有如下缺点：有资产折旧、流动性差，变现能力差等，而它的优点是价格相对稳定，可以利用价格便宜的杠杆来撬动。非实物资产的缺点也是非常明显的：价格波动性强，价值难以评估，对投资的要求较高，其主要优点是：长期看增值空间大，变现能力强。

做好资产配置，有利于提高家庭幸福指数，可惜我国大多数家庭对资产配置一脸茫然。很多人挣了不少现金资产，除了会买点房产、在银行买点理财产品、在股市交巨额投资学费外，没有任何其他投资，错失了时代赋予的各种投资机遇。当然，这也说明了投资的专业性所在。

就当前社会的发展来看，我国百姓的生活水平提高了不少。过去房产的造富效应，让不少购买了大量房产的人发了财。躲在房地产开发商背后的大佬也一度大发横财，问鼎中国首富富豪榜。

房产在过去处在上涨周期，未来呢？是不是继续上涨？关于这个话题，笔者曾写了好几篇文章发在微信公众号（立成说投资）上，在这里就不再赘述了，感兴趣的读者可以自行翻阅历史文章浏览。

关于资产配置：我国大多数富裕一点儿的家庭都有这样的问题：

（1）房产等不动产的配置过高，而金融资产、权益性的配比过少。若继续保持下去，肯定是无缘未来的造富浪潮的。

（2）大多数家庭都没有配置重疾险，这使得很多家庭抗风险能力极差。

一旦家庭支柱出现了重大疾病，因病致贫这样的悲剧就会重演。关于重疾险，"立成说投资"建议每个家庭都配置，这有利于防患于未然。

（3）很多人对股票、基金投资一知半解的情况下，就盲目入市，赔钱、割肉是常态，让很多人的资产不明不白地缩了水，有些还影响了家庭的稳定性。

（4）不少"不明真相"的群众缺乏金融投资常识，被"高收益"的投资回报迷惑，把大量资产投入了类似于 E 租宝、各类 P2P 平台，最终血本无归。

只要人性有弱点，"聪明"的骗子就会利用其弱点，骗到一个是一个。这样的悲剧几乎每天都在上演。资产配置的失败，成为家庭破裂的一大导火索，笔者衷心希望各位读者引起重视。

第 2 章

财商教育

在商业领域，蓝海与红海相对。处在蓝海领域的企业如鱼得水，业绩蒸蒸日上；而在红海领域的企业焦头烂额，业绩每况愈下。错误的选择和判断，往往是致命的。

本章主要内容包括：

- 在中国，投资事业是一片蓝海
- 普通上班族的逆袭之道
- 一流的父亲
- 做有远见的父母
- 关于财富，你的理解可能都是错的
- 真正的投资者
- 少数人与财富
- 致命的投资心理
- 人生决战在中年
- 投资二级市场中的"大多数人"

- 从命运的角度看投资
- 怎样选择打新门票
- 优秀投资者的对手
- 大多数散户为什么会赔钱
- 哪一种人在股市里注定发财
- "价值连城"的三五天
- "合格而称职"的投资本金
- 投资的合理目标
- 投资的三种境界
- 耽误一生的"错误"赚钱方式

2.1 在中国，投资事业是一片蓝海

大概是在 9 年前，我阅读了一本叫作《蓝海战略》的书，感悟颇深。无论是企业还是个人，选择一片蓝海的疆域去驰骋一定是事半功倍的，因为进入蓝海后，就如同坐上了时代高速列车，野蛮生长，满载而归。

蓝海战略是开创无人争抢的市场空间，超越竞争的思想范围，开创新的市场需求，开创新的市场空间，经由价值创新来获得新的空间。而红海战略是指在现有的市场空间中竞争，是在价格中或者在推销中做降价竞争，他们是在争取效率，然而增加了销售成本或是减少了利润。

回到投资上来，在中国做投资，极少数人看到的是一片蓝海，可这片蓝海却是众多投资者眼中的红海。在红海里，很多投资者惨遭无情的资本市场猎杀。因此，在投资领域，一定是以以少胜多这样的局面来收场。

在二级市场上，我国有 1 亿多股民，根据"一赚二平七亏损"的规律，每年至少有 7000 多万投资者沦为被收割的"韭菜"，亏损累累。个人认为赚钱的人数比例远远没有 10%，财富越来越向少数人手中集中，有 5% 就很不错了。众多亏损累累的投资者往往有如下共性：

（1）纠结每天股价的涨跌；

（2）频繁交易，手根本停不下来；

（3）对投资标的了解不深入；

（4）对投资市场的运作规律一无所知；

（5）对公司估值一脸茫然；

（6）不自知，对自己的长短之处无法做出恰当的评价；

（7）无法独立思考，心理素质差，从众心理严重；

（8）不爱学习，以玩和赌博的心态对待投资；

（9）爱抱怨别人的不是，不反思自己的判断力不佳。

在进入市场之前，对于 5% 聪明的投资者来讲，若能想到自己是在和这

样一群人竞争，能不兴奋吗？只要能避免成为这一类人，就进入了投资蓝海，赚钱就只是一个副产品了。

金融市场是看不见硝烟的战场，成为割韭菜的镰刀，还是甘愿沦为韭菜，是每个人自己选择的结果。是选择进入蓝海还是在红海里博傻、搏杀，就在个人的一念之间。而恰恰就是这个看起来无关紧要的"念头"，决定了大多数人的命运。

综上，就投资事业而言，长期竞争者寥若晨星，仍是蓝海一片。

2.2 普通上班族的逆袭之道

上班族，又称打工者，每天在固定的时间段起床上班，在固定的工作场所重复着"螺丝钉"式的劳动，下班后，又在固定而又拥挤的交通工具上返程。上班族是这样一类人，他们主要靠在固定的时间段内出卖自己的劳动来获取报酬，以养家糊口。从全国的平均工资水平来看，技能比较强的，年收入能有 10 万 –30 万；工作能力稍逊一筹的，年收入只有 3 万 –5 万。当然了，还有例外，能力很强的，年收入能达 50 万 –100 万的，这些人是高级打工者，大多数是企业的高管层，他们相对而言有更多的自由，不是普通的上班族，也不是本文主要探讨的对象。

其实，社会上大多数普通百姓都是上班族。在大工业时代，从普通员工干到企业的高管，能力与运气缺一不可，而且只有极少数人能获得"杜拉拉"式的逆袭，但这几乎是职场上唯一一条获得更高成绩的道路。

因此，在职场上努力拼搏的人很多，他们的目的其实只有一个：晋升、获得较高的收入。一个普通员工的晋升往往意味着其他众多员工的晋升失败，这不是双赢。

上班族在职业上面临最大的压力在哪里？若在 40 岁左右的时候，普通上班族还没有"混"上传统行业里面的中高层，那么其生活压力会大幅增加。因为人到中年，上有老下有小，家庭开支猛增，一旦收入不达标，就会倍感生存压力的艰难。现在 40 岁左右的中年人很多都面临这样的"困徒困境"，离职创业吗？似乎没有什么好想法、好点子，更没有丰厚的资金作为后盾；继续在本职岗位上班吗？年轻人上位了，被年轻人领导的滋味估计心里很不好受，人生挫败感极强。因此，他们回家后往往把"竞争失败"的负面情绪无情地发泄给自己的家人，他们的家人也因此成为受害者，这是双输。

很多上班族的梦想就是为了将来某一天不上班，能做自己感兴趣的事情，这是众多上班族的人生理想及共同奋斗目标。说白了，就是为了自由而战。哲学家卢梭曾经说道："人生而自由，却无往不在枷锁之中。"一语中的，相信很多人都有类似的感触。不以物役的生活自然美好，但很多人穷尽一生的努力也不能达成上述目标，这是人类的悲剧吗？如何才能得到解放？重获人生自由呢？

在当今社会，只有财务健康、财务自由的人，才有真正的人身自由与人生自由。没有目标的人，一辈子都在为有目标的人而努力奋斗着，他们为了获得薪水，却茫然不知自己的人生方向在哪里？这是何其的悲哀。普通上班族如何做才能获得财务健康、财务自由呢？

普通上班族大多数只有一种收入来源：工资，这是主动收入。要想获得财务自由，必须要增加自己的被动收入。当某一天你的被动收入大于主动收入且能满足基本生活需求的时候，那么恭喜你，你已经获得财务自由。财务自由，并不是很多媒体鼓吹的那样，必须要几千万几个亿的资金才行，因为每个人的基本生活需求不一样，是因人而异的。要想获得被动收入，就必须要懂得投资、实践投资。投资要趁早，越早规划越好！投资可选择房产、股票、基金等工具，也可选择和其他人一起入股创业。

在大城市，年龄在 25-30 岁上下的普通家庭很多，这些小家庭年富力强，目前基本都是上班族，工资收入增加速度快，家庭负担小，还没有赡养老人的压力，因此，这些年轻的家庭若有良好的储蓄习惯，一般来说都有一些存款，预计在 20 万-30 万左右。这些闲钱，很多人不知道怎么打理，只知道存银行或者买银行理财产品，而其他的投资工具他们并不是很了解。就股票投资来说，大多数人一脸茫然，觉得股票太不靠谱，波动太大，而且在中国股市"赌场论"横行，谈股色变的大有人在。若某人在买股票，大多数人觉得这是不务正业，迟早要把底裤都赔了。自己没有能力投资，难道其他人也没有能力吗？很多时候看问题不能只从自己的角度去思考，若能跳出自己的圈子，站在一个相对高位，就能看到问题的全貌，那么最后的决策肯定会有所不同。

事实并非如此，合理投资股票、基金，并规划好自己的财富，已让不少打工仔结束了自己的打工生涯，并获得人身自由。当年腾讯公司上市的时候，某个普通员工非常看好公司发展前景，一边努力上班一边节衣缩食，把剩余资金全部买入腾讯公司的股票，累积多年后，最后身家高达几千万，获得财务自由。就 20 万 -30 万的本金来计算，投资 15 年，一般来说，中国股市 5 年一个周期，若在每个牛市周期里资金翻三倍有余，那么届时应该有700 万 -1000 万的本金。在大牛市里，股票翻倍的多了去了，翻几倍的也不少见。在人生 40-45 岁的时候，坐拥 700 万 -1000 万的高流动性资产，届时投资收益只需 5%，每年都有 35 万 -50 万的被动收入，基本生活无忧，何况上市公司中能达到 5% 的分红率股票也有不少。以上就是普通上班族的财务规划方案，可执行性强，是否愿意付诸实践，这要看每个人的行动力了。

除了股票投资外，谈谈老百姓深切关心的房产投资。就当前中国的环境来看，过去楼市的投资完胜一切理财产品，也超过大多数人的股票投资收益。这样的结果是，很多人一有闲钱就去买房，觉得买房最靠谱。中国的楼市自2005 年以来，开始了"牛气冲天"之旅，在十多年里，大城市的房价翻了10-20 倍，小城市的房价也有几倍的涨幅。那么在未来 10 年，投资房子还有如此高的收益率吗？其实中国的房子已经处在一个相对过剩的时代，房价很可能不再像以前那样普涨普跌了，只有少数核心地段、优质物业服务或者学区概念的房产才有比较大的上涨空间，投资房产同样越来越需要高超的技术与判断力。别忘了，房子属于不动产，变现能力差，一旦行情不好，就要跌价卖出，有价无市是司空见惯的，这是其作为金融商品最大的弊端。

愿所有的普通上班族，早日做好财务规划。30 岁上下是人生的黄金阶段，若能做好未来 15 年左右的财务规划，我相信他们的小日子一定会越过越红火的。任何一个有明确目标并愿意为之付出不懈努力的人，上天都不曾亏待过。愿所有的读者都能践行"独立思考"的价值观，能拥有正确的财务规划与投资理念，只要认真努力切实执行，每个家庭至少能达到财务健康的目标！家庭是社会的细胞，若每个家庭都能获得财务健康、财务自由，社会自然会变得更和睦，人们的道德素质自然就会得到提高。

2.3　一流的父亲

任何人的成长都离不开家庭环境的影响，父母是孩子的首任老师，父母的成就才是子女人生的最初起跑线。因此，家庭教育无疑是非常重要的，其重要性甚至超过体制的学校教育。在中国传统的家庭教育观念里，子女们往往一而再再而三的被教育要好好读书，考上一所好大学，将来找一份好工作，然后结婚生子，过上幸福美满的生活。这一切似乎按部就班，顺理成章，但是究竟有多少孩子长大后真能靠自己过上自己想要的生活呢？

我在之前发送的《做有远见的父母》一文中提出："父母的眼光、财富理念往往决定了子女的起点。因此，不同的家庭出身，子女的起点是不一样的。社会的比拼，往往不是比拼一代人的实力，其实是在拼几代人的实力。在现代社会，很多人迫于生计去从事自己不喜欢做的工作，目的就是为了养活自己，获得微薄的薪水度日。而起点高的、家庭条件优越的人往往可以有更多的选择，他们可完全凭着自己的兴趣去工作，毫无生计的压力，往往更容易获得幸福、取得社会意义上的成功。"很多学生大学毕业走向社会后发现，一纸文凭并不能许诺自己幸福美好的生活，他们的愿望被残酷的社会现实击得支离破碎。那么传统家庭教育观念错了吗？

在中国大多数家庭里，父亲是一个家庭经济的主要来源。家长里短的琐事问妈妈，而与工作事业相关的事情问爸爸，因此，作为一个父亲，其身上的责任感应该是沉甸甸的。俗语说："父爱如山。"父亲在大多数情况下是沉默寡言的，但这不代表父亲没有自己的思想。有一个好爸爸无疑是很重要的，每个子女都希望自己的父母优秀，这样他们自己就能站在父辈的肩膀上看得更远、跳得更高。因此，一个有责任的父亲，首先要为孩子树立榜样，养成良好的习惯。亚里士多德曾言："优秀是一种习惯。"是的，我们可以从很多优秀人物身上看到那些受益终身的好习惯，只有好习惯才能塑造一个人不断进步与成长。

但是仅仅拥有好习惯还是不够的,这还不足以成为一个"一流的父亲。"本人从事投资多年,细心观察社会后,认为一流的父亲应该是这样的:一流的父亲主要把家族价值观与自己的判断力传承给后代,他传承的是无形的精神财富。在这里必须要指出,中国近代史上有一位很了不起的人——曾国藩先生,他无疑是受到人们广泛敬仰的。在 100 多年前的清朝,曾先生通过自己的言传身教,影响了整个家族,并荫庇后人,其后辈里人才辈出,为国家输送了不少栋梁之才。曾先生留钱、留物质财富给后代了吗?没有,但他为整个家族留下了巨大的精神财富,取之不尽,用之不竭。钱财乃身外之物,厚德才能载物。精神财富决定物质财富!内在财富决定外在财富!这样的道理希望各位读者能够自明,无须赘述。要想获得"外财",是应该首先要向内求的。

以"鱼"与"渔"的思维方式来举例说明一流父亲的"画像",一般来说,父亲有如下三种:

第一种是授孩子以鱼,也就是直接留大量的财富给孩子。我们可以看到这个社会上有很多富二代,不少人过着奢靡的生活,有些还走上了犯罪的道路。这不是长久之道,只给钱往往会扼杀孩子的进取心,特别是当他们没有驾驭财富能力的时候,财富越多,坏处越大。

第二种是授孩子以渔,也就是教会孩子如何去打鱼、如何去挣钱,掌握一些挣钱的技能和手艺,让孩子有立足社会的本领。这是社会上大多数父亲的观点,从小很多人都是这么被教育的。上大学、毕业找份好工作,而且还需要稳定的工作,这样人生就很幸福了。可是,这样做的话,子女一辈子往往都会被工作束缚,甚至被迫干着自己不是很喜欢的工作,难言有多大的幸福。

第三种是授孩子以卓越的眼光和判断力以及良好的家族价值观,让孩子努力去选择过自己想要的生活,教会孩子去判断什么池塘有鱼,什么池塘没有鱼,什么池塘的鱼很多,什么池塘鱼很少,然后整合资源,让那些会捕鱼的孩子帮自己打鱼,容易轻松获得财富。一旦孩子的判断力得到提高并不断强化,其人生的发展应该不会受到太多的局限,获得幸福的能力应该要高很多。

当然了，还有少数的，他们不但没有传承物质财富、更没有传承精神财富，反而还给后代树立了很差的榜样。这些就不在本文讨论的范围之内，希望我的读者朋友们都是积极努力上进的，都是严格要求自己的，能打开看这篇文章的人肯定都有资格成为"一流的父亲"的。别忘了，若自己没有一个"一流的父亲"，那么一定要努力让自己成为这样的父亲，不要抱怨，努力做好自己，从自己开始，让后代能站在自己的肩膀上看得更远。

2.4 做有远见的父母

天下熙熙，皆为利来；天下攘攘，皆为利往。古人的名言一语道破天机："名"与"利"二字绕不开普通百姓的生活圈子。自古以来，个人的命运往往和父辈的教育、远见分不开。父母是孩子的首任老师，为了让孩子更好地立足社会，不少父母都竭尽所能、操碎了心。

年轻人不啃老、完完全全经济独立的不多。有不少年轻人买房子的首付款都是父母给的，但还有很多穷苦家庭出身的贫寒子弟不能依靠父母，只能靠自己一步步积攒人生的第一桶金，路走得异常艰难。个人出身的差异决定了个人的起点，有些人的起点高，含着金钥匙出身；有些人的起点低，家徒四壁。起点高的孩子，若再加以良好的教育引导，往往能在社会上过得更幸福。

父母的眼光、财富理念往往影响着子女的起点。有远见的父母，往往可以让后代更能发挥自己的特长与优势，让孩子们不为一日三餐而逼迫自己放弃自己的理想。普通人靠上班拿薪水基本上是难以过上自己想要的生活的。为了不让后代不重复自己的生活，普通人如何成为有远见的父母呢？

普通父母应该努力改变传统思维，不要以为孩子只要好好读书就能获得更好的生活。当今社会，高学历的人不一定有高收入，很多人在一纸文凭上投入过多，后来发现文凭根本没有换来当初想要的东西。要想成为有远见的父母，就需要从孩子出生的时候做好长远的规划，以下是我个人的意见，仅供参考：

（1）自孩子出生之日开始，就要为孩子准备好一笔长期投资资金，投资期限为 22 年，等到孩子大学毕业的时候取用。

（2）穷学文，富习武。孩子不仅仅要学好普通的文化知识，更要懂得强健体魄的重要性，习武是良好的方式，既能强身健体，又能修身养性。

（3）一般来说，很多普通家庭拿不出多少钱来投资，因此，在孩子还小的时候（5 岁之前，每年投资 2 万元）追加投资本金是很有必要的，投资本金至少是 10 万元以上。当然了，经济条件稍微好点的，可以一次性选择 50 万左右的投资本金作为起点。

（4）投资本金经过长达 17-22 年的时间累积，等到孩子大学毕业 22 岁左右的时候，这笔资金会相应增值，按照年均 15%-20% 的复利计算，届时应该有 100 万 -200 万的资金。若届时子女不把投资本金取出，100 万 -200 万资金只需区区的 10% 年均收益，足以满足基本生活需求，也能让孩子在毕业后可以从容地选择自己感兴趣的工作。孩子们不必委屈自己，从而更好地发挥自己的特长，增加获得幸福的能力。

（5）孩子还小的时候，父母就要一边投资，一边加强财商教育，让孩子年轻的时候就知道投资的重要性。投资成功的关键在于选对企业、用合理的价格买入，然后再加上适度的耐心。一流的父母主要传承判断力给后代，而不是仅仅留钱给孩子。

若普通父母自己没有这样的投资能力，应该努力找到具有这样投资能力的人，很多时候，投资没有必要自己亲自动手。随着社会不断发展，分工也越来越细。投资是件专业性很强的事儿，交给那些能力强的人来为自己实现理想也是一个不错的选择。

君子性非异也，善假于物也。人生离不开规划，早日规划，就会过得更从容，幸福指数也会大幅提高。

2.5　关于财富，你的理解可能都是错的

一提到财富，很多人不知不觉会两眼放光，因为这是好东西，人人得而藏之。在大多数人眼里，金钱就是财富的代名词。对于金钱，全球各国的老

百姓都在努力追逐，每个人都希望自己能多得到一点，这样就能改善自己的生活，获得财务健康与财务自由。可是不少人穷尽一生都在追逐金钱，成为金钱的奴隶，却从来没有思考过财富的本质。本篇主要想和读者朋友们从几个维度聊聊财富的本质，只有了解了社会意义上的财富本质与特性，才能更好地掌控财富。

1. 资源与财富

在现代社会，货币就是金钱的代号，同时也是财富的替身。普通上班族辛苦上班一个月，公司把薪水存入银行，形成电子货币，可随时支取去交换其他商品与服务。

因此，货币本质属于资源交换的媒介，是人类为了方便商品或服务交换而发明的产物。若无交换，货币本身无意义。工薪族靠出卖自己的劳动，获得货币，然后再用货币去置换其他资源（商品或服务），因此货币只是资源的一个代号而已，拥有的货币越多，在可自由交易的情况下，意味着拥有的资源也就越多。因此，资源才是货币背后的本质东西。

工薪族每个月以自己的劳动获得的货币就是其每个月劳动背后的资源价值。在市场经济条件下，一个人获得的工资越高，往往意味着他提供的资源价值越高。对于大多数普通上班族来说，他们只是资源的提供者。

因此，一个人要想获得更高的工资收入，必须要做什么？提升自己的资源价值，而提升的资源价值主要是靠稀缺性来体现的，也就是可替代性程度的高低。可替代性程度越低，其工资收入会越高。若一项工作的可替代性越高，那么这项工作隐含的资源价值肯定越低，反之亦然。大家可以看到一家公司前台的工资收入肯定是比这家公司的会计工资收入低的，这背后的本质在于二者提供的资源价值不同。

2. 分配与财富

既然财富与资源可以画等号，一个人拥有的资源越多，就意味着这个人的财富越多。但是社会上的财富究竟是如何分配的呢？如何才能获得更多的财富（资源）呢？了解财富分配的原理同样重要。

当今社会是以市场经济为主导的，在市场经济条件下，财富是这么分配的：风险 > 劳动。货币本质就是资源，用资源可以交换资源，因此，货币可用来雇用劳动工人。用货币来雇用劳动工人的人我们把他称为资本家，俗称老板。在一家企业里，老板是资源的所有者和组织者，而被其雇用的劳动工人仅仅是资源的提供者。最终的结局是劳动工人获得工资，老板获得利润。获得工资的人，没有承担经营风险，因此，也没有资格参与利润分配。有人说这是老板剥夺了员工的剩余价值，但是有些人还在失业，连"剩余价值"被剥夺的机会都没有。一般来说，一家企业最终所获利润肯定会远远大于一个员工的工资，老板雇用员工就是为了获得利润这个差价的，同时也因此承担了利润为负数的风险。

因此，一个人要想获得更多的财富，要做什么？要主动承担风险。老板也有赔钱的时候，而老板赔钱，还是要给员工付工资的，员工似乎是旱涝保收的，但老板的收入却无保障。市场为了奖励这种冒险行为，给出了利润这个砝码。飞行员收入高，因为他的技术资源稀缺以及承担了空难风险；苹果公司股东收入高，因为他承担了苹果公司可能破产的风险。

简单总结一下：大财富的分配主要靠风险，小财富的分配靠个体资源价值。

因此，一个人要想获得大的财富，必须要主动承担风险。企业家是这个社会最富有的人群之一，他们有什么共性呢？他们都是冒险主义者、风险承担者，但与此同时，他们又是风险厌恶者。为什么？因为只有在风险可控的情况下他们才会下注投资，也就是在一个自己获胜的概率比较大的情况下他们才会用资金（资源）去投票。否则的话，资金就会打水漂，血本无归。

3. 投资与财富

工薪族出卖自己的劳动（资源），做的只是财富的加法，而创业者与投资者，他们是资源的组织者与掌控者，承担了相应的风险，做的是财富的乘法。很显然，乘法的效率肯定比加法要高。普通人做投资，要向谁学习？向成功的企业家学习的同时，还要向成功的投资家学习。企业家与投资家都是这个社会上最富有的人群，属于财富金字塔顶尖的稀有物种。普通百姓要想致富，就必须与优秀的人群为伍。投资（创业）与风险是一对孪生兄弟，他们形影不离，但是，只要合理聪明地承担了风险，那么投资（创业）致富就是一件水到渠成的事。

"投资有风险，入市须谨慎。"这是证券公司告诫证券投资者的一句话，其实这句话也适合社会上的大众创业投资。投资证券与投资实业都是可能致富的，因为有风险的存在，而大财富主要靠风险来分配的。承担的风险越大，投资成功的概率就越小，但是若一旦成功，其回报也就越高。很多人迷信"高风险高收益"，请读者朋友注意这里的用词"一旦"，这个词说明了只有在极低概率的情况下，才会有极高的回报。

这本质其实和买彩票没有差异，若一项投资成功的概率如彩票一般，那么在投资之前，就不要想回报了，得到的结果往往是意外之财。因此，对于大多数成功的企业家与投资家来说，他们其实也是风险厌恶者，并非普通大众理解的风险偏好者（不追求高风险），是合理聪明掌控风险的高手，因为只有这样才能让投资持续下去，才能把人生的雪球越滚越大。能否持续获利，是衡量一个人是否是成熟投资者的标志，同时也是投资高手与投资新手的重要差异。

深入理解财富，才能更好地掌控它。

2.6　真正的投资者

中国股市是真正投资者的天堂，是"伪投资者"的地狱。目前买 A 股的人大多数都是赌徒，还有一些聪明的投机者，真正的投资者在股民中占比很低，估计不会超过 5%。在我的心中，什么样的人才能称为真正的投资者呢？他们有哪些特征呢？

首先，真正的投资者一定是保守的。保守意味着买入股票时精选标的，选优质企业，等一个好价格。这次股灾 4.0 又埋了不少赌徒和投机者，归根结底，还是风控出了问题，不够保守。长期来看，赌徒和投机者没有一个赚钱的，因为背后的逻辑是有明显缺陷的。这个缺陷在于不可持续。只有保守才能在哲学上体现出其持续性和稳定性。

其次，真正的投资者一定是做长线的。为什么要做长线？短期人心浮动，股价波动，人心难测，如果一个人赚钱是建立在预测人心和股价的短期波动上，那他注定是一个失败者。如果一个人能做短线，而且每次都能做对，那么这个人肯定是世界首富，事实上这是不存在的。人性的弱点是要追求短线，赚快钱的。做短线在逻辑和哲学上都是有问题的。而做长线恰恰相反，长线往往意味着有耐心，耐心就是财富，很多人没有赚到钱就是拿不住优质标的，就是因为没有耐心。一家公司的成长需要时间，盈利也需要时间，不可能一蹴而就的，时间给予了优质企业证明自己的机会，股市的长期赢家都是长线投资者，可惜很多人都没有做过长线，大部分股民几乎没有持有一只股票超过一年的经历。

再次，真正的投资者一定是喜欢熊市的。大多数股民都喜欢跟风，追涨杀跌，讨厌熊市，喜欢牛市。而真正的投资者恰恰相反，他们往往喜欢熊市，从骨子里喜欢，因为熊市才是播种的时候，牛市不过是兑现利润的时候。牛市往往是众多股民赔钱的原因。熊市优质企业无人问津，价格低，物美价廉的时候也只有熊市才有。买入价过高是股民赔钱的另一重要原因，因为他们是在牛市买入的。

最后，真正的投资者一定是有良好心态的。最近的股灾，只要是持股者，都会面临市值缩水的压力，很多股民市值缩水后，就开始焦躁了，心态不好，要么割肉，要么郁郁寡欢。真正的投资者往往都有良好的心态，因为他们看得长远并富有洞察力：凡事都是有周期的，股价跌了还会涨回来（前提是优质企业），优质企业是会穿越牛熊市的，盯住公司而不是仅仅盯住股价。有人在涨涨跌跌中实现了财富增值，而大多数人都在做赔钱的事儿，这些大众不够淡定，喜欢频繁交易（多做多错），为券商贡献丰厚的利润，为国家贡献足够多的税收，为上市公司的大股东高位减持做嫁衣。

2.7 少数人与财富

本篇和读者朋友们分享有关"财商提升"的话题，其实这也是投资策略的一部分。当今世界是一个贫富两极分化的世界，富人拥有的资产往往是穷人的N倍，更重要的是，在当今时代，财富的多寡不再以拥有多少现金来计算，而是以资产价格来计算。很多富豪都是优质企业的股权持有者，而普通百姓却没有什么资产。通胀日益高企，最受益的就是富豪，马太效应让很多穷人感到绝望。既然富人是少数人，那么富人思维往往就是少数人的思维，这一点值得学习。

大家都知道2080法则，这项法则可以应用于很多领域。在投资领域，只有20%的人赚钱，80%的人赔钱。在一家公司，20%的重要客户贡献了大部分的利润，其余80%的客户仅仅贡献了少量的利润。世界上80%的财富都在那20%的人手中，大部分穷苦百姓只有屈指可数的财富。这说明了什么问题？

无论从事什么行业，做什么工作，赚钱的人，成功的人都是少数人。有句话这么说："成功的道路并不拥挤。"我深以为然。成功的道路就是少数人走的路，人迹罕至的路。人扎堆的地方，人满为患的地方，都应该远离。但是要努力成为"少数"分子，"少数"意味着"孤独"，这需要勇气，更需要耐心，不是人人都能忍受这份孤独与耐心的，因此，成功是属于少数人的，大多数人注定无法成功。这句话听着很残忍，但是事实。

企业家和投资家，他们是这个世界上最富有的人群，在人口比例中占比极小，他们毫无疑问属于少数人。在很多时候，他们的精神世界都是孤独的，正因为如此，他们才会有如此辉煌的成就。做投资亦是如此，当众人扎堆于某类股票、某类行业时，你就应该考虑开始远离了，特立独行，永远是投资者必备的素质。

从众意味着平凡，甚至平庸。从来没有一个发财的机会是熙熙攘攘的，如果有人告诉你这是一个人人发财的机会，而且很多人都已经蜂拥而上了，你一定要远离，这个人多半是骗子。股市在人气高涨的时候，股价涨翻天，人人都觉得是发财的机会，最后多少人发财了？牛市是众多散户赔钱的重要原因。若有一个行业很赚钱，不少投资者就会趋之若鹜，比如前几年的团购网，这两年来的P2P，小额贷款等，众人扎堆的结果注定就是一地鸡毛，死伤无数。

成为少数人，往往意味着"逆向"，意味着"特立独行"，还意味着某种程度的"创新"。遥想当年，在一个人人都觉得应该买高价房的时代，你远离买房；在一个人人都觉得银行股不行的时代，你偷偷吃进银行股；在一个人人都唾弃的"富含塑化剂"的高端白酒时代，你悄悄购入白酒股茅台。这时，你的命运正在悄悄改变。

成功的道路一定是不拥挤的。选择一条少有人走的路，这往往是财富之路。只有内在财富丰富的人，才有耐心和勇气去选择这条路。内在财富永远是根本，获取外在财富的功夫在市外，越早悟到这一点，就能越早远离浮沉的股海，淡定获得该有的一切。

2.8　致命的投资心理

投资是一项非常复杂的工作，涉及的领域很广泛。一个聪明的投资者往往是多面手，他不仅深入了解生意的特性，公司的估值方法，还深谙人性特点，懂得人的复杂心理特征。知己知彼，才能百战不殆。市场上各项投资的背后是由人来构成的，人的行为不仅受到利益支配，还受到心理素质的影响。心理因素也是投资成功的一项重要因素，本篇拟从投资心理的角度与读者分享失败投资者的心理特点。成功的投资应从避免失败开始。

1. 心理格局小，买入价格计较到一分钱

对于比较理想的投资标的，只要及时上车买入，淡定持有，就能获得合理的投资回报。可是不少投资者买入时非常计较价格，他们把公司的买入价精确到小数点的后两位，也就是一分钱。当然了，这些投资者往往也是具有保守的心理，不希望自己的买入价过高，避免亏损。

实际上，任何一个投资标的，只要在合理价格的区间买入，有安全边际，假以时日，都会赚钱的。投资可买入价往往是在一个区间内，而不是精确到某一个具体数字。投资成功的前提是选对投资标的，在这个前提下，在一个合理的价格区间买入就行。有些投资者就是因为太计较投资价格了，错过了一次又一次的投资良机，与牛股失之交臂。

2. 浅套就忧心忡忡，深套就死心塌地

无论是买股票，还是买基金，"被套住"是再正常不过的事情。当然了，一买就涨，一卖就跌，是每个投资者都希望的，但是市场往往并非个人投资者所希望的那样，被市场打脸是再正常不过的事情。否则的话，若市场按照个人的意愿来走，那岂不是人人都是"股神"，都是成功的投资者了？

若买入价的安全边际不够，给了投资标的较高的贴现值，一旦市场比较疯狂极端，被深套就成为可能，最不济的也会被浅套。浅套一般是指 10% 以内的浮动亏损，而深套一般是指 30% 以上的浮动亏损。

很多投资者一旦被市场浅套后，他们就会烦躁不安，忧心忡忡，吃不好，睡不香，就像热锅上的蚂蚁一样。而被深套后，他们往往就会认为自己是在做"价值投资"，这时候反而淡定了，他们认为只要死心塌地持股，就能等到解套的那一天。可是有些股票一旦深套，这辈子解套的概率也许就不存在了。

经常被深套的投资者往往是对估值没有深入理解，对于这样的投资者来说，长期来看，失败是注定的。

3. 小盈就卖，不敢获得大的盈利

被浅套就坐立不安，这是很多投资者的心理问题。而当他们一旦解套，账面上出现比较小的盈利时，小小的盈利，比如三五个点的盈利，他们往往就会迫不及待地卖出套现。因此，这些投资者做投资好像是为了解套，为了给券商贡献佣金的。被套后，心里就踏实了，若开始盈利了，他们又开始不淡定了，生怕股价下跌，让自己的盈利缩水回撤。其实市场波动是很正常的，关键是要看清大势。

真正的投资高手往往是那些"敢于盈利"的投资者。他们其实是具有异常"贪婪心理"的，这里的贪婪指的是和优秀企业共同成长的特殊心理。优秀企业才是时间的朋友，垃圾企业是时间的敌人。敢于盈利的投资者不会满足一点点小成绩就匆匆脱手自己看好的投资标的，他们会密切跟踪企业的基本面和市场状况，待机而动。若干年前，段永平投资网易获得上百倍的投资回报，这就是敢于盈利的表现，也是投资真功夫的体现。赚小钱不算本事，赚大钱才是真能力的体现。

表面上看，以上的种种不同，是由于投资心理决定的，实际上这是由投资者的格局决定的。小赚看运气，大赚看能力。

2.9　人生决战在中年

"看成败，人生豪迈，只不过是从头再来。"曾经刘欢的这句歌词是为鼓励当年失业的中年人而唱的，希望他们能振作精神，从头再来。歌词很励志，但千万不要等到自己失业后，来唱这首歌，鼓励自己。拥有智慧的人会避免"从头再来"的悲剧重演在自己身上。

人的一生主要分为以下几个阶段：幼儿期、少年期、青年期、中年期、老年期。生老病死这四个字无人能逃过，就如一家企业一样，会经历初创期、发展期、成熟期与衰退期。一家企业最辉煌的时期无疑是在成熟期，名利均沾。对应个人来说，人生最重要的阶段属于中年期，中年期能发达、能成事是最佳的。若中年期仍然一事无成，幻想老年期能够重攀高峰，这种概率是极低的。

要想在中年期能够成事，能有一番作为，那么人在年轻的时候就必须要做好准备。年轻的时候除了要有一个素质过硬的好身体外，还需要积累人生的一桶金。可以这么说，人与人的第一桶金获得时间的早晚基本能决定中年期是否会有所作为。越早获得第一桶金，心态就越好，越能淡定面对人生的挑战。

年轻的时候飞黄腾达，毕竟是极少数。人都是由精气神组成的，其实每个人一生的能量都是有限的，早年发达的人，往往在中年、老年都会比较平淡。个人认为，人若能中年发达正当其时，这符合事物的发展规律，中年的发达，可获得的成就往往比年轻的时候更大。

第一桶金的重要性远比大家想象的重要得多，因为获得第一桶金背后的经验、资源会放大人生视野、格局，成为人生迈向新台阶的垫脚石。看看当今时代一事无成的中年人，他们有什么共性呢？表面上缺乏资金，其实是缺乏格局与智慧的。格局与智慧属于个人内在财富的一部分，内在财富决定外在财富。

少年穷，非真穷！人在中年，上有老，下有小，经济压力不可谓不大。若这时候还为一日三餐而努力奋斗，成事的概率几乎为零了。古今中外，能有大作为的人往往都是在中年发迹，达到人生的顶峰，这一点是有共性的。对于普通老百姓来说，若在中年能够获得财务健康，能让自己的被动收入覆盖家庭开支甚至还有结余，那么这也是一件了不起的事情。若能在这个阶段收获财务自由、人生自由、心灵自由，那个人的境界已经到了曲高和寡的地步了。

人在年轻的时候不要太激进，欲速则不达。要想让个人能量在中年时能够集中释放，年轻人应把精力放在开发自己的智慧上。有了高智慧，就有了比较高的能量。大自然的能量都是互相转换的，能量层级越高，获得的成就也就越高，这里的成就包括物质财富，也就是金钱的多寡。财富，从哲学上讲，是一个人思考力的产物。不同的人，其背后的思考力、判断力都是有明显差异的。

罗马并非一天建成的，人生决战在中年！本篇主要是写给年轻的读者，希望年轻读者能早日获得人生第一桶金，在中年期绽放人生的灿烂之花。

2.10 投资二级市场中的"大多数人"

2.7 节谈的是《少数人与财富》，说明了思维方式的重要性。每个人的行动不仅仅受到利益因素的影响，还受到其逻辑、思想、价值观的影响。而逻辑、思想、价值观往往反映了一个人的思维方式。

社会上勤奋的人很多，很多人所谓的勤奋不过是在做低效率的重复劳动而已，而重复的劳动未必会有价值，而且劳动本身也未必能创造价值。当今社会，劳动价值理论在很多时候并不成立，因为这是大工业时代的思维。有时候劳动还能毁灭价值，是不是让人大跌眼镜？

最高级的勤奋属于战略上的勤奋，而战略上的勤奋又主要表现为对"方向"进行深度思考的勤奋。战术上做得再成功，若战略上的大方向做错了，最终也是失败的。做任何投资之前，首先要想到自己是不是走在正确的路上，是不是在以正确的方式赚钱。见过太多昙花一现的基金经理、民间"股神"，他们无疑是走错了路，害人害己。

　　股市中的"少数人"与"大多数人"的根本差异就在于思维方式的差异。很多人都知道股市投资结局都有一个规律，那就是"一赚二平七亏损"。其实个人认为赚钱的概率远远没有这么高，低于 10% 才是常态。既然比例这么低，就要问问自己了，自己是属于"大多数人"还是"少数人"？凭什么说自己属于"少数人"这一类？本篇主要谈谈"大多数人"的特征，希望能引起读者的思考。

　　"大多数人"的特征：

　　（1）大多数人天天纠结明天股市的涨跌，股市涨了就兴高采烈，股市跌了就愁容满面，他们投资的心情随着股市的涨跌而上下波动，忐忑不安。若不小心碰到了股灾，心情会跌入谷底，惶惶不可终日。

　　（2）大多数人若自己投资赔钱了，就会不停地抱怨：抱怨股市政策不佳、抱怨监管层不作为、抱怨上市公司大股东肆意妄为的大幅度减持、抱怨小道消息来源不真实、抱怨上市公司管理层人品太差、抱怨投资标的财务做假，等等。但是他们从来不抱怨自己判断力不佳，也很少反思自己的不足。出现问题，都是别人的不对，自己几乎是完美的。

　　（3）大多数人根本没有耐心去啃那些硬知识，比如财务报表的阅读、企业经营管理、公司发展战略、供应链管理、投资心理学等。他们要么觉得这些东西晦涩难懂，要么觉得这些东西对投资好像没有多大帮助。他们的口头禅是："不懂这些，还是可以做好投资的。"

　　（4）大多数人喜欢琢磨 K 线图，并对此着了迷。看见什么波浪理论、蜡烛图理论，就觉得自己找到了投资制胜的法宝。天天看 K 线，研究各种指标和图形，赚了钱就觉得是自己水平高，赔了钱就觉得是运气不好而已。

　　（5）大多数人总是盯着投资标的的过去和现在，而从来不思考投资更重要的是面向未来，投资是要走在时间前面的。

　　（6）大多数人能说出不少投资大师的名字，甚至对某些投资大师的名言倒背如流，但是他们对这些大师所说的话不是批判性地吸收，而是全盘接受，奉为圭臬。即使如此，他们的投资业绩却令人诟病不已。

　　（7）大多数人总是在牛市、股价涨翻天、上市公司市值不断攀升新高的时候蜂拥买入，他们很多时候也知道这不过是在博傻而已，但是他们往往不会认为自己是充当"傻瓜"的那一类人。

（8）大多数人可以忍受自己的投资标的亏损高达50%甚至以上，被严重套牢后，就觉得自己是价值投资，不敢逆势加仓，也不敢承认错误。被严重套牢后，他们往往一动不动，淡定从容。而当他们被套5%-10%时，他们就开始焦躁不安，一旦解套就匆匆卖出。他们从来不思考自己投资的初衷在哪里。

（9）大多数人可能心理认同所谓的价值投资，但是他们做投资时的行为却往往受到"记分牌"的严重支配。你说他们懂很多，而实际上他们往往又没懂，行为反映了一切。

（10）大多数人在没有深入研究投资标的之前就能夸夸其谈，觉得这样好，那样好，却从来没有对一家企业进行一些深度的分析和研究。不知道公司的发展战略、更不知道公司的毛利率和净利率水平等。

大多数人的特征还有很多，无法一一列举，以上只是举例说明，希望能对各位读者有所启发，让自己尽量远离大多数人，成为投资市场上的少数人，最终成为那些少数、能够持续盈利的人。

2.11 从命运的角度看投资

孔子曾说："五十而知天命"；宋朝宰相吕蒙正曾写过一篇《命运赋》，更是说出了人生命运的百转千回，并道出了"时机"的重要性；我国近代大文豪钱钟书的夫人杨绛先生在其《走在人生的边缘》这本书同样指出了"人生有命，因人而异"的观点。无论你信不信，人生是真的有命的。人好比大自然种的庄稼，成熟一批收割一批，其命运最终还是逃离不了大自然的"五指山"。

人生有命，这不能算是迷信。一个人只要意识到自己无法选择出身，选择自己的背景就应该知道人生是有命运的。甚至可以这么说："人生而不平等。"有人出身优越，生在富贵之家，生在国运昌盛之时；有人出身寒微，家徒四壁，生在国运凋敝之时；除了出身的环境不同外，每个人的天赋、身体状况、基因、聪明才智等都是因人而异的。

"股神"巴菲特出生在美国，并赶上了美国经济发展的大好时机，再加上其祖辈的荫庇以及他自身的努力，成就了其颇具传奇色彩的一生。世界上再无巴菲特，读者朋友们千万不要迷信"巴菲特第二""中国巴菲特"之说，这些人大多数是以"别人的头衔"来唬人罢了。国命胜于人命。巴菲特若出生在非洲，无论其多努力，家庭条件有多好，也不会成为众人口中的"股神"。个人的命运是与国家的命运紧紧相连的，脱离国家的基本状况来讨论个人命运，这往往不可取。

正逢中国改革开放 40 周年，经济成绩斐然，全世界有目共睹。中国老百姓的生活水平普遍得到大幅度提高，这是国运昌盛的重要表现。在过去，中国实行计划生育基本国策，很多家庭都只能生一个孩子，导致过去的舅舅、姑妈等亲戚不复存在，大量消失，这同样也是国策改变了个人命运。一个人无论他有多努力、多勤奋，都无法与国运进行对抗。顺应国运，才能更好地成就自己。所以，我个人一直反对那些鸡汤文、所谓的成功学。一个人要活得明白，不要掩耳盗铃，自欺欺人。

回到投资上来，我们会发现在我国国运上升周期，出现了不少享誉世界的公司与品牌。这些公司取得的成绩和超高的品牌价值到底是凭什么？凭的就是国运和出身。茅台出身高贵，历史积淀厚重，酒文化的价值代表，有定价权，毛利率与利润率都无与伦比，此类种种导致了其业绩不断向好、股价不断上涨。若国运不行，没有股市的诞生，茅台会是今天的茅台吗？这类的例子太多了，不胜枚举，读者自己可以去认真思考。所有大牛股的诞生都是离不开出身和国运的，古今中外，皆是如此。

知人者智，自知者明。很多人就是不知道自己有几斤几两的情况下，胡作非为，最终葬送了自己的大好前程。当代的企业，属于法人组织，自然也一样，也是有命运的。人有生老病死，企业也不能例外。一家企业要想活得久，就必须与时俱进，对市场、对消费者心存敬畏之心，不断造福消费者，最终企业也会获得前所未有的大成就。

作为投资者，要慎重选择投资标的，要对个人与企业的命运具有敬畏之心。对那些出身不错、具有长寿型特征、不断与时俱进、具有极高品牌价值的企业不妨多看几眼，多深入做一些研究和了解。尽量多做一次聪明的投资，我相信个人投资之路会越走越宽的。

此篇文章主要谈论了命运的重要性，投资要选择那些命运向好的公司，有些公司出身高贵，行业命相比较好，是不可多得的投资标的，比如片仔癀、贵州茅台、云南白药等。

2.12 怎样选择打新门票

国内货币超发，M2 按照复利两位数的速度在递增，不懂得投资，现金购买力在不断缩水。在大多数情况下，持有现金就是持有贬值资产。每当房价被限购、冰封后，股市作为货币超发的另一个巨大资金池就必须要发挥其应有的作用。

自 2016 年以来，中国 IPO 提速，新股发行速度让人瞠目结舌，目前来看，垃圾股退市制度还不够完善。新股发行乃造富工具，很多创业者一夜暴富。作为投资者，也可以分一杯羹。打新是中国股市制度红利，这个红利本来是属于全民共享的，但是只有极少数普通百姓能抓住这样的机遇。

没有接触过证券市场的人根本不懂何为打新。新股上市后，其股价往往都能翻几倍有余，一般来说，一只新股可以赚大概 3 万元，有些甚至能超过 10 万元，这是普通工薪族一年的上班收入甚至更多。据我了解，2016 年有些投资者中签数量高达 10 多只，仅仅靠打新年收入就有几十万元。

打新类似于买彩票，但是其成功的概率远远超过彩票。根据 A 股打新制度，打新之前必须配有股票市值。如何配置打新门票，这对很多小白来说是一件难事，本节主要和读者分享如何配置打新门票的问题。

据我所知，打新中签不仅与运气有关，还与资金实力有关。单一打新配置的股票市值在 30 万以上即可适当提高中签的概率。打新配置股票，不求赚钱，但是大家都有一个基本诉求，那就是不赔钱。究竟哪些类型的股票可以作为打新门票呢？

1．大消费龙头股

大消费龙头股是那些经营业绩稳定，分红率高，它们基本都是长牛慢牛股，例如：伊利股份、格力电器、美的集团、小天鹅 A、青岛海尔、东阿阿胶、同仁堂、五粮液、贵州茅台、泸州老窖、双汇发展等。这些股票本来就可以作为长线投资的，随着时间的推移，很难说会赔钱。但是切记不要盲目追高。

2．大市值金融股

大市值金融股与经济密切相关，与老百姓的日常生活也息息相关，其产品或服务大多数百姓都接触过，他们大多业绩稳定，分红率也比较客观。

例如：中国平安、各大跌破净资产的银行股、低 PB 的证券股。这些大市值金融股在当前的市场环境下不受欢迎，估值往往都比较低，人气不足，但是其下跌空间是非常有限的，而一旦市场回暖，金融股必然是首先受到资金追捧的。

3．低估值品牌汽车股

随着消费的不断升级，国产品牌的汽车会不断蚕食国外品牌的市场份额。国产汽车品牌很可能和之前的白色家电品牌企业类似，受到国内普通百姓的认可。目前品牌汽车股的估值是相对低估的，而且汽车股的分红也比较大方，可以考虑购买如下股票作为打新门票：长安汽车、长城汽车、广汽集团、宇通客车。本人最看好长城汽车。

4．大市值低估值地产龙头股

中国的地产行业目前还处于比较分散的格局，但是随着行业的不断发展，小型地产企业会慢慢被淘汰出局，龙头房企的市场份额逐渐扩大，据了解，2016 年全国地产销售总额为 9.9 万亿元，而万科作为地产龙头企业，其市值份额不过 2.4% 而已。龙头企业的经营风险小，业绩稳定。当前市场不喜欢地产股，其估值也相对较低，可以作为打新门票的地产股有：万科 A、保利地产、招商蛇口、华夏幸福。

对于投资小白而言，打新门票首选市值较大的股票。市值较大的公司往往其抗风险能力比较强，在熊市下跌空间非常有限，波动性较小。对于有经验的投资者而言，可以选择那些估值较低、成长型的股票作为打新门票，这样除了新股收益外，还可以赚到股价上涨的收益，可谓一举多得。打新门票需要沪深两地上市的股票各一只即可，不必贪多，贪多无益。申购新股的时间建议选择上午 10 点左右或者下午 2 点左右，避开申购高峰期，这样有利于提高中签概率。

2.13 优秀投资者的对手

什么是优秀？哲学家亚里士多德曾说："我们日复一日做的事情，决定了我们是怎样的人。因此所谓卓越，并非指行为，而是习惯。"简而言之，优秀是一种习惯。因此，优秀的投资者往往是拥有那些良好习惯的投资者。

优秀投资者的对手从来不是别人，而是自己。他们往往善于独立思考，不人云亦云；他们有自己的内在记分牌，不跟风，不盲从；他们永远都只和过去的自己比，日拱一卒，逐步提升自己的投资水平和投资境界。

1. 独立思考

独立思考，意味着不迷信权威，更不会信奉教条。在很多时候，独立思考往往意味着精神上的孤独。自己的观点能否被其他人接受，这不重要。不是在同一层次的、同一境界的人是无法进行有效沟通的。只要能禁得住时间的考验，长期投资成绩优秀出色，这就足以证明投资者是优秀的。

"谋可寡而不可众"，真理往往在少数人手中，大多数人会淹没在信息的洪流里，被各类层出不穷的信息迷惑双眼，看不清未来的方向。大多数人都不过是在股海里做布朗运动罢了，无法抵达遥远的新大陆。

2. 内在记分牌

一家公司究竟值多少钱，不同的投资者心中有不同的答案。这里很难说有标准答案，因为每个投资者给出的贴现率有差异、对公司的前景判断更是天壤之别。究竟值多少钱只有未来才能判定。

优秀的投资者往往是拥有内在记分牌的人，他们只投资自己看得懂的标的，并能给标的进行合理恰当的估值。他们往往能做到无视市场波动，更不会去追随热点，去投资自己看不懂的标的，增加不确定性风险。

市场中永远都不缺热点。有些人会因为羡慕他人短期惊艳的出色业绩而放弃自己的能力边界，放大自己的投资风险。有些人更是出于嫉妒心理，在牛市跟风投资，最终赔钱了事。彩票售卖点往往会过度宣传某人中大奖的信息，根本原因就是在利用他人的嫉妒心理而跟风。市场上也会经常有连续不断涨停的股票，因而成为吸睛利器，可这些票子往往都会成为众人割肉的钝刀。

短期出色的业绩人人都可能获得，长期能跑完马拉松的寥寥无几。

3. 只和自己比

一个思想成熟人，往往能正确看待自己，能有自知之明。每个人的成长环境，拥有的背景都是与众不同的，正如世界上并无两片完全相同的树叶一样。一个人越是意识到这个问题，就越不会盲目和他人一较长短，徒增自己的烦恼。

有人会说，某某某年少成名，大获成功；他人的成功对你有什么意义呢？成功是无法复制的，喜欢贩卖成功学的人往往就是利用"成功是可复制的"这一观点迷惑大众。

优秀的投资者往往会日拱一卒，哪怕是每天进步一点点，日积月累的点滴聚集也是了不起的进步与突破。仅仅和过去的自己比，这是他们的共性。有些人会沉迷在历史的功劳簿上无法自拔，无法做到与时俱进，错失投资良机。把握时代的脉搏，与时代发生共振，才能不断进步，获得出色的投资业绩。

2.14　大多数散户为什么会赔钱

进入股市投资之前，千万不要忽略这样一个事实：股票投资的硬性门槛低得可怜，只要是成年人，人人都可开户，而且最低交易是 1 手，金额低则数百元，高则数万元而已。投资的硬性门槛低，不代表赚钱就容易。

实际上越是低门槛的生意，赔钱的概率越高，因为竞争非常激烈。越是高门槛的生意，赚钱的概率越高，因为这里是蓝海一片。在懂行的投资者眼里，股票投资是一项硬件门槛低、软件门槛比较高的投资品种。因为股票赚钱从根本上说，是依靠人的"软件"——大脑来赚钱的。

投资股票赔钱了，不能怪任何人，更不能怪监管层以及上市公司的高管，因为在投资入市之前，别人就一而再，再而三的告诫："投资有风险，入市须谨慎。"投资赔钱了，把责任推向别人，从来不反思自己判断力不佳，这是极不成熟的表现。作为成年人，要敢于对自己负责。

心碎了吗？本人只讲大实话，真实面对自己，敢于承担责任，才是一个人成熟的标志。投资是一件严肃的事情，这关乎很多人的生活质量和水准。秉持"玩一玩"的态度既浪费彼此的时间，又耽误美好的青春年华。

下面简单罗列一下，大多数散户赔钱的原因在哪里。很多人觉得赔钱了，就是别人的问题，和自己无关。这样的人一辈子都难以成长起来，一味责怪别人就是逃避自己的责任。深入挖掘赔钱的原因，才能尽可能地在未来的投资中避免赔钱，最终走向盈利。

根据本人的长期观察，一般来说，赔钱的原因主要有如下几大类：

（1）揠苗助长，拥有一夜暴富的心态，不能淡定面对股市的涨跌波动以及短期的浮动盈亏。没有耐心以年为单位收获盈利。

（2）频繁交易，换手率极高，给国家和券商贡献了大量的佣金和税收，本金不断缩水。

（3）新股解禁时，高位买入股票，大小非减持，高位套现，自己的资金流入了高管的口袋。

（4）高估值买入优质公司，如2015年以30多元的价格买入宋城演艺，被套牢了整整2年之多，至今还没有解套。

（5）高估值买入劣质公司，如在乐视网市值千亿的时候买入。

（6）低估值抄底劣质公司，如在暴风集团股价大跌至50多元时买入抄底，没想到至今还为解套而烦恼，越跌越买，越套越深。

（7）运气差，买中老千股，如买入尔康制药，股票复牌后市值缩水50%之多。

（8）大股东低位增发，摊薄小股东权益，股价大幅度下跌。

以上赔钱原因的总结，只是简单列举了一部分，为后来者提出警示。

大多数散户都没有独立思考的习惯，"割肉割在地板上，买股买在山岗上"是他们经常干的事情。他们的投资名言是："别人恐惧我更恐惧，别人贪婪我更贪婪。"

总而言之：长期赔钱的人，就是因为做了很多次"高买低卖"的事情。股票打折的时候他不买，一定要等到股票飞涨的时候才迫不及待杀入股市。

2.15 哪一种人在股市里注定发财

只要有过投资股票经历的朋友，曾经肯定都听说过这么一句话："哎，炒股炒成股东，真是愁死了。"

若把炒股炒成股东等同于投资失败、无奈、恐惧，那么真正的投资者就彻底无地自容了，因为他们买股票的目的就是为了当股东的，即便不是当长期股东，至少也是因为价值低估而阶段性持有股票的股东。

1. 股民

什么人可以称为股民？汉语真的是博大精深，股民原来是"炒股的人民"的缩写。请注意前面修饰词定语是"炒股"，炒股，顾名思义就是把股票翻来覆去的炒动。

类似于炒菜，炒菜技术不精的话，不是咸了就是淡了；火候若没有控制好，不是没有熟就是炒焦了。而炒股的复杂程度远远高于炒菜，因为股民无法掌握火候，而且还受到各种心理因素的干扰，因此炒股炒煳了是常有的事情，在证券账户里表现的结果就是长期浮动亏损，即使曾经偶尔有过短暂的浮动盈利，但最终也是无济于事。

读者们可以做个简单的调查，去看看身边那些长期炒股的朋友，他们究竟是赚钱了还是赔钱了呢？赔钱应该占绝大多数。若一个股民炒股 5 年都在坚持赔钱，他是很难坚持下去的，要么销户，要么割肉清仓。

当股民，往往是出于投机或者赌博的目的，肯定不是长久之计，这是战略上的重大失败。

2. 股东

股东与股民只有一字之差，但其中的含义却是天壤之别。股东是什么人？按照书本上的解释，股东是股份制公司的出资人或者投资人，用大白话来解释，就是公司股权所有者。

当股东，就是当老板，而且还是跷脚老板。只要公司经营好了，业绩不断成长，股东手中的股权价值自然水涨船高。当股东，往往是聪明的买手，他们往往会在公司价值合理或低估的时候入手，耐心持有。

当股东，还要具备董事长的战略思维，懂得如何布局，思维前瞻，能走在时间的前面。当股东，还要懂得公司的运营模式、商业模式，在公司前景不妙的时候能够及时脱身。

当股东，是在合理、聪明的冒险，是在自己获胜概率比较大的情况下才下注，而不是天天频繁下注，即使遇到风浪，也能做到岿然不动。

3. 成为股民，还是股东

很显然，当股东的门槛是高于当股民的。当股东比较难，而当股民太容易了。一条相当容易走的路，必然竞争激烈，风险系数要高得多，赢得的概率要低得多。而比较难行的路，同行者寥寥，竞争也就不会那么激烈，能有所成就的概率就要高很多。

我身边有很多当股东发大财的，而当股民发财的几乎没有。可见，一字之差，最终的结局是口袋中财富的多寡。而造成这一字之差的根本原因，在于思考能力的差距。从本质上讲，内在财富少了，外在财富不可能多起来。

股民，在战术上是非常勤奋的，最终大多以失败而告终；而股东，勤奋主要用在战略上，最终大多会盈利。

是选择成为股民，还是股东？每个聪明的读者心中自有答案。

2.16 "价值连城"的三五天

大道至简，关于投资理论的研究多如牛毛，投资成功的秘籍大多数都写在书上了，只要愿意开卷，并不是晦涩难懂。如何才能投资成功？如果非要浓缩出一句话来解释，那么国外投资大师的答案是："好公司，好价格"，大多数股民的总结其实更厉害，其秘诀更精练："低买高卖"或"高抛低吸"。

可以这么说，只要稍微有点文化的人都能理解上述投资成功的秘诀，但是理解的程度如何、深度如何，这得因人而异，因为每个人的悟性有差异，其天赋更是迥然不同。"知不易，行更难"，没有比这六个字用来描述投资的历程更恰当的了。下面从时间的角度和读者分享投资的难点所在。

什么是投资？简单来讲，投资就是用今天较少的钱去换取未来更多的钱。意思很简单，就是以瘦弱的现在去换取丰腴的未来，现在与未来存在时间差，本质上讲，投资就是用时间差来换取金钱。投资赚钱了，说明投资者就赢得了时间的奖赏；投资赔钱了，说明投资者遭到了时间的惩罚。因此，时间即财富，此言不虚，人的寿命是有限的，时间的突出价值也因此得到了凸显。

在金融市场上，股价与公司的内在价值往往是不匹配的，是有时间差的，在很多时候，当前公司的股价都是严重偏离公司内在价值的，尤其在以投机赌博为主导的散户市场中，这一问题显得更加突出。聪明的投资者就是那些善于找到时间差以及市场错配的人。

追涨杀跌是常态，看看 A 股中的换手率和证券公司的交易手续费以及国家收取的印花税，就会明白，大多数人都不是来做投资的，他们进场仅仅是为了完成互摸口袋这个游戏，他们浮躁、急于赚钱、快速要求回报、一夜暴富、做时间差的敌人。但此游戏非常残忍，是负和博弈，散户的钱只会越来越少。

可是，即使有些投资者费了好大一番辛劳，找到了股价与公司内在价值的时间差，但是他们往往又会因为盲目攀比以及羡慕他人的业绩而放弃自己之前的努力，因为这时股价仍然低迷，涨得慢。有时候，市场非常恶劣，即使是坚持了长达数月之久，也不怎么赚钱，的确有点儿让人沮丧。

根据各项统计数据的研究，一家公司的股价在大多数时间内都是在做布朗运动，只有在极少数的时间段里才会表现出令人振奋的大阳线。一天的投资收益或许能超过一年，几天的投资收益或许能超过数年，这些都是市场上非常常见的现象。而究竟是在哪一天或者哪几天股价会爆发，这无人知晓。理性的投资者只知道这关键的三五天价值连城，耐心等待就能看见。

市场上的钱，永远都是从频繁交易的投资者的口袋里流向那些耐心成为股东的投资者的口袋。钱其实就躲在墙角下，有发现价值眼光的人只要俯首下蹲，用适当的耐心去浇灌，钱就捡到自己的口袋。结果看似很容易，但这个过程是非常难的，难在孤独，难在禁不住外界的诱惑，难在疲于对付揠苗助长式的急躁心态。

在金融市场投资赚钱，就是赚取时间差；而这个时间差里，又只有极少数时间段才能让投资有丰厚的业绩回报，我把这极少数的时间段称为"价值连城"的三五天。

2.17 "合格而称职"的投资本金

很多人在对投资二字理解程度不够的情况下就贸然入市，这往往是受到周边人的短期赚钱或所谓"发财"影响的结果。简而言之，投资是一项冒险行动，企业家是天生的冒险家，当然了，他们的冒险不是无厘头的冒险，其水平比大多数散户要高出 N 个数量级。只有合理聪明的冒险，在获胜概率较大的情况下，才能获得投资的收益。

投资是需要付出真金白银的，什么样的资金可称为合格的投资本金呢？入市的大多数人都没有认真思考过这个问题，本节拟对这个问题谈一下个人的看法和见解，希望未来的投资者能够理性、慎重看待自己的资金。

1. 资金的数量

很显然，过小的资金量是无法成为恰当的投资本金的。股市的资金投资门槛其实是非常非常低的，低得几乎可以让人人觉得股市投资是资金流向的好地方。最低购买 1 手股票，数百元就可以买一手低价股了。由于本金数量比较小，无论是盈利还是亏损，其绝对值都比较小。大多数人是不会满足这么一点儿小钱的，这也就成为很多人追逐所谓"高风险、高收益"的动机，最终沦为市场的奴隶，成为被割的韭菜。

从历史的经验来看，越是小资金，越趋向于赌博的特质，反正就是玩一玩，赔了也无所谓。正是这一无所谓的态度，毁了太多人的一生，让更多的人与投资的乐趣无缘，更别谈什么改善生活了。

什么样的资金可以作为投资本金呢？就目前中国的生活水平以及人均工资收入来看，个人认为投资本金至少是所在城市的人均年收入的 2 倍，这是最低的要求，一般来说，其金额应该在 10 万元以上。通过中登数据的披露显示，大多数股市参与者的本金不足 10 万元，金额越小，越无法引起投资者的重视。

实际上，越是大资金，越是以保本为前提的，只有小资金才喜欢过分追求高风险，真正的大企业家往往是风险厌恶型的，他们是"胜而后求战"的忠实粉丝。只有从思想上重视的本金，才能称为入门的合格投资本金。

2. 资金的时限要求

很多人会问，对投资的资金还要有时限要求吗？这不是废话嘛，没有时限要求，如何投资赚钱呢？按照本人以前的分析思考，投资的本质就是赚取时间差，而资金是有时间价值的，也就是有利息的。

可以想一下，若资金的可投资期限为一个月，那能购买什么投资产品呢？只有货币基金最保险了。若资金的可投资期限只有几个月，也仅只能够得上银行的短期理财产品？若投资的可投资期限只有 1 年，适合那些有确定性收益、流动性强的定期存款或者其他理财产品。

很多人拿着可投资期限仅为一个月、几个月，最多一年的资金来玩股市投资，这不是"作死"的节奏吗？股市就需要这样的韭菜投资者，越多越好，赔得越惨，那些机构越喜欢。短期看，股市的风险是最高的；而长期看，股市的风险是最低的。短期风险高是因为股市波动大；长期风险低是因为股市投资回报率高。

从我过去的投资经历看，有些股票一年赚不到钱都是很正常的，比如之前投资的伊利股份，在 1-2 年内都没有怎么赚钱，若资金的可投资期限只有 1 年，能赚到 3 年一倍的投资收益吗？很多人进入股市之前，就没有一个成熟而理智的头脑，期望短期发大财，快速要求获得回报，这种人往往最终都成为股市收割机下的韭菜。抱有如此心态的人入市做投资，只有赔钱的命。

短期使用的资金是无法成为投资本金的。依本人的理解看，最好的投资本金是可以判定为"无期徒刑"的本金，这样的本金之所以好，是因为它没有赎回的压力，赔了也不影响投资者的生活，长线投资，最终很可能是大发一笔。这也就说明了为什么富有的人其投资心态比较好，也说明了为什么越富有的人越会赚钱的原因。

但是，我们必须要面对现实，大多数投资者的资金都是无法被判定为"无期徒刑"的资金，普通投资者就没有投资致富的希望了吗？并非如此，只要能够拿出 3~5 年不挪作他用的资金都是可以入市投资的。以一个合理的价格买入一只优秀公司的股票，3 年不涨的概率几乎为 0，最不济的情况就是 3 年才开始赚钱。更何况，中国股市 5 年一个周期，一般 5 年左右就有一波牛市，在牛市，优质企业的股价涨得更高。资金也是有性格的，善于运用的人，资金也就越来越多。

3. 投资常识和投资智慧

可以想象一下：一个没有投资常识和投资智慧的人，天天在股市里博弈，追涨杀跌，长期下来，你觉得他可能赚钱吗？可能有投资增值的空间吗？投资赚钱靠的是脑袋，而不是勤奋的双手；投资赚钱靠的是智慧，而非惶恐不安的心态。

没有插上"常识与智慧"翅膀的资金，在金融市场上，一定会快速流向那些拥有常识和智慧的资金持有者手里。资金难道不是有性格？它更喜欢那些能够驾驭它的人们，更喜欢那些德行能量足够强的人们。君子以厚德载物，股市里有句名言需要再次向读者告诫：资金总是从频繁交易的投资者的口袋流入那些极具投资耐心的投资者的口袋。巴菲特的投资本金非常庞大，在股市交易日，其资金的涨跌波动都是以数十亿美元的数额来波动，没有一颗心如止水、淡定富足的心，能承载如此厚重的财富吗？

投资赚钱离不开投资智慧，而投资智慧需要长期学习、不断领悟，才能达到一定境界。总而言之，只有那些金额数量不太小、投资时限较长且资金背后有智慧的投资者支撑，这样的资金才可称为投资本金。

花点时间思考一下，你的资金是否是合格而称职的投资本金呢？

2.18 投资的合理目标

老板们经常说的一句话是："请给我结果。"成功的企业家都是结果思维导向的，拥有结果思维的人往往目标更明确，有强烈的使命感，这类人往往是现实意义的成就者。做投资也一样，在进入投资市场之前，要树立投资目标，没有目标就没有方向，无方向就会成为布朗运动的受害者，无法解决实际问题。

投资的目标肯定是因人而异的，往往受到年龄层次、本金大小、个人需求的影响。比如，年轻人的投资目标要求很可能就比老年人高，因为他们主要的投资目的是为了资本增值，而非保本。同样是盈利 10%，本金 100 万与本金 1000 万的绝对投资收益肯定是不同的，盈利的绝对值大小决定了是否能解决实际问题。

如何衡量一个投资者的水平？这往往是要看投资目标是否实现。就专业投资者而言，其投资目标应包括以下几个方面，以年为单位投资，其投资业绩应该有如下几个"跑赢"。

第一、跑赢指数，这里往往指的是上证指数或沪深 300 指数；

第二、绝对赚钱，也就是要盈利为正数；

第三、以 5 年一个周期来看，解决了家庭财务目标中的重要问题，比如购房、教育基金等。

以上三个目标是普适目标，适合大多数投资者。跑赢了指数，却赔了钱的大有人在。赚了钱，却跑输了指数，也是很正常的。短期业绩比较没有意义，一定要以年为单位去计算。若以 5 年一个大周期看，更能看出一个投资者的水平。基金业内排名往往是以短期业绩为参考目标，今年的基金盈利冠军，到了明年往往就成了亏损大王，业绩变脸比翻书都快，只看一年投资业绩的投资者往往会被短期业绩误导。

通常认为，年均复利收益达到 15% 以上，就可以称为优秀的投资者。这样的投资者其业绩 5 年翻一倍。巴菲特其历史年均复利收益高达 20% 以上，是众人皆知的"股神"，为什么众人膜拜于他，因为其让复利收益持续了多年。长年累月的可持续性的高复利收益，从长期来看，是非常艰难的一项任务，尤其是在资金量越来越大的时候。

有些投资者会说："我今年投资收益超过了 30% 了。"我的问题是，这个 30% 能够持续多久？投资收益超过 30%，是总资产投资收益超过 30%，还是总资产的 10% 的投资收益超过 30%，这也是有重大差别的。投资的根本目标在于解决生活中的现实问题，对于普通人来说，这是买房、买车的需求；对于老板来说，这是为股东创造多少利润、给国家贡献了多少税收的问题。

和大多数人不同，本人的绝大部分身家都在资本市场上。在进入这个市场之前，我就一贯认为，投资是重仓实践，是用行动来验证认知、用认知来指导行动的严肃游戏。用玩一玩的态度来投资，只会得到普普通通的结果和投资目标，根本不能解决实际问题。无法解决问题，不能有始有终，不仅浪费时间和金钱，更是在挥霍无法挽回的青春年华。

世界一直是这么运转的，没有目标的人总在为有目标的人而奋斗着。在投资领域，缺乏目标的投资者容易成为别人的"盘中餐"。在职场，没有目标的上班族，往往等来的是中年失业的悲苦境遇。在军营里，没有目标的士兵，注定与将军的头衔无缘。

重新将一将心中的投资目标，坚定信心，踏实前行，最终解决问题，获得人身自由、财务自由、心灵自由。

2.19 投资的三种境界

人与人之间的财富差异，表面上看是银行账户上数字的多寡，本质上看是人与人的眼光、格局、境界不同造成的。就同一件事物的看法，有人仅仅看到表面，而有人却能深入本质；同样是投资一家企业，有人仅仅赚了 10% 就逃之夭夭，而有人却能赚上几倍有余。曾几何时，段永平投资网易收获上百倍的投资回报，一战成名，这个是投资格局与投资境界的成功。

国内知名投资人杨天南先生认为，投资有三重境界，这三重境界分别是：无知无畏，有知有畏，有知无畏。处在不同境界的投资者，其投资业绩肯定是大不相同的。初学的投资者往往处在第一重境界，而经历过资本市场的洗礼后，大多数人会处在第二重境界。但是第三重境界只有极少数人能达到，这正如孔子所说的"随心所欲，不逾矩"吧，其境界应该是类似的。

在牛市，无知无畏的投资者，往往其投资业绩可能会超过投资市场的老师傅，但是一旦市场转为熊市，亏损很可能就止不住了。2007 年与 2015 的牛熊转换，都见证了这一历史的重演，这些无知无畏的投资者都成为市场的韭菜。

在 2008 年市场跌破 2000 点与 2015 年市场跌破 3000 点后，有知无畏的投资者会加大仓位买入，即使还会面临继续下跌的投资风险，但是他们无所畏惧，因为心中有底，能看清大势。而处在第二重境界的投资者往往会踌躇不前，被股灾、熔断、跌停板吓破了胆子。

知不易，行更难。投资就是这样的游戏，能够认知它就非常不容易了，若能将所知的东西付清实践与行动，那就更难了。很多人读的书不可谓不多，知道的道理更是多如牛毛，为什么投资业绩依然让人看起来愁容满面呢？这是哪里出了问题？是投资的境界、投资的高度还没有达到要求，是知与行的距离太遥远造成的结果。读万卷书，行万里路，思想与身体都要在路上，才能深刻体悟人生的际遇。知行不一，这是大多数人失败的原因。

投资有三重境界，而人生亦然。人生的三重境界分别是，第一重境界"独上高楼，望尽天涯路"，第二重境界"衣带渐宽终不悔，为伊消得人憔悴"，第三重境界"众里寻他千百度，蓦然回首，那人却在灯火阑珊处。"著名诗人王国维曾经如是说。人生的三重境界与投资的三重境界是非常相似的，大道相通，一门通，百门通。

提升境界和格局，才能提高财富的数量。还是那句老话：内在财富，决定外在财富。希望读者朋友们勤于思考和实践，努力达到"有知无畏"的投资境界，这是少数人的思想乐园，投资赚钱只是判断力的副产品。

2.20　耽误一生的"错误"赚钱方法

无论是从事什么样的工作，投身于什么样的行业，赚钱的方式、方法有很多种。但是，有一些赚钱的方法明显是错误的，是要付出巨额代价的，但仍然有很多"非常聪明的"人在铤而走险，以身试法，违背天理与道德，最终还是"竹篮打水一场空"。

比如，现实生活中花巨资购买彩票、高杠杆炒期货、高财务杠杆配资投机股票、去赌场赌博等。诚然，以上这些方法都可以赚到钱，但是这些方法明显是错误的。"立成说投资"（公众号）反复告诫：用错误的方法赚到了钱，往往会耽误一辈子。热衷于赌博的人，最终的下场大家都清楚，这些赌徒曾经都赚到过钱，而且可能还不少，但是他们最后得到善终了吗？

回到金融市场股市上来，股市里面也有一种错误的赚钱方式，这种方式其实和赌博没有本质上的差异。我们往往会听到如下言语或判断："股价跌了这么多，可以抄底抢反弹了""反正赌一把试试看""某某公司股价跌到了1块钱，可以买入了，这应该就是底部"。"韭菜"投资者做投资决策时往往是以收益为导向的，而真正的投资高手，他们做投资决策时是以风险为导向的。

投资是一项经营风险、管理风险的高难度工种。无视风险，眼中只有收益的人，是不可能在金融市场里得到善终的。曾经不少投资乐视网的投资者被忽悠"下跌空间只有30%，而上涨空间却有300%"，因而重仓，最后的结局呢？大家都看到了，赔惨了。没有人能预测底部在哪里，正如没有人能预测顶部在哪里一样。投资如果不是建立在公司基本面的深入分析上，那么这样的投资与赌博没有任何差异。

在短期内，股市与赌场性质非常类似，涨跌看似无序；但长期看，股市的涨跌自有其规律。市场在某个时间段里会奖励那些胆大的赌徒们，但这种奖励往往是致命的，让不少人产生短期暴富的幻想和"股神"幻觉，让人瞬间成为自大狂，深陷在成功的喜悦里不可自拔。

市场发出的错误奖励太多了，比如"牛市在高位追高某股票后，居然大涨了""在不了解公司基本面的情况下，大跌时抄底抄反弹，居然成功了"。很多人往往把这些无法持续的小概率事件当成对自己投资水平的奖赏。做了很多次后，发现赔钱越来越多，亏损越来越大，就不断割肉，割在地板上。割完后，还要抱怨监管不力，上市公司造假，从来不反思自己的判断力是否有问题。

"勇于敢则杀，勇于不敢则活！"

　　不要羡慕他人的投资业绩，只要走在正道上去投资，做到"胜而后求战"，永远做正确的事，在自己获胜概率大的时候押注，这样才能保持持久的盈利，才能让投资的雪球不断滚下去。错误的赚钱方法，往往会耽误一辈子。投资者只有在深度思考后，远离这样的习惯，才能让自己立于不败之地。

第3章

股票投资的基石

　　纵观全球投资市场，各类投资者鱼龙混杂，但他们进入投资市场的根本目的只有一个：赚钱。从来没有一个投资者进入投资市场是为了赔钱而来的。即使大家都有共同的赚钱理想，但投资最终的结局却让人有所失望。长期来看，大多数投资者都无法在投资市场里轻松持续地赚钱，能在投资市场中活下来并持续赚钱的人都是少数物种。

本章主要内容包括：

➤　赌徒派、技术派、投资派

➤　能力圈——不投资不懂的东西

➤　如何看待股票市场

➤　究竟买什么股票

➤　安全边际——何为好价格

➤　买入时机的选择

3.1 赌徒派、技术派、投资派

在我国 A 股证券市场里，关于股票投资赚钱，有这么一句总结性的话语："一赚二平七亏损"。实际上，远远没有 10% 的人能长期盈利，长期来看，只有不到 5% 的投资者能够在股市的多次牛熊周期转换里赚到钱。这又是为什么呢？因为大多数人没有打造一个可持续性的盈利系统，很多人把短期赚钱的结果当成原因，形成路径依赖，最终赔了自己的本金。

总体来说，投资资本市场的主要有三大派别，他们分别是：赌徒派、投机派、投资派。在这三大派里面，在一个长期性投资周期里，最终只有投资派能够持续性胜出，达到自己的财务目标。很多人是赌徒派或者投机派，但他们却不自知，误认为自己是投资派，最终投资结果当然是不尽如人意了。在进入投资市场之前，投资者有必要弄清楚这三大派别的差异。

3.1.1 赌徒派

俗语说，十赌九输，这是在告诫别人不要赌博。可即使如此，还是有不少人前仆后继往赌场"捐献"自己的资金，赔掉辛辛苦苦赚来的血汗钱。这又是为什么呢？估计很少人在思考赌博的上瘾性。赌博是一种赚快钱的方式，其持续成功的概率相对其他方式要低很多。一旦某次赌博成功，在短期内迅速赚到了钱，那么赌徒们往往会形成路径依赖，把无法持续的东西当成法宝，最终改变不了亏损的命运。

去过赌场的人应该都深谙赌徒的心态。下面介绍一下赌场赚钱的逻辑，这其实和股票市场有类似的地方，希望能给读者带来启发，早日远离赌博式交易。

赌场有场地、设备、人员、水电等成本，赌场的胜算率其实只是略高于赌客的胜算率，看似比较合理。一般来说，赌场的胜算率仅仅比赌客的胜算率高 5% 左右，不要小看这 5%，只要您持续不断地玩下去，比如几百次，5%

的几百次方的最终结果就是趋向于 0。赌客的胜算率由最初的 47.5，随着赌博次数的增加，其概率逐步归 0。

可见，赌客最终能成功离开赌场的人是很少的，他们几乎会赔掉所有的钱才会死心。为了让赌客持续不断地赌博下去，赌场给赌客提供了舒适的游戏环境、各种表演、美女服务员、甚至免费饮料等，根本目的就是让赌客的身价变为 0。

短期来看，股票市场也类似于赌场，属于负和博弈的范畴。因为买卖都要收取手续费，还有收取印花税等费用。在一天之内，股价上涨和下跌的概率均为 50%，加上各项费用后，赌徒派获胜的概率就会低于 50%，只要低于 50% 概率的交易不断持续下去，最终投资本金归 0 是确定性事件。

读到这里，您还想成为赌徒派吗？赶紧收手吧！回头是岸。

3.1.2 投机派

在我国证券市场上，投机派在所有的投资人当中的占比是最多的，他们每天在股市里拼杀，有人依靠内幕消息、有人依靠股市名嘴、有人依靠各类财务指标来作为自己入场的方向指南。证券公司的投资顾问是最喜欢这一类人的，因为他们懂一点儿投资，但又不是全懂，喜欢频繁交易，给证券公司贡献大量的利润。

美国历史上的著名投机大师利弗莫尔写了一本书《股票作手回忆录》，不少投机派奉为圭臬。利弗莫尔的投资经历堪称传奇，大起大落，但是最终还是改变不了巨亏的命运，其本人最后仰天长叹，以自尽的方式结束了自己的生命，彻底远离了滚滚红尘。

为什么投机这条路最终还是很难走通呢？根本原因与赌博一样，其盈利模式具有不可持续性。但相对而言，投机派懂得的基本投资知识水平是要高于赌徒派的，可这还远远不够，因为投机无法从根本上解决问题。投机派难以成功的另一个重要原因是投机市场的竞争异常激烈，投机是一群极其聪明的人玩耍的游戏。众所周知，过于充满竞争的生意就不是好生意，这是一片红海，投机派从事的工作正是如此。

为什么大多数聪明人不愿意做投资派，而选择成为投机派呢？因为短期看起来投资派赚钱的速度要比投机派要慢很多，但长期下来，投资派完胜投机派，这和龟兔赛跑的故事类似，兔子最后还是输给了跑得慢吞吞的乌龟。尽量远离投机，才能让自己立于不败之地。

3.1.3 投资派

究竟什么样的投资者会是投资派呢？在我国证券市场里，真正的投资派是凤毛麟角的，很多股市参与者很明显是在做投机，但是他们偏偏却认为自己是在做投资。根本搞不清投机与投资的差异。一般来说，投资派具有如下几个明显特征：

投资派认为股票不仅仅是可以买卖的证券，实际上代表的是对公司所有权的证书。没错，是公司所有权的一部分。这是非常重要的一个概念，简而言之，买股票就是买公司。若没有这样的理念刻在心中，是不可能成为投资派的。投资股票从本质上是在投资一家公司，公司随着 GDP 的增长而逐步变大、变强，其盈利能力逐步提升，本身的价值也在不断提高，作为股票所有者持有那一部分股权也会因此而增长。说白了，买股票，就是投资入股做股东，是深入骨髓的股东思维。公司赚钱了，股东当然就会跟着赚钱，这是最显而易见的逻辑，很显然，这才是投资的正道。可是很少有人这么看待股票，因为股票的股价经常在波动，很多人被波动的股价迷惑了双眼。

投资派能深刻理解股票市场。他们认为股票市场的存在只是为投资者服务的，市场是给投资者提供投资机会的场所，当你需要现金的时候，投资派去市场兑现获得现金即可。但是这个市场从来不会告诉你真正的价值是什么，市场只会告诉你价格是什么，因此投资派不会把市场作为自己的老师，他们仅仅把市场看作可利用的工具。这也是非常重要的理念，利用市场而不被市场利用，占有主动权。

投资派能深入理解公司的估值，并懂得如何给一家公司估值，在买入股票的时候给自己留足安全边际。一切投资都是基于在预测的前提下做出的，而预测的结果不可能百分之百准确。留足安全边际就是为了在自己预测不准确的时候尽量不让自己赔钱。因此，投资派无论在什么时候做投资，都会给买入价格打一个比较可观的折扣，也就是买入价格要大大低于公司的内在价值。股票价值有账面价值、公允价值和内在价值之分。公允价值即为当前股票价格所表现出来的价值，一般来说，股票的公允价值与内在价值往往是不对等的。给买入价格留足安全边际后，即使自己预测错误，也不会赔钱太多，若是预测正确，那么投资的回报就会比大多数人都要高。

投资派能清清楚楚明白自己的能力边界，只做自己看得懂的投资标的，也仅仅去抓住自己能看得懂的投资机会。简而言之，投资者可以通过自己长期不懈的努力，真正建立起自己的能力圈，能够对某些公司、某些行业获得超出大多数人更深层次的理解，而且能够对公司未来的长期表现做出高出比大多数人更准确的判断。简而言之，投资派具有在某些领域的独到眼光和判断力。

纵观全球投资市场，投资派是唯一能够长期不断战胜市场并能不断盈利的派别，成为投资派是投资致富的唯一正道。

3.2　能力圈——不投资不懂的东西

做投资要坚守自己的信仰，更要坚守自己的认知与理解边界——能力圈。一项投资若脱离了自己的能力圈，投资者怎能夜夜安睡呢？无法夜夜安睡的投资者，想长寿可能就比较难了；若无法长寿，那么长时间的复利累积也可能要泡汤了。因此，能力圈是非常重要的内容，投资者不得不察。那么究竟什么才算能力圈呢？

1. 人贵在自知

《道德经》有言："知人者智，自知者明。"人贵在自知，自知的人能正确评价自己的优缺点，比较清晰了解自己的长处和不足。用大白话来说，自知的人知道自己有几斤几两，不会妄自菲薄，也不会骄傲自大。

知之为知之，不知为不知。每个投资者应该诚实面对自己，不要掩耳盗铃。在证券市场上，有太多的人在做赌博的勾当，却欺骗自己在做投资。赔钱了，就开始谩骂证监会、批评上市公司高管素质差，但是他们几乎不会反思自己的判断力不足。出了问题，都是别人的不是，和自己没有多大关系。这样的人很难在投资领域获得进步。

自知，是构建能力圈的第一步。

2. 董事长的眼光

股票投资，投资者投入的资金本质上是流入实体经济的。公司是有血有肉的结构，有自己的员工队伍、独特的商业模式以及研发实力和品牌。一个投资者若想投资某家公司，都会有这样的逻辑推演：若这家公司不是上市公司，是否依然敢投资入股做好股东？

投资者入股投资是建立在合理的公司分析之上的。研究公司的根本目的在于判断公司的未来价值与当前市场价格的关系。若经研究，公司的未来价值大大高于当前市场价格，那么投资是值得的，赚钱就是水到渠成的事情。

一家公司的未来价值应该如何判断？投资者应该从两大方面去分析和思考。它们分别是定性分析与定量分析。要做好这两者的分析，投资者应要学会换位思考，把自己当成上市公司的董事长，站在这样一个高度去审视公司，这样才能更清晰地理清公司的业务，从而懂得以一个恰当的方式评判公司的估值。

懂公司，是能力圈构建的第二步。

3. 行业发展的未来

投资是面向未来的一项技术。因此，做投资的人必须要有洞悉未来的独特眼光。公司获得成功的那一瞬间，就已经刻在历史书上了。只有不断攀登，顽强拼搏，才能登上更高的山峰，拥有"一览众山小"的格局。

任何一家公司的发展，都无法脱离自己所在的行业而独自存在。有些行业的前景广阔，有些行业的前景暗淡无光，还有些行业的前景不温不火。处在行业前景不断向好的企业当然更值得投资，但若估值太高，也应该暂时束之高阁。行业前景暗淡的企业就一定不能投资吗？若估值低得离谱，还是值得多看一眼的。

行业的命运不同，其投资结局肯定也是不同的。聪明的投资者应该有洞悉行业未来发展 5-10 年的眼光和能力。有些行业是天生牛股的温床，而有些行业却最终是财富的绞肉机。行业犹如环境，公司好比种子，在一个相对好的环境里，种子更容易生根发芽，茁壮成长，枝繁叶茂。

懂行业，是能力圈构建的第三步。

4. 总结

综上，一个人要想构建自己的能力圈，他需要懂自己、懂公司、懂行业，简称"三懂"原则。懂自己，是前提，是重点之重。投资，首先要从修炼自己开始。很多人一开始就从公司和行业入手，勤奋学习，而忽视"自知"这个大前提，最终还是事倍功半。投资业绩自然也就不尽如人意了。

3.3 如何看待股票市场

3.3.1 成熟投资者应对市场的价值观

作为一位投资者，要想投资成功，他不仅要深入研究投资标的，还要深刻理解市场，懂得市场运行的规律。什么是市场？简单解释就是：市场就是多空双方聚在一起的地方。有人看多，有人看空，这是市场的常态。单边看空和单边做空的市场让人既亢奋又恐惧。

市场无情，人有情，因此，我们可以看到很多投资者被无情的市场践踏得体无完肤。与此相反的是，市场上也有一些聪明的投资者，他们善于利用市场的不足而长久获利。那么如何成为聪明的投资者呢？这应该是每个想要做投资的人需要做的功课。本节拟与各位读者分享一下如何看待市场这一话题。

1. 市场短期无效，长期有效

投资界有句名言："市场短期是投票机，长期是称重机。"这句话的意思就是市场在短期是无效的，长期终将有效。我们经常看到短期价格的疯狂或者暴跌，但是只要是有投资价值的股票，其长期的走势不会受到短期波动的影响。有人喜欢赚市场短期波动的钱，就是认为自己比市场聪明，证明市场短期的无效性。

中国优秀企业股权长线的价值越来越高。市场长期有效，这告诉我们投资要尽量着眼于长远，而不是短期一城一池的得失；这同样说明了做投资重要的是战略上的正确把控而非战术上的完美精明。市场长期有效，说明优秀的公司是具有巨大的时间价值，这些公司随着时间的流逝日益壮大，是"时间的朋友"，也是长线投资者的福音。

2. 暴涨暴跌的市场是疯子，也是机遇

我国股市是一个以散户为投资主体的市场，再加入好赌博的本性以及上市公司估值过高的原因，股市的暴涨暴跌是常态。自 2014 年股市走牛以来，2015 年迅速见顶，随后一共发生了 4 次比较大的股灾，有时候大盘最高一天会出现跌停。经历过 2008 年和 2015 年牛市、熊市的朋友，就会发现市场是何其不理性。无论是牛市还是熊市，股民的肾上腺激素都会过度分泌，有人狂欢，有人悲戚。

无论是遇见暴涨的市场，还是暴跌的市场，一个理性的投资者都会视为巨大的投资机遇。当市场出现暴涨时，群体严重亢奋时，这时候减仓、套现永远都是对的，但是买入往往是错的；当市场出现暴跌时，群体出现极度恐慌，纷纷割肉时，这时候选择合适的标的，聪明的加仓、增持永远都是对的，但卖出往往是错的。对于优秀企业的股权来说，一时的利空消息造成的暴跌，往往是买入机会。利用市场的过度不理性，是智者所为。

3. 逆"市"而动，是高收益的来源

一个投资者最终从投资市场上所赚到的钱来自两个部分：第一个部分是企业本身成长所赚的钱；第二个部分来自市场估值的提振。若一家公司随着时间的推移赚钱的效率越来越高，那么其股权也会越来越值钱。若一个聪明的投资者在这家公司估值比较低的时候买入这家公司的股权，后来由于赚钱的效率提高，市场往往会给予比原来更高的估值，也就是 PE。这也就是著名的"戴维斯双击"理论，也是投资获得高收益的根本来源。

要想取得如此高的投资收益，赚公司的钱和其他投资者的钱二者都不耽误，投资者需要逆"市"而动，而不是成为市场的马屁精。逆"市"而动，离不开独立思考，也离不开极强的判断力。这里谈到的逆"市"行为，指的就是雪中送炭的行为。这个世界上锦上添花的事情很多，而雪中送炭

的事儿却不常见。在很多时候，投资如做人，锦上添花的事情人人都会干，而愿意做雪中送炭事情的人就少多了。因此，也往往会取得比较丰厚的投资回报。

3.3.2　对股价波动的理解

股价每天都在波动，其波动的背后是投资者的人心在浮动。同样一个标的，在同一时间里，有人看空，有人做多都是再正常不过的事情。过分纠结股价的波动，只能说明一个问题，投资者对自己的投资标的缺乏深度理解，对投资标的的估值信心不足，或没有留足安全边际，最终导致自己很被动。

对于一个成熟的投资者而言，其最大的对手盘只有自己，而不是市场中其他的芸芸众生。有些人固然看好某个投资标的，但不过是人云亦云罢了，一旦市场有风吹草动，波动剧烈，那么其原先坚定持有的信心就会瞬间崩塌。很可能就会因波动而放弃持有。有没有可能性治愈这样的心理疾病呢？我的建议是尽可能远离市场，不要每天看行情，可以设定每周看一次甚至每个月看一次比较好。若您选的标的是真有价值的，时间和资金将一定会站在您这一边，为您的正确判断投票。

股价上涨了，大家都欢欣鼓舞；股价下跌了，大多数人会愁眉苦脸，只有极少数人仍然兴高采烈。理性的投资者应该有这样的投资心态，无论是牛市还是熊市，都能做到心如止水。有如此心态之人，在投资路上必能成大器。无法控制自己情绪的人，在投资市场上注定会惨败而归。

有些上涨是对投资价值的确定，有些上涨是为了割韭菜；有些下跌是价值的进一步夯实，有些下跌是价值毁灭的确认；只有分清了价格上涨与价格下跌的逻辑，才能避免割韭菜。有些公司的股价不断创历史新高，这是公司价值不断提高的结果，还是人心过度亢奋的结果呢？在牛市，人心过度亢奋占很大比例；在熊市，这往往是公司价值的发现。

乐视网是过去创业板的明星大牛股，这是一只昔日明星股。在过去的几年里，这家公司的股票大涨特涨，不少人根本看不清逻辑就会跟风买入赚快钱，当然了，肯定有极少人能在激流中勇退，不赚最后一个铜板，获得丰厚的利润，但是更多的投资者都在这场牛市冲天的行情里丧失了自己的本金，为别人的梦想埋单。中邮基金当年因乐视而成名，而现今却因乐视而折戟沉沙。错误的路径依赖一旦形成，总有一天，会褪掉所有的光环。

与此相反的是美的集团，这家公司的股价在过去也是在不断创造新高，可是其上涨的速度和爆发力远不如乐视网，但这家公司为其长线股东创造了了不起的投资回报。即使是今天，这家公司仍然是以优良的业绩回馈股东，以不错的分红挑战各项普通理财产品。股价不断上涨，是对公司投资价值的确认，是聪明资金不断投票的结果。

总而言之，投资者千万不要以为股价上涨就一定是好事，有些是为了割韭菜的上涨，有些是公司投资价值确认的上涨。分不清股价的上涨或者下跌的逻辑所在，投资者是不会明明白白赚钱的。不明不白赚来钱，最终也会消失在市场里。不属于您的财富，就算您短期持有，最终还是一定会远离你。

3.3.3 股市市场定位与大股东清仓式减持

近期媒体在频刷一条信息："中国上市公司大股东频频出现清仓式减持"，这让监管层开始反思股市制度的漏洞。难道中国股市是少数人暴富的场所吗？大多数投资者或者一些股市参与者只是"我为鱼肉"吗？

对于这个问题，本人打算与各位读者分享中国股市当前的定位以及大股东清仓式减持的根本原因，让更多股民了解一些常识，从而在这个市场里少交一些学费，最终能让投资真正改善自己的生活，成为这个社会高效的资源配置者。

1. 中国股市市场定位

中国股市于 1989 年试点成立，时至今日，已有 29 年的历史，快迈入而立之年，逐步走向成熟。历史上中国股市漏洞百出，庄家横行，内幕交易不断，上市公司财务报表作假屡禁不绝，即使如此，A 股也出现了类似于云南白药这样的大牛股。

当初管理层试点股市运营，主要目的还是向西方发达国家学习，发展资本市场。中国股市的定位从过去到现在都没有发生大的变化：主要是为了解决实体经济融资难题，而不是让投资者通过投资获利。

说白了，股市一直以来都是为创业者服务的，这是创业者的天堂，是让他们暴富的场所。因此，我们会看到，中国很多企业一旦上市，业绩开始变脸，大幅度下滑；更有甚者，不少创业者是以公司上市为成功的终点，那么这同样也是很多二级市场投资者失败的起点。只有极少数富有社会责任感的企业家在公司上市后仍然拼搏上进，为国家和民族的发展贡献自己的智慧和力量。

2. 大股东大幅度、清仓式减持

中国上市公司的大股东由于股市的扩容而暴富，他们毫无疑问是借着资本市场的东风而成为当今中国先富起来的一批人。经济要不断向前发展，贫富差距肯定是会长期存在的，若有人长期不劳而获，吃大锅饭，这样的日子不会维持太久。

近期大股东大幅度、清仓式减持上市公司股份，让不少媒体诟病。当然了，很多二级市场的投资者也勃然大怒。可以这么说，那些高估值，长期不分红，不为股东创造价值的公司就是市场的毒瘤，他们是二级投资者大幅度亏损的根本原因。

这些上市公司的大股东为什么要这么做呢？根本原因还是在于他们公司的股票价值被严重高估，业绩严重透支。可是我们很多不明真相的股民却认为股价大幅度上涨才是最大的利好，他们从来不认为在很多时候股价大幅度上涨是意味着高风险。在高位接盘的人自认为自己很聪明，不会成为接盘侠。

还记得吗？乐视网大股东曾经在其股价大幅度走牛时套现了 100 亿元。当时乐视网的市值高达 1000 多亿元，而其业绩是多少？撇开财务作假的嫌疑不谈，其净利润不过数亿元而已，营业收入也不过几十亿元罢了。就这样的业绩何德何能配得上 1000 多亿元的市值吗？大股东简单靠 PPT 讲故事，就能让股价涨翻天，不少基金经理、股民也乐在其中，反正只要股价上涨就是好的，管它值不值呢？反正自己不是接盘侠。换位思考一下，您是大股东您也会大幅度减持、甚至是清仓式减持。

3. 普通投资者应该怎么做

面对生态如此恶劣的市场，投资者只能自己保护自己，不能把希望寄托给那些大股东们。股市是有风险的，对于赌徒来说，愿赌服输应该是每个赌徒遵守的游戏规则。但与此同时，股市也是社会资源配置的场所，也是投资者的天堂。一个会买的投资者，无疑会获得丰厚的投资回报。

那么普通投资者应该如何做呢？

（1）学会投资的一些基本知识和常识，懂得市场估值的逻辑；

（2）跟随那些具有创业精神和进取精神的企业家，远离那些品德素质差的创业者；

（3）以"保守"主义作为自己的投资哲学，胜而后求战；

（4）越是牛市越要警惕，不要过度乐观；

（5）密切关注上市公司大股东的言行，看看他们是否做到了知行合一、言行一致；

（6）警惕财务欺诈，民企上市公司往往有做假财务报表的动力，历史上有著名的蓝田股份作为代表。

3.4 究竟买什么股票

证券投资的第一步，主要是要做好选股。作为一名投资者，应该有这样的投资思维：买股票就是买公司。因此，选股票的本质在于选公司。买一家公司的股票要认真考虑背后投资的逻辑所在。怎样才能选出合适的企业投资并以此来获得稳定的回报呢？本节主要和各位读者谈谈选股的问题以及相关的技巧。

1. 选择与国民消费息息相关的公司

投资首选的标的就是那些与国民消费息息相关的企业。这些提供大众消费品的公司往往有如下特征：知名消费品牌、长期稳定经营的历史、业绩长期平稳增长、产品价格随着 GDP 的增长而增长。怎么找这些公司呢？从衣食住行四个角度去思考、去寻找。衣食住行的需求是人类永恒的需求，投资这些行业里面的优秀企业，往往能获得比较稳定的投资回报。例如：富安娜、伊利股份、万科、吉利汽车等。

2. 选择具有优秀赛道的公司

投资成功的关键在于赢得天时,地利与人和只是获得优秀业绩的催化剂,天时是种子、是赛道。什么公司才有优秀的赛道呢?一定是那些与时俱进、站在未来的角度来思考现在的企业。只有时代的企业,没有永恒的企业。历史悠久、长寿型的企业都是不断与时俱进、紧跟时代步伐的。历史上有很多知名企业由于长期沉湎于过去辉煌历史的功劳簿而无法自拔,从而失去与时代共同展翅的机会,进而折戟沉沙。诺基亚、四川长虹、柯达等企业的悲惨命运依然历历在目。而腾讯、亚马逊等企业的股价长期不断走牛正是说明了优秀赛道的重要性。

3. 选择具有国际化战略的公司

经济全球化是当今时代的主题之一。环顾全球,伟大的企业往往具有伟大的理想,他们胸怀宇宙,服务全球的老百姓,突破了时间与空间的相对限制。当今时代的 500 强企业大多数是那些不断践行国际化战略的企业,比如丰田汽车、苹果公司、亚马逊等。我国的 GDP 总量目前位于世界第二位,仅次于美国,只要社会政治环境稳定,中国的 GDP 跃居世界第一指日可待,有鉴于此,肯定会有一批企业成为了不起的国际化大公司,服务全球大众。这些企业也因国际化战略的扩张而实现业绩的大幅度增长。例如:伊利股份、三一重工、阿里巴巴等。

4. 选择具有文化血脉的公司

中国的和平崛起,最受益的肯定是中国的文化。文化是一个国家的软实力,影响深远。从历史上各个强国崛起的情况看,这些国家声名鹊起的同时,也会输出自己的文化事业。比如,英国当年的崛起造就了英文成为当今时代的世界"普通话"。当今时代,世界霸主美国源源不断地输入了其文化电影大片,宣扬自己的价值观,渗透自己的软实力。未来中国的崛起肯定也不会例外,因此,投资者可以从上市公司里选择那些具有中华文化传承的企业作为研究对象,那里或许存在被埋没的金矿。

5. 选择具有优秀财务指标的公司

细心的投资者会发现那些长期走牛的企业往往都有一个共同特征:财

务指标非常优秀。这里的财务指标主要是指 ROE。一般来说，上市公司的 ROE 代表了股东回报水平。短期的高 ROE 并不能说明什么问题，多年的高 ROE 才会让股东回报的复利发挥巨大魅力。若一家公司的估值不变，从理论上讲，投资者获得的投资回报与公司的 ROE 所产生的复利没有多大差异。因此，对于多年拥有稳定高 ROE 的企业，投资者应该重点关注，多看几眼，看看高 ROE 是否能够持续，若能持续，在一片利空的条件下，往往是买入的最佳时机，例如格力电器、伊利股份。但是千万要明白一个道理，过去的优秀不一定代表未来还会一直优秀，一定要紧跟企业的基本面，长期做好企业体检。

6. 选择具有困境反转潜力的公司

企业的发展不可能是一帆风顺的，会遇到各种各样的挑战。有些挑战来自国家的产业政策，有些挑战来自行业的调整，有些挑战来自管理层的变更。因此，我们经常会发现不少名企面临各种困境的打击，企业的业绩也因此惨遭滑铁卢，一落千丈。当然了，随着业绩的下滑，其股价当然也会不断下跌，很多投资者会跟风卖出，企业的估值往往会达到一个历史低位。对于行业的龙头企业，只要企业所面临的利空不是伤筋动骨的，随着利空环境的渐行渐远，企业的元气也会不断恢复，其估值也会不会提高。比如，当年白酒行业的塑化剂事件，各大知名白酒公司估值达到历史低位，但是现在不少企业的市值却再创历史新高。当前工程机械行业龙头三一重工，也是周期性行业的龙头企业，其估值在过去也被不断压缩，随着近期行业的回暖，其估值逐步提高，投资者可以预见的是，三一重工重回历史的荣光估计也是大概率事件，只要投资者有耐心。

以上从几个不同的维度分析了选股的方法，但是这几个维度并不是某个企业唯一的特征，一个优秀的投资标的，往往是这些特征的综合体，读者朋友们不能把这些特征简单孤立来看。综合起来看，才能看清全貌，看到整体。投资并非易事，需要不断总结才会有所提高。

3.5　安全边际——何为好价格

世界一流的投资大师都认同这样的投资箴言或秘诀："第一条：投资不要赔钱；第二条：记住第一条。"李嘉诚在回忆他的投资经营之道时也说过类似的话语："不要告诉我这笔投资如何赚钱，要告诉我投资几年后我的本金是否还在。"可见，金融投资与实体投资是相通的，牛人的思维往往是有共性的，在某种程度上能达成一致，这或许就是英雄所见略同吧！

3.5.1　巴菲特历史投资业绩

知其然，不知其所以然，是无法进行高效思考的。为什么投资不要赔钱呢？不知道有多少人在深究这句名言背后的道理。下面我们来看看投资大师巴菲特历年的投资业绩，应该会发现一些端倪。

年份	巴菲特 %	标准普尔 %
1957	10.4	−8.4
1958	40.9	38.5
1959	25.9	19.9
1960	22.8	−6.3
1961	45.9	22.2
1962	13.9	−10.8
1963	38.7	17.02
1964	27.8	14.68
1965	47.2	10
1966	20.4	−11.7
1967	35.9	30.9
1968	58.5	11

续上表

年份	巴菲特 %	标准普尔 %
1969	6.8	−8.4
1970	12	3.9
1971	16.4	14.6
1972	21.7	18.9
1973	4.7	−14.8
1974	5.5	−26.4
1975	21.9	37.2
1976	59.3	23.6
1977	31.9	−7.4
1978	24	6.4
1979	35.7	18.2
1980	19.3	32.3
1981	31.4	−5
1982	40	21.4
1983	32.3	22.4
1984	13.6	6.1
1985	48.2	31.6
1986	26.1	18.6
1987	19.5	5.1
1988	20.1	16.6
1989	44.4	31.7
1990	7.4	−3.1

　　从上表中我们会发现，巴菲特34年投资业绩从来没有一年是负数，而标准普尔指数却是正负不一，不要小看这个负数回撤，几十年来累计的最终复利数字会是天壤之别的。比较神奇的是巴菲特在这几十年里从来没有一年业绩是翻倍的，但是均为正数，超过50%以上的投资收益的年份也很少。"股神"

巴菲特的投资业绩告诉后来的投资者，不赔钱才是投资的王道，因为只有这样才能更好地累积复利收益。

原来是这样，不赔钱才能更好地累积复利，复利的增长是指数型增长，刚开始比较慢，但越是到后面速度会越快。这印证了投资哲学："慢就是快"的道理。

就投资而言，不赔钱是建立在好的买入价格的基础之上。没有一个低成本的买入价格，是很难做到不赔钱的。因此，会买才是优秀投资者的标准。会买的投资者往往在买入的时候就要确定安全边际，只要有安全边际，投资赔钱就很难了。《孙子兵法》曾有言：胜而后求战。考虑了安全边际后才买入，就是胜兵的做法。一项成功的投资往往是在买入的时候就决定了，而非卖出后。

如何理解安全边际呢？打个比方。比如，一座桥的最大承重是 10 吨，一辆汽车要想安全过桥，汽车的最大重量应为 10 吨。若汽车的重量是 8 吨，那么 2 吨的数学差就是安全边际。出价过高是投资失败的根本原因。无论是多么优秀的企业，都不能用一个离谱的价格去购买，因为价格迟早要反映价值，时间就是这样的利器。把握投资的安全边际原则可以让投资者减少亏损，从容应对市场的不测。

关于安全边际，全球著名投资大师格雷厄姆曾经有过著名的论断，现在拟与读者分享一下大师的投资理论，以更好地服务于投资实战。

3.5.2　格雷厄姆的安全边际

1. 估值要保守

投资大师格雷厄姆认为预测公司未来盈利是非常困难的一件事。因此，投资必须保守预测，才能保证持久盈利。格雷厄姆的学生巴菲特也强调要保守预测公司未来现金流量："我们永远不可能精准地预测一家公司现金流入与流出的确切时间及精确数量，所以我们试着进行保守的预测，同时集中在那些因经营中的意外事件不太可能会给股东带来灾难性恐慌的产业中。即便如此，我们还是常常犯错，大家可能还记得我本人就曾经自称是相当熟悉集邮、纺织、制鞋以及二流百货公司等产业的家伙。"

2. 安全边际要足够大

格雷厄姆认为，只有价值显著高于价格才具有足够的安全边际。他列举出的一个称得上廉价的股票标准是，价值至少要比价格高出 50% 以上。换句话说，价格相对于价值至少低估了 1/3 以上，相当于打了 6.6 折。

巴菲特对于根据安全边际进行的价值投资有一个形象的比喻，用 4 毛钱购买价值 1 元钱的股票。也就是说，价格相对于价值打了 4 折。

3. 要适度分散投资

格雷厄姆只利用净有形资产价值和市盈率等指标进行简单的价值评估，个别股票估算出现错误在所难免，但是分散投资于多只股票形成一个组合，盈利概率就大得多，因此格雷厄姆认为一定要分散投资到几十只股票中，才能防范风险。

1984 年巴菲特在哥伦比亚大学演讲中指出适度分散投资盈利更有把握："事实上，如果你能够买进好几只价值严重被低估的股票，而且你精通于公司的估值，那么以 8000 万美元买入价值 4 亿美元的资产，特别是分别以 800 万美元的价格买进 10 种价值 4000 万美元的资产，基本上毫无风险。"

可以这么总结：格雷厄姆主要做的是"烟蒂式"的投资，他主要考虑公司的账面价值与公司的当前市场公允价值之差，差别越大，越有投资价值。而且还要找到一篮子类似于这种估值的股票，然后平均分散买入，分散风险。买入后，等待市场对公司价值进行重估，从而获利。

格雷厄姆的这种投资方法至今仍然适用于当今的股票市场。在我国，低PB 的股票往往会在极端熊市里大面积出现，若某一个投资者在熊市买入大量低 PB 的股票，并分散投资，让后酣然睡几年大觉，待牛市归来，一样能获得不错的投资回报。

3.5.3　安全买入价的 A 股实践

1. 低 PB

在熊市，我国 A 股股市成交量极度低迷，会出现大面积的跌破面值的股票，有些股票甚至以面值价格的 5 折甩卖。因此，这时候买入一些低 PB

的股票，风险相对较低。若再加上公司基本面不错，股价上涨的概率就会大幅增加，赚钱只是指日可待的事情。

2. 高管增持价

上市公司的高管是聪明的买手，他们从来不会在自家公司股价较高的时候出手买入股票，但也有极少数例外情况。忽悠式、象征性的增持股票作为市值管理。这种做法很容易被看出来，因为增持的金额比较低。

一旦上市公司的高管以数百万、千万乃至上亿的资金来增持自家公司的股票，投资者就要注意了。这往往说明公司当前的股价是有一定投资价值的。举例来说：在 2013 年交通银行的高管密集增持了交通银行的股票，当时价格在 3.8 元左右，4 年后交通银行的股价在 6.5 元左右，若加上交通银行的分红，其投资收益也是相当可观的。

3. 定向增发价

定向增发是上市公司再融资的一种手段，其投资的门槛比较高，往往是数千万乃至上亿不等。因此，上市公司的定向增发往往仅仅面向那些资金庞大的机构，和大多数普通投资者无缘。定向增发价格一般是按照当前公司股价的 90% 而定的，若上市公司增发成功，其账面价值就会提高。

上市公司往往与定增机构签订对赌协议，若在解锁期后达不到要求的投资收益，那么上市公司就会在私底下赔钱。因此，定向增发价格对于投资者而言有一定的参考价值，若公司股价大幅度低于增发价，再加上在公司基本面不错的情况下，投资者是可以适当买入投资的。

3.6 买入时机的选择

不管做什么样的投资，都应该好好思考以下三个问题：1. 如何选择投资标的？此为信息筛选问题。2. 以什么样的价格去投资？谓之估值问题。3. 在什么时候去投资？此乃时机问题。也就是上面提到的第三个问题。投资的时机也是投资过程中很重要一点，大多数投资其实都是需要择时的，只有极少数投资可以不择时。本节主要和读者朋友们分享怎样才能把握好投资的时机。

3.6.1　当遭遇熊市时

无论是投资股票还是投资房产，最佳的入市时机就是熊市。何为熊市？如何判断市场是否是熊市？很简单，在熊市里人气涣散，成交量不断创新低，股价、房价跌到历史低位，有不少周期性公司的股价跌破净资产，大幅度甩卖，证券公司与售楼部门可罗雀。一般出现这些情况的时候，即可判断为熊市。熊市买入的资产都是极度合算的，还有不少是极度低估的。

为什么会出现熊市呢？知其然还要知其所以然。熊市之所以出现，主要是人性使然。对于金融资产来说，越是跌价，越无人问津；越是涨价，越是人头攒动。因此，若想去股票或楼市的库存最佳的办法是什么？涨价。君不见中国新股发行后有很多涨停板吗？这么多的涨停板就是为了让新股顺利发行积攒人气，否则，很多新股估计发行不了。

《道德经》曾有言："天之道，损有余而补不足。人之道，则不然，损不足以奉有余。"理解了天道与人道的差异，也就知道了如何布局投资的时机了。熊市布局，牛市兑现，这才是成功的投资。而大多数人却不这么干，他们往往在牛市跟风，在牛市里比谁更勇敢，不断追涨，而在熊市里他们也在比谁更残忍，割肉一个比一个狠，难道不是这样吗？多数人不就是这么赔钱的吗？那为什么很多人知道熊市却没有在熊市布局呢？这是因为他们太聪明了，想等一个最低价，最后却发现越等越高，然后就买到高点。这是人性贪婪的一面，贪婪想要买到一个最低价。因此，投资最大的敌人永远是自己。

在 2008 年金融危机的时候，中国股市从 6000 多点跌到 1600 多点，很多人胆子都吓破了，但事实是敢于在 2000 点左右买入的人最后都赚了大钱。2015 年股灾从天而降，股市从接近 6000 点跌到 2600 多点，国家还启动了救市计划，期间很多股价居然比 2008 年的价格还要低，这不是市场送钱吗？如果那时候您有心，敢于下手，耐心等待，赚钱是不是很容易呢？

有人说，事后说这些都容易，是的，处在当下最难。在人人自危，人人恐惧的时候做投资决策真的很不容易。做与众不同的事肯定是需要勇气的。优秀的投资者在精神上都是保持高度孤独与自由的，不人云亦云，独立思考。

李白有句诗说得好，"古来圣贤皆寂寞。"牛人之所以是牛人，就是因为他们和大众思考的不一样，否则，牛人也会泯然众人矣。

3.6.2 优秀企业遭遇巨大利空时

这里说的优秀企业是指那些白马股。白马股是什么样的股呢？乃"大众情人"也。例如：贵州茅台，五粮液，伊利股份，格力电器，美的集团，恒瑞医药，双汇发展，招商银行，万科 A 等。"大众情人"的人气自然很高，对不？那么其股价往往对于同行都有溢价的，让人高不可攀，望尘莫及，可远观而不可"买"入也。在大多数情况下，随便买入"大众情人"这样的企业，是不容易有比较好的回报的。那么在什么时候下手比较好呢？在企业所在的行业或企业本身遭遇重大利空时入手，当然了，这个利空不是推倒性的利空，不会对企业的长远格局产生重大影响。优秀的企业遭遇重大利空时，其股价当然也会大跌，惨烈的时候也会下跌超过 50%，一般情况下 20% 的跌幅是司空见惯的。如此的下跌，往往是买入的时机。举例说明：贵州茅台在 2012 年行业塑化剂危机面前，股价被惨烈的腰斩过，低位跌到 120 多元，著名投资者董宝珍加了杠杆买入了不少茅台股票，其基金的净值跌得惨不忍睹，这个时候很多茅台粉也相继倒戈，纷纷卖出茅台，屋漏偏逢连夜雨，恐惧笼罩着大多数投资者的心。结果呢？茅台到今天股价不断创历史新高。对于那些在一片唱空中坚定入市的投资者来说，他们的投资回报是应得的。类似的案例还有伊利股份、东阿阿胶、双汇发展等。

3.6.3 当公司大股东大力度回购股票以及管理层大幅度增持股票时

毫无疑问，上市公司的大股东以及管理层是当今社会的"人精"，他们是人中龙凤，否则也不会拥有超过普通大众的巨额财富。他们是会买的投资者，他们买股票基本不会赔钱（不信自己研究一下），他们持有股票的时间长度以年来计算，他们往往在公司股价处于低位的时候下重注，然后等行业复苏或者人气推高股价或公司业绩变好的时候卖出，他们不仅会买而且还会卖。因此，对于普通投资者来说，跟随上市公司大股东以及管理层的脚步买股票出错的概率是很低的。如果自己不是牛人，要学会借别人之智，这样也能获得一些财富。在这里要特别注意：股票回购力度一定要大，管理层增持要下重手，而不是象征性的买卖。有些公司的管理层故意引诱散户接盘，其实他们的底仓持有成本是很低的，少量买入不会增加多少成本。因此，做投资要远离哪些人品不行的人。

3.6.4　当强周期性企业的现金流出现大幅度改善向好时

对于周期性强的买卖时机，往往很难把握，但是有一财务指标是比较关键的：现金流出现大幅度改善。周期性企业经营业绩具有极大的周期性，而且周期是有规律可循的。在行业景气周期时，利润大幅度增长，营收也同步增长。但是一旦行业下滑，其现金流就会不断恶化，利润不断萎缩，甚至造成巨大的亏损，当然了，其股价也会不断阴跌，套牢很多不明真相的群众。若周期性企业的股价低迷了几年后，突然某一年其现金流出现大幅度改善向好的情况，这时候就要引起重视，并结合大环境来分析。若大环境指出该行业正在复苏，那么这时候买入布局，耐心等待，赚钱也是大概率事件。为什么现金流大幅度改善是一个重要指标呢？因为很多周期性企业都是重资产企业，经营杠杆很高，一旦营收下滑，企业的固定支出不会减少，这样会造成现金流不断枯竭。而现金流大幅度改善往往表示企业业绩的拐点正在来临，值得重点关注。

以上简单总结了一下几个投资入市的时机模型。其实，时机都是等出来的，时机永远垂青于那些有准备的头脑。在时机不成熟的时候，要耐心等待，做足基本功课，有鳄鱼般的耐心。等待什么呢？等待人心惶惶，等待公司的巨大利空，等待优质公司的股价不断降至新低。好的投资往往都是在情况不好的时候做出的，因为只有这个时候才有便宜货。只有买得便宜，留足安全边际，赚钱的概率就很高。优秀的投资者都是善于审时度势的，他们都是善于逆向思考的，他们都是具有极大耐心的。

第 4 章

投资系统的构建

————————○————————

　　与努力相比，选择往往显得更加重要。因此，经历过时间这个大染缸的洗礼后，大多数人会悟出一个道理："选择大于努力。"因为只有方向对了，努力的效率才会更高。那么究竟是什么在影响着我们的选择，从而左右了我们人生的结局？答案是：价值观的本质差异决定了人们在面临各种选择时会做出不同的方向选择。

本章主要内容包括：

➤ 我的投资价值观 　　　　➤ 致命的投资思维

➤ 选股模型 　　　　　　　➤ 不同类型企业的估值思考

➤ 内在财富决定外在财富 　➤ 如何提高投资判断力

➤ 便宜是王道 　　　　　　➤ 什么时候卖股票

➤ 闲谈"耐心"的价值 　　➤ 战略投资的产业链思维

➤ 投资杠杆能用吗 　　　　➤ "能力圈"应如何理解

➤ 公司研究的几个核心点 　➤ 神奇投资公式

➤ 投资的仓位管理 　　　　➤ 投资理念重于个股

➤ 如何面对股票市场波动

4.1 我的投资价值观

同顶一片蓝天，人们的价值观有着天壤之别，正因为如此，芸芸众生的命运才有着根本的不同。正是因为有这些不同的命运，人类社会才会出现五彩斑斓的世界。投资是人类行为之一，投资的选择差异也是由投资价值观决定的。投资的成功，从表面上看，是赚钱这样一个结果。其实，其成功的深刻逻辑在于价值观的成功。

一切的投资业绩都来之不易，这与价值观密切相关。没有正确的价值观作为投资的指导方针，这肯定是无法长期在投资市场上生存并稳定盈利的。很多投资者进入投资市场之前，从来没有思考过自己的投资价值观，无论是赚钱还是赔钱，好像都是基于运气。而真正要长期从金融市场获利，更多的是要靠实力，运气只在某个时刻起作用。长期稳定的盈利，这也是"投资价值观"的胜利。

在很早之前，我在博客里和众多网友分享过投资价值观的话题。今日重申价值观的话题，是为了让更多的读者从思想上重视投资价值观，只有这样，才能让自己在投资的路上走得更远。总体来说，本人的投资价值观主要包括如下几个方面：

1. 保守投资

无论是在实体创业投资，还是虚拟金融资产投资，我都会秉承保守投资的价值观。这与社会上的"高风险、高收益"的投资价值观是相违背的，很多人在追求高风险的时候，不但没有获得高收益投资回报，反而把自己的底裤都赔了进去。

到底究竟什么才是保守？保守的含义如何解释？保守的意思就是在投资之前，首先考虑的是不赔钱，其次才是赚钱。也就是说，只有在自己真正看准了、看懂了、保本不赔钱的情况下，才会下注投资。保守体现在如下几个方面：

（1）胜而后求战，只有在自己获胜的概率比较大的时候才下注。

（2）买得便宜，什么是便宜？便宜有两种，一种是相对便宜，另一种是绝对便宜。相对便宜就是目前的股价对于公司未来的价值来说便宜，那就是具有性价比的。另一种是绝对便宜，绝对便宜是目前的股价低于公司现有的价值。绝对便宜在不少时候具有价值陷阱，需独立思考。

（3）不熟悉，不懂的东西不投资，坚守自己的知识体系和能力圈。

（4）远离大多数人，远离人群扎堆的地方，坚守价值洼地。

2．正复利投资

深度认识了什么是复利，对如何更深入地认知这个世界有很大的帮助。复利的积累不是一蹴而就的，是需要时间来沉淀完成的。复利的积累一开始会非常慢，但通过长年累月的叠加后，会达到一个拐点，随后的增速会非常快。据了解，巴菲特的财富大多数是他在 60 岁后积累完成的，这是复利的胜利，这个年近 90 岁高龄的老头一直在以毕生的光阴来践行其年轻时对这个世界的认知规律。

复利积累的结果，与三大因素有关。第一是复利数字的正负；第二是复利数字的绝对值大小；第三是累积的年数。其中复利数字的正负对复利的累积有着非常关键的作用。因此，在投资过程中要尽可能控制回撤，如果回撤过大，复利数字变为负数，这对长期的复利累积的打击是致命的。

回头看看世界上投资大师历年的投资业绩会发现，其投资亏损的年份屈指可数，而且即使是亏损，其绝对额也是非常小的，对常年的复利起着保护作用。另外，若需要实现投资 10 年 10 倍收益，年均复利收益在 25% 即可，而不是每年赚 1 倍，这就是复利的魔力。复利投资主要体现在以下几个方面：

（1）尊重时间的价值，其实时间才是最大的财富，成功的投资就是要找到那些具有巨大时间价值的企业。

（2）慢就是快，一个投资者赚钱的速度刚开始会比较慢，但是在后面会越来越快，因此，投资者需要有强大的耐心。

（3）耐心，只有具有强大的耐心，才能完成复利的积累，好公司的收藏家是对此条的最佳诠释。

3. 快乐投资

心中充满正能量的人，往往才具有驾驭宇宙中美好事物的能力。把投资当成一项事业来做，注入自己的思想情感，让快乐投资成为一种习惯，这样才能拥有更好的投资心态，投资赚钱只是一种副产品而已。

很多人做投资的时候，很难说是快乐的。他们的眉头紧锁，整天忧心忡忡，担心市场剧烈波动。一颗心，如漂流在水中的浮萍一样，随波荡漾，毫无方向感。另外，他们往往很难坚守自己的判断，容易受到普通大众的误导。快乐投资主要表现在如下几个方面：

（1）以一颗婴儿的眼光去探索这个未知世界，永远保持好奇心。投资就是一个不断学习的过程，投资赚钱的同时，还学到了很多丰富的知识，并拓宽了视野，让投资者成为一个学识丰富的人，这难道不是快乐的事吗？

（2）投资赚钱了，表面上看是获得了一个成功的结果，但投资赚钱的背后，是一个人的判断力得到了提高，是一个人的思维逻辑、思想认知得到了对这个世界的正面反馈，是非常有成就感的一件事，难道不应该快乐吗？

（3）并不是每一项投资都会赚钱，若投资赔钱了，投资者应该深刻反思自己赔钱的逻辑在哪里，失败的原因在哪里。不断总结失败的原因，这有利于投资者提高对投资的认知水平，认知水平提高了，不重蹈覆辙，投资就会逐渐让自己成为一个有故事、有思想的人，这难道不也是一件让人精神愉悦的事吗？

通过以上的简要分析，本人的投资价值观已经完全和读者分享完毕，希望会对读者有所启发。价值观不是写着玩的，而是需要用行动去践行的。知行合一，与时代共振，努力成为一个对家庭和社会有价值的人，这是一件很有意义的事。

4.2 选股模型

证券投资的第一步就是筛选信息，筛选信息的目的就是为了选择恰当的投资标的。买股票就是买公司的股权，而非众多股民（非投资者）持有的赌博筹码。经过多年的投资思考与总结，现把我总结的选股模型与各位读者分享，仅供参考，若能让读者有所启发，这也是一件让人无比喜悦的事情。我写作的主要目的就是为了让更多的人在投资之路上少走弯路，行正道，最终至少获得财务健康这样的结果。

1. 出身高贵，有定价权（定价权）

例如：贵州茅台、东阿阿胶、五粮液、片仔癀，这些股票都是长线大牛股，买入后淡定持有，能养老。这些企业不仅是在经营其产品，更是经营中华文化的一部分。

2. 规模经济，消费垄断（垄断权）

例如：格力电器、伊利股份、双汇发展、美的集团，这些股票都是在激烈的市场竞争中拼出来的，经验丰富，分红率高，也是长期投资的好标的。但是对于这样的标的，一定要长期关注行业的变化，因为这些公司的出身不高，历史沉淀还不够。

3. 跟随趋势，顺势而为（势利权）

例如：杰瑞股份、山东黄金、三一重工，这些企业都是周期性非常明显的企业，在行业向上发展的周期内，业绩爆发力极强，短短数年可能获得几倍的投资回报。但是一旦行业走下坡路，那么其业绩下滑也是非常惨烈的，投资赔钱的概率也很高。对于这类标的，投资者应该具有广阔的视野，要重点关注行业的周期性变化，这往往是有规律可循的。

4. 人人唾弃，资产贱卖（烟蒂王）

例如：银行股、钢铁股、煤炭股，这样的投资标的往往都有明显的低 PB 特征，市场如此反应主要是担心行业的坏账太多，除了银行股，这些企业往往都是重资产运作的，使用了极高的经营杠杆，实际上其资产的变现能力差。对于这样的标的，尽可能在 PB 极低的情况下买入，风险比较小，等待牛市或行业复苏应该也能小赚一笔。

5. 占"网"为王，孤独求败（生态王）

例如：腾讯、Facebook、Google、苹果，这类企业是当今时代的弄潮儿，也是未来大多数企业的发展方向。生态型企业属于一个帝国，循环相生，生生不息，赚钱能力强。目前来看，还没有什么新的商业模式能颠覆这样的企业，因此，这些企业的赚钱能力往往超过大众的想象。投资这样的企业需要在其体量还小的时候比较好，获得的投资回报最高。在其体量比较大的时候，耐心持有数年，也能获得相当不俗的回报，因估值会受到其业绩的改善不断提升。

我最喜欢的是第一类与第二类以及第五类模型，第三、四类模型偶尔套利为之，但目前的银行股是个例外。很多企业的最佳投资时机已经过去了，寻找未来的大牛企业需要耐心挖掘。投资绝非易事，任何一个投资者都应该与时俱进，以开放的心态去拥抱外面的世界，不断总结，投资能力才能逐步得到提升。

4.3　内在财富决定外在财富

在改革开放前期，中国人穷怕了，很多人食不果腹。随着社会经济的发展，大多数人的温饱问题都解决了，现在很多人追求的是有品质的生活水准。物质越是丰富，人们越容易被物质所控、所奴役。财富自然是好东西，人人追逐。否则中国也不会有古谚："人为财死，鸟为食亡。"当今中国还不够富有，因此，国家仍然还需以经济建设为中心，努力让人人过上小康生活。

"天下熙熙，皆为利来。"大多数人在一片忙碌的生活里追求的不过是一个"利"字。追求利益，本质上还是为了获得财富，获得更多的自由。自由才是人类追求的终极目标，有了财富，就能更好地解放自己，远离被奴役的生活。可是很多人一辈子都在勤劳追逐财富，结果却很不理想。放眼全球，国外是富人多，还是穷人多？中国是富人多，还是穷人多？毫无疑问，穷人的数量远远多于富人。财富的分配是遵循2080原则的。随着社会的进一步发展，金融资本与科技资本正成为世界财富的分配主体，没有各种资本生财、仅仅靠出卖个人劳动的穷人的生活状态很可能会进一步恶化。马太效应明显，富人越来越富有，穷人越来越贫穷。

根据本人的社会经验与人生观察，穷人与富人的根本性差异在于思维方式的差别。一个人够得着的财富的多寡往往与这个人的思想境界高低、人生格局大小成正比关系。远离一切鸡汤文，努力改变思维方式，才能改变贫穷的命运。

本节主要和各位读者朋友分享获得财富的逻辑。简单总结一下：内在财富决定外在财富；内在财富有多丰厚，外在财富就有多丰厚。财富是很有个性的，流动性很强。现在的富豪在不久的将来可能会沦为穷人；同样地，今天的穷小子在将来也可能成为富豪。一个人要想获得财富，首先应该向内求，内在决定外在，这才是本质。那么什么是内在财富呢？内在财富有什么特点？内在财富，就是指精神财富。精神财富就是指一个人的学识、价值观、思想境界、人生格局、逻辑思维、判断力等。很抽象对吧，用一个简单的例子来阐述一下。

案例：重庆某家企业的一台昂贵的大型发电机出故障了，本公司的工程师都一筹莫展。因此，不得不向外寻求帮助。最后公司请来了德国发电机专家来解决问题。德国工程师研究了一会后，在发电机线圈上的某一位置画了一条线，并说道："此处线圈减少 20 匝"。公司根据德国工程师的方案进行整改，果不其然，发电机的问题迎刃而解。最后，公司支付德国工程师 5000 美元的劳务费用。仅仅画一条线，就把问题解决了。这个钱是不是拿得很轻松？但在何处画线，怎么处理线圈，这才是问题的关键。"一条线"就是判断力，就是内在财富。

回到投资上来，投资赚钱获得财富靠的就是内在财富的力量。投资要选择标的和入市的时机，还要学会给公司进行估值。投资基本功课做完后，剩下就是敲键盘买入、卖出了。简简单单的敲键盘就把钱给赚了，轻松吗？看起来是很轻松的，但是敲键盘背后的逻辑、思想、格局、价值观是因人而异的。正是因为这些种种不同，最终投资业绩才会有天壤之别。因此，投资致富的前提是有足够丰富的内在财富，否则再怎么努力也是一场空。

4.4 便宜是王道

世界零售大王沃尔玛有一条经营哲学："买得便宜，才能卖得便宜。"对于零售业来说，便宜是制胜的王道，这一点也可应用在投资上。投资需要与众不同的眼光，从市场上挖掘到便宜货后，收入囊中，再假以时日，待价而沽，成功的投资者都是会买的投资者。在证券市场上，曾流行这么一句话："会买的是徒弟，会卖的才是师父。"这句话其实说反了，不符合逻辑，为什么呢？没有买在先，焉有后面的卖呢？何况有些公司的股权可以收藏一辈子，根本不需要做"卖出"这个动作。

那么何为便宜呢？如何才能做一个会买的投资者呢？这是任何一个刚入门的投资者需要解决的问题。其实便宜只是一个相对概念，没有所谓的绝对便宜，只是选择的参照物不同。经过多年的投资思考与总结，本人认为便宜主要有三种：第一种是现在的价格比历史的价值便宜；第二种是现在的价格比未来的价值便宜；第三种是现在的价格比历史价值和未来价值都便宜。毫无疑问，最佳的投资标的一定是第三种。但是市场在多数情况下是比较聪明的，第三种情况比较罕见，可遇不可求。普通投资者能够得着的便宜机会往往是前面两种，下面对这两种情况进行一些简单分析。

4.4.1　现在的价格比历史的价值便宜

其实，当前的价格比历史价值便宜很好理解，就是公司目前的股价比公司目前的账面价值都低，俗话说，跌破净资产，也就是 PB 小于 1。这种情况在熊市中非常常见，在 A 股的极端情况下可以买到 0.5PB 的股票，而在港股可以买到更低的。在 A 股牛市里，从过去的历史看，PB 小于 1 的情况几乎是没有的。那么，PB 为什么会小于 1 呢？不知道有多少投资者认真思考过这个问题。

PB 小于 1 的公司往往是那些高杠杆、重资产、周期性强的企业，而对于那些非周期类、稳定消费类行业的企业来说，PB 小于 1 在二级市场上几乎是不可能的事情。这又是为什么呢？高杠杆、重资产、周期性强的企业，一旦行业不景气，业绩会大幅缩水，利润甚至是亏损的，再加上有些行业是重资产的，其资产的变现能力差，因此，跌破净资产是非常有可能的。在 2011-2014 年的大熊市周期里，很多银行股、钢铁股、港口股、建筑股都跌破净资产，而且有些还是以 0.5PB 左右的价格甩卖。

若一个聪明的投资者善于思考，适当买入一些这样的股票，在牛市变现获利还是非常不错的。而对于那些稳定增长类的企业来说，它们的成长往往是通过无形资产，比如品牌来推动的，而品牌价值是无法在会计报表上体现的，这是会计报表的局限性。

4.4.2 现在的价格比未来的价值便宜

对于第二点，要判断出现在的价格比未来的价值便宜，这是投资的难点。没有悟性的投资者可能一辈子都难以做出这样的判断，他们往往喜欢买一些低 PB 价格的股票，美其名曰：价值投资。若投资只要看 PB 来选择，那岂不是太容易了？若掌握了第二点，那么投资的大门才真正向您敞开。第二点最难的地方是如何判断一家企业的未来价值。由于未来是难以预测的，是在变化着的，因此这里面有些东西是不可预测的。做投资一定是面向未来的，成功的投资一定是走在了时间的前面，穿越了时空。对于未来价值这个问题，我准备从以下两个方面来简单阐述一下。

1. 公司所在行业的特性与发展空间

上市公司所在行业包罗万象：有地产、金融、保险等高杠杆经营风险的行业；有医药、食品、饮料等稳定发展的大消费行业；有旅游、港口、公路交通、自来水、电力等自然垄断行业；有媒体、网络、软件等与时代发展紧密相关的互联网高科技行业；还有汽车、电子、机械等制造型企业等。行业有很多种，但是不外乎以下几种商业模式：通过高杠杆来赚钱；通过高周转、规模优势来赚钱；通过高毛利率高利润高附加值的产品来赚钱。

当然了，还有一些靠行政垄断来赚钱的，这类企业往往发展空间很有限，有行业的天花板存在。行业的发展空间对企业的成长来说至关重要，一般来说，行业的天花板越高越好，金融行业的天花板就很高。另外，行业进入的门槛也是非常关键的因素，若一个行业的进入门槛很高（比如高科技行业），那么市场往往会给出比较高的估值水平。对于高杠杆行业，一般市场给出的估值往往比较低；对于稳定增长的行业来说，市场给出的估值往往在中、高的层次。

2. 公司所处的发展阶段

如果说行业分析是中观分析，那么公司分析就属于微观分析了。人有生老病死，其实企业也是一样的，也有生命周期。在不同的生命周期阶段，企业的估值肯定是不同的。对于大多数行业来说，一开始都是处在群雄逐鹿的阶段，众多企业都是小而分散的，比如体外诊断试剂行业，目前很多公司的年营业额不过 5 亿 –10 亿元，随着市场竞争的加剧，行业会越来越走向集中。

因此，一个投资者应该把目光聚焦在那些容易成长为行业龙头的企业，一般来说，这样的企业特征也很明显：大品牌，小市值，有巨大的成长空间。毫无疑问，公司所占的市场份额与市场地位对公司的估值也有重大影响，龙头型企业的估值往往高于平庸型企业，比如贵州茅台的估值相对其他白酒公司的估值来说偏高。一般来说，越是处在成长周期的公司（价值扩张期），公司营业收入与营业利润成比例高速增长，这样企业的市场估值往往会比较高。反之亦然。

必须要指出的是，对于未来便宜的企业不是一两句话就能概括的，真正理解未来便宜，这需要长时间的思考与实践。买入了未来便宜的企业，一般来说，可持有的时间可能会相对较长，有些甚至长达 10 年之久，最终累计的高复利收益令人惊叹。A 股市场里也有不少长线大牛股，若在其体量还小的时候，拿到企业成为龙头为止，那么这样的投资收益一定是很高的。为什么大多数人拿不住，因为对行业、对公司的理解能力不行，因为分析能力较差，耐心也不够。赚大钱一定是要有智慧的，要有定力的。很多人终日在市场里勤奋操作，到头来还是如梦一场，竹篮打水一场空。其实这也反复印证了我经常说的一句话：内在财富决定外在财富。在金融市场，能赚钱的、持续赚钱的、并赚大钱的人，一定是具有深度智慧的人。

陆游曾有句诗说得很好："汝果欲学诗，工夫在诗外。"投资的真功夫也在投资之外。投资的门槛其实是很高的，并非是证券公司市场部那些人所说的那样："只要开户，我就能带你赚钱。"天下若有如此简单赚钱的办法，他为什么要带着你呢？他早就闷声发大财去了。其实他们往往是惦记着您的本金交易费，希望您频繁交易，他们好获得佣金，交易频率越高越好。因此，他们频繁推荐股票，让您频繁交易。最后简单总结一下：买得便宜是投资走向成功的关键一步，投资成功与否在买入的时候就已经注定了，而不是在卖出的时候。赚钱的因果就在这里，本文只是作为一个引子，希望能给各位读者带来启发。

4.5　闲谈"耐心"的价值

近期股灾 4.0 还是发生了，散户争相割肉逃跑，而机构抱团取暖，不断炒作白马股，白马股在熊市里却创下新高。最近估计有很多人睡不好觉了，估计有些人会捶胸顿足了，当初怎么就看不起白马股呢？看不上白马的人往往是为了寻找一匹黑马，以扭转乾坤，证明自己的能耐。现在白马股涨了如此之高，我都减持了部分。没有买入的朋友，建议等待。

我从新闻中得知，不少机构最近在疯抢茅台股，这些机构以公募机构为主。茅台在 100 多元的时候不买，却要等到 400 元的时候才下手，可见公募机构的"耐心"是很足的。他们的耐心主要用在追高上面，而不是寻找价值洼地。在这里，我对中国的基民朋友表示深深的同情。在现有的制度下，中国的公募基金也就是一个大散户而已，只是这个散户的钱比较多。若制度不改变，从长期看，买公募基金赔钱是大概率事件。若有朋友要买基金，那就去定投指数基金，其他的基金最好不要看。不明真相的吃瓜群众为了不让自己的血汗钱缩水，却明珠暗投，现实真是太残酷了。

在市场大跌之际，本节主要是谈谈耐心的价值。很多普通散户的耐心是用在割肉上面，而公募基金的耐心主要是用在追高上面。"涨到你买，跌到你卖"，这应该是很多基金机构和散户的真实写照。您能说他们没有耐心吗？套牢后就死扛，一旦解套就匆匆抛出，他们投资好像就是为了解套。这份耐心可惜真是用错了地方。

不懂投资的人，他们也很有耐心的。比如把大部分资金存入银行定期，或一年，或三年，目的不过是为了获得微薄的利息。银行的定期利息的获得肯定是需要有耐心的，很多人有长达数年耐心存负利率的定期存款，但是没有耐心去买入高分红率低估值的投资标的，并持有数年。这背后的差异究竟有多大？

在投资领域，拥有耐心的根本目的在于获得一个投资的良机以及丰厚的投资回报。无论是投资的良机，还是丰厚的回报，这些都离不开耐心的价值。

什么是良机？持有一定现金等待股灾入市，就是良机；持有一定现金等待白马落难，也是良机；持有一定现金等待人心惶惶、散户纷纷割肉之时，这更是良机。

就投资回报而言，这同样需要耐心的灌溉。以企业界为例，企业家投资项目，他们获得投资回报往往要等待几年，甚至数年之久，他们获得回报是以年为单位的。以农民为例，农民朋友在春天播种，但是他们要等到秋天才会有收获，经过炎炎夏日的苦熬才能获得丰收的果实。以投资房产为例，很多人投资房产都赚了大钱，但是他们获得回报都是以数年的耐心换来的。今天买，明天就大涨，后天就卖出套现获利，哪里有这样的好事呢？就算有，这也是不可持续的，不可持续的事情，是否值得长期参与呢？

以上市公司为例。在中国股市上市的企业，大多数应该还算不错的。可是很多上市公司的 ROE 不足 10%，稍微高点的在 15% 左右，优秀企业的 ROE 大多数在 20% 以上。这是一家上市公司辛辛苦苦获得的投资回报。成百上千、甚至上万的员工每年创造的投资回报也就这么多，您是否觉得太少？常年获得 20% 的复利投资回报更是凤毛麟角。有些不成熟的投资者幻想今天投资，明天收益超过大多数人，这可能吗？

很多人都没有一个成熟的心态来投资，他们急功近利，想赚快钱，迅速发财。一旦市场下跌，他们就惶惶不可终日。我可以负责任地说，这是贫穷的心态，拥有这样心态的人，一辈子都不太可能投资致富。为什么会这样呢？有些人是有性格缺陷的，但是很多人认为这是自己的投资本金不够造成的，只有快速赚钱才能达成目的。真正用来投资的本金占您总资产多少？占比越高，您就会越重视，越不会追求快钱，投资就越追求保守和稳健。投资不是玩过家家，是重仓实践、是用耐心来灌溉、更是在做时间的朋友。

4.6　投资杠杆能用吗

对于懂实体经营的一些投资者来说，"杠杆"这一词语他们并不陌生。实体公司使用杠杆一般分为两大类：经营杠杆和财务杠杆。比如，很多重资产企业使用了经营杠杆，大多数金融企业都使用了较高的财务杠杆。

杠杆是一把双刃剑，在放大投资收益的同时，也能放大投资亏损的额度。重资产企业往往在经营低迷的周期里利润大幅萎缩，而在经营上行周期中业绩暴增。金融企业同样类似，银行在数年前业绩都很不错，近年来业绩不断下滑，坏账逐渐增多，更是进一步说明了杠杆的两面性。

就二级市场的投资者而言，投资杠杆是什么？简单来说，就是财务杠杆，用更通俗的语言来翻译：负债投资。到底负债投资好不好？不同的人会从不同的角度去思考，总体来说，理性的投资者大多数反对负债投资，激进的投资者热爱负债投资，而且用比较高的财务杠杆。

2015 年的大股灾还历历在目。当年很多赌徒非常亢奋，经不住高收益的投资诱惑，纷纷配资，玩高杠杆投资，幻想一夜暴富。最终的结局当然不用我说了，经历过的人都知道。有些人赔光了本金，还欠了一屁股债。往事不堪回首，让人唏嘘。

巴菲特曾说："不能用负债买股票。"其搭档查理·芒格也说过："不用负债买股票能让你的投资走得更远。"此话说得当然没错，但是巴菲特自己却是用负债投资的高手。其在 1973 年经济危机时，以 8% 的年息负债投资了华盛顿邮报，最终的结果大家都知道了，收益让人瞠目结舌。此外，巴菲特还大量使用保险的浮存金来投资股票，这也是在使用财务杠杆、负债投资。

嘴里说一套，而行动又是另外一套。是不是自相矛盾呢？对于大多数普通投资者来说，他们往往没有驾驭高杠杆投资的能力。不用财务杠杆当然是对的。但是对于投资高手来说，个人认为适当使用杠杆无妨。但是使用杠杆有一些前提条件：股票投资杠杆不宜过高，上限为 20%；有足够多的现金流来支撑；负债的成本比较低；投资标的为优秀标的，出老千的概率为 0，基本面良好；大盘指数处在历史低位；股价大幅回升，随时准备解除杠杆。

负债投资为什么会失败？归根结底，在于流动性枯竭，现金流中断，无法补充抵押物。股票是一种高波动证券，国内有涨跌停保护，而海外成熟市场根本没有，一条跌幅可以高达 90% 以上。2017 年辉山乳业暴跌的故事估计不少人都知道。使用杠杆的投资者，当天估计就爆仓了。

巴菲特不仅有"知人之智"，更有"自知之明"。因此，作为投资高手的他，当然会在极端的情况下使用投资杠杆，从而提高自己的投资收益。而普通投资者对于杠杆根本没有深刻的理解和认识，而盲目使用杠杆，其结果当然是非常危险的。因此，对于不热爱学习的投资者，远离投资杠杆是非常明智的；对于投资高手，投资杠杆也只能在极端的情况下使用，一般情况下不考虑。

4.7　公司研究的几个核心点

公司研究是投资的第一步，也是筛选投资标的的关键一步。投资失败与投资研究有密不可分的关系，因此，投资研究是每一个投资者应该重视的工作。可是，投资研究是非常花费时间的，在不少时候付出与回报并不成比例，正因为这样，很多人就没有耐心去进行细致研究了。有些人做了很长时间的投资研究，也没有提升自己的分析水平，这是自己的研究模型出了问题。本节拟与各位分享公司研究的几个核心点。

4.7.1　行业的发展趋势

任何公司都无法独立于行业而存在。行业就是公司所处的大环境，大环境向好，发展空间快，成长迅速，处在这样环境里的企业不赚钱都难。比如过去的房地产行业，诞生了万科、保利、恒大这样的全国性大型地产公司，这些公司的成长与房地产行业、城市化有着非常密切的联系。

做投资要首选那些有巨大发展空间的行业，与时代发生共振，是每家小企业成长为行业巨头的最大秘密。一般来说，具有巨大发展空间的行业往往都存在于新生事物中，每个投资者都要拥有与时俱进的思维。

4.7.2　企业的商业模式

若把行业比作一座大型金矿，那么同行业里各类公司就是挖矿的矿工。由于每个矿工挖矿的效率、管理能力等方面（商业模式）的差异，最终每个矿工赚钱的能力就大不相同。

在同一行业里的公司有千千万，每家公司的商业模式都不尽相同。就公司的性质来看，公司有如下几类：产品型企业、平台型企业、生态型企业。生态型企业拥有当今时代最先进的商业模式，它们往往也是成长性企业的代表。

从企业赚钱的方式来看，一般有如下几类：

（1）通过高周转效率来赚钱。

（2）通过高财务杠杆来赚钱。

（3）通过高利润率来赚钱。

高周转效率的企业往往具有规模优势，高财务杠杆企业的核心在于融资渠道的畅通与融资成本的低廉，高利润率的企业往往具有独家、差异化异常明显的产品。

4.7.3　公司获取现金的能力

从自由现金流的角度来看，任何投资的最终目标都是为了获得企业未来现金流的折现。企业获得的自由现金流越多，其价值也会越高。因此，衡量一家企业是否优秀的一个重要指标就是利润的净现金含量。含量越高的企业，往往也具有可观的现金分红比例。

不少公司在账面上赚了不少钱，可是其现金流经常为负值，而且利润的净现金含量极低。这样的企业长期来看是不具备投资价值的。利润是可以做出来的，是可以通过各种会计手段"修饰"出来的，而现金流往往是真实存在的，造假的概率极低。通过利润的净现金含量值往往可以排除很多财务造假的企业。

企业获取现金的能力，还表现在其所在的产业价值链上的强势地位。拥有产业价值链强势地位的企业，往往可以利用上下游的资金为自己公司的发展贡献现金流，是典型的借鸡生蛋的好生意。在财务报表上的体现是：应付账款的金额远远大于应收账款的金额。

4.7.4　公司的管理层素质

投资是走在时间的前面，推迟满足感，跟随那些极具创业和创新精神、诚实可靠的企业家而获利。管理层的素质是投资研究中十分重要的一环，为了深入了解某个上市公司，聪明的投资者往往会不厌其烦的阅读企业领头羊的成长史，了解他的个性与为人，综合考虑判断其是否是一个可以信赖的人。

远离口是心非、知行不一的管理层，对于那些信口雌黄、道貌岸然的创业者更是要敬而远之。A股里面曾出现不少财务做假的丑闻、也有不少欺骗投资者的各种定增项目或者利好消息，一旦股价大幅上涨，这些管理层背后的大股东们就会疯狂减持股份，让散户们高位站岗接盘。

市场存在的好处就是可以让投资者能够自由选择，用自己的资金去投票。聪明的投资者应该学会选择那些靠谱的管理层、那些素质过硬、具有民族情怀与社会责任担当的企业家，这也是投资中最需要定性的一件事。无论多么伟大的企业，这背后都离不开高素质管理层以及员工的辛勤努力，稀缺的管理者素质往往比资金更值钱。

总而言之，做投资就是要选择那些具有良好发展前景行业中的企业、这些企业往往具有特色鲜明的商业模式，创造现金能力强，并且拥有极高素质的管理层队伍。若能以一个不错的价格买入这些公司的股权，淡定持有，赚钱不过是一个副产品而已。

4.8　投资的仓位管理

近期有些读者朋友们咨询投资仓位管理的问题，本人也正打算写一写有关仓位管理的文章供各位读者参考。对于仓位管理，这是战术问题。而怎样才能走在正确的投资路上，这是战略问题。从重要性角度看，战略优先于战术，一旦战略错了，战术再成功也是失败。不能以战术上的勤奋来掩盖战略上的懒惰，很多人一开始投资方向都搞错了，战术做得再好自然也是一无是处。不啰唆了，切入正题，关于仓位管理，小资金与大资金有些不同，本人看法主要如下。

4.8.1　小资金，应集中

对于大多数普通投资者来说，其可投资本金都是比较小的。在我看来，

100 万以下的投资本金都是小资金，越是小资金，投资越应该趋向集中。原因在于资金比较小的时候，同样的投资收益比例，相对于大资金来说其绝对收益都是比较小的，只有集中投资才能提高投资获得绝对收益，这样才能有效地提高投资本金总量。小资金急需解决的问题都是要提高资金总量，只有集中火力才能解决这一问题。

投资是重仓实践，而不是耍嘴炮，更不是小孩子玩过家家。有些人曾告诉过我，他们是如何如何看好某家公司的股票，我就反过来问他们，这家股票占你投资仓位有多重。很多人就在投资仓位上撒了谎，说只占 10% 左右，言行不一。不敢重仓的股票，就不是好的投资标的。因为只有你敢重仓了、下重注了，才能说明你真正看懂了这家公司的巨大投资价值，而仓位是验证一个人是否看懂的关键。越是第一看好的股票，其资金占比越高；第二、第三看好的股票次之。当然了，对于有些韭菜来说，没有看懂也敢重仓，这就不在本文的讨论之列了，因为他们注定是炮灰。

行文至此，有些人会提到，万一我的重仓投资标的出现了黑天鹅怎么办？首先要指出的是，黑天鹅是小概率事件，小概率事件时有发生，往往会给投资人带来致命的损失。一个成熟的投资者，在做决策的时候就应该考虑到黑天鹅出现的概率，留足投资的安全边际，这样才能做到游刃有余。

从实业投资的角度来看，很多老板刚开始投资本金都很小，但是他们都是集中投资的典范，几乎把自己可投资的资金全部注入公司，以让利益和价值最大化。但是很多人从事金融投资的时候却喜欢过度分散，什么都想买一点，什么都不想放弃，最终结局肯定是投资业绩比较差劲了。实体投资与虚拟金融投资是相通的，本质上并无任何差异。

4.8.2　大资金，适当分散

对于大资金（1000 万以上）来说，适当分散是很有必要的，因为这个时候投资收益相对于投资本金来说，投资本金更重要，投资收益是相对次要的。请注意这里的分散是适当分散，而不是过度分散，若过度分散投资，那就不要主动投资了，买入指数基金是最佳选择，还落得清闲。

对于大资金来说，至少稍微一点点投资收益，其绝对投资收益回报都非常可观，都是普通上班族数年的工薪收入之和，这足以让投资者过上有品质的财务自由的生活。因此，对于个人投资者来说，越是大资金，保住本金往往是第一位的，投资收益是第二位的，这和小资金的侧重点恰恰相反，但并不是说小资金就不需要保本了。请各位读者好好理解我的阐述。

4.8.3 不轻易满仓，随时保留一定比例现金仓位

市场行情变化莫测，中国股市尤其如此。而且股民赌徒、投机心理很严重，因此，个股暴涨暴跌是常态。不只是股民如此，就连机构投资者大多数也是这样的，他们不过是资金较大的散户而已。千万不要迷信一些所谓的机构投资者，以为他们能战无不胜。不信去查查，在2015年的股灾行情下多少机构投资者折戟沉沙，销声匿迹。

现金乃氧气，保留一部分现金是很有必要的。很多人一开始做投资的时候，往往见不得现金，要把所有的现金用完，以为这样可以让利益最大化。其实不然，保留现金，就是保留了一部分流动性，以应对极端情况出现。比如股灾出现时，买入优秀企业的股票，假以时日，市场就给你送钱了。另外，若自己看好的公司股价下跌，这往往也是补仓的好时机。没有现金，就很被动。保留一部分现金仓位是获得超额收益的来源。

那么时候敢满仓呢？满仓的时机往往在企业价值极度低估的时候、在熊市处于中后期阶段。因为在这时股价下跌的空间和系统性风险都已经很小了，阴极生阳，距离反转的日子不远了。但是一旦行情急剧回暖，减少一部分股票仓位获得现金仓位是很有必要的，以待不测。

简单总结一下，总体来说，投资的仓位应该趋向集中，分散投资其实是人人都有的思维，逆着大众思考才能获得与众不同的收益。把可投资的鸡蛋集中放在几个为数不多的优秀篮子里，然后好好看管，耐心持有，才能让利润最大化。《道德经》有云："少则得，多则惑。"少既是多，多亦是少。投资少数精选标的，获得的收益却往往较多；而投资较多的标的，最终收获的收益往往会较小。此外，不管是大资金还是小资金，都应该保留一部分现金仓位以待良机。

4.9　如何面对股票市场波动

实体投资（非上市公司）的股权不存在市场价格波动问题，因此，实体企业的老板不用每天担心，他们投资并不是为了博傻，把绣球抛给接盘侠，而是获得分红和净资产的增值。当然了，当某天他们的企业上市的时候，他们还想放大企业的市值，而放大企业的市值主要靠 PE 和 EPS。这时候老板们就会在意市场波动了，因为市值管理也是上市公司的一项重要课程。

二级市场的股权投资者几乎每个交易日都要面对市场波动问题。而市场波动主要是根据股价的变动而体现的。因此，我们经常会看到不少投资者盯盘，盯盘的主要目的还是不放心投资标的，当然了，有些是为了赚取股价波动的收益。

不成熟的投资者每天被股价的波动搞得焦头烂额。股价的波动表现出的是投资者的买入和卖出行为，而实际上背后是人心的波动。有人看多，也有人看空，短期的市场波动乃人心之间的博弈。同一时刻买入做多的与卖出做空的持有的投资意见完全相反，互道"傻蛋"。

那么一个成熟的投资者应该如何面对市场波动呢？对于这个问题，我是这么看的。很多投资者之所以纠结市场波动，主要目的还是想要在短期赚市场的钱。理论上说，一个人的投资收益主要来自两个部分，第一个部分是企业本身赚的钱；第二个部分是市场估值的提振。成熟的投资者应该把主要目标锁定在企业本身赚的钱，这才是真正的实业眼光，而市场的钱（市场的波动，估值的波动）是可遇不可求的，想赚这个钱比赚企业本身的钱更难，根本原因在于人心难测。

只要投资者把赚钱的主要目标锁定在企业本身赚钱的本领上，那么其就能淡定看待市场波动。对企业的价值理解越深，就越是淡定，心态就越好。投资有一个很重要的思维就是：若这家企业不是上市公司，目前这个估值（股价）您是否敢买入当股东？股权投资的本质就是股东思维。股东思维是市场波动敏感症、恐惧症的最大解药和救星。

那么投资者如何才能赚到市场的钱呢？我个人有如下两条经验供读者参考：

（1）短期内，投资标的股价暴涨，投机资金跟风买入，这时候可以适当减仓，兑现一部分利润。即使股价未达到自己的目标价格。因为短期有暴涨，暴跌很可能接踵而至，中国股民赌博心理严重，适当割点韭菜也无妨。暴跌之后再买入也算一种短期套利。

（2）公司赚钱的增长速度越来越快，公司的市场估值由于利润的增长而不断提振。比如，在20倍PE的时候买入某企业的股权，随着公司EPS的增加，其PE提振到了30倍，那么多出的10倍PE就是市场派出的红包。这时候也能轻松把市场的钱装入口袋。

至于其他的短炒、看技术图形的所谓交易以赚市场的钱，个人认为这是很难持续的，在这里翻了很多投资者的小船，而且很多人依然执迷不悟，短期看似乎找到了一条发财的捷径，而长期看，这是一个巨大的陷阱和黑洞，最终很可能会让投资者的本金灰飞烟灭。不可持续的东西大家最好不要去尝试，因为一旦形成路径依赖，最终丧失的机会成本是巨大的。

良好的投资心态来自于投资者对投资标的价值的高度理解和深入研究。这并非一日之功，而是每个投资者需要认真下苦功夫研究。此功夫一旦练成，投资的心态自然会变好，投资者也就不再纠结一城一池的得失，而是把投资的视野扩大到投资帝国的广袤疆域上。胸中有丘壑，投资自然成。

4.10 致命的投资思维

投资成功是无法复制的，但是投资失败却是可复制的，可以这么说，失败的投资往往是具有共性的。研究成功，远远不如研究失败获得的启发大。我们生活在一个迷信"成功"的社会里，其实大多数人的一生是既不会成功也不会失败，只不过是平凡而普通的一生。

就算您看了一万本成功学的书籍，阅读过数万篇"心灵鸡汤"，若无法从自己的灵魂深处去深刻反思自己的不足，提升自己的认知水平，您也会与所谓的"成功"无缘。平生最讨厌鸡汤文、对所谓的"成功学"更是嗤之以鼻。当然了，这只是个人喜好而已，改变不了社会上大多数人迷信"毒鸡汤"这一现象。若某人想改变命运，首选应该改变自己的思维，思维能力的升华来自于认知能力的提升。

对于个人投资者来说，在投资领域，只有一种成功，那就是自投资开始到个人退休这个超长时间段内，其多年来投资业绩的复利增长跑赢了通胀、解决了个人财务问题（包括养老、住房、子女教育、医疗等方面），最终达到财务自由。一个人自介入投资开始，就需要运筹帷幄，志在千里。大多数人之所以无法实现自己的投资目标，根本问题还是在投资思维与认知上出了问题。本节拟与各位读者分享"致命的投资思维"这一话题，希望能给读者带来启发。

在分享此话题之前，向各位读者提一个问题：有两个投资者，分别是 A 与 B，其中 A 在一个月的投资收益高达 1 倍，而 B 在投资 4 年后的投资收益才有 1 倍，您认为谁的投资水平更高？

本节所说的致命的投资思维是："不可持续"的赚钱思维。

在金融市场，短期是可能产能暴利的，也可能迅速暴富，一个月的投资收益可以超过一倍。但是投资者一定要认清楚，这种短期暴富的结果往往并不是个人投资能力提升造成的，而是市场不理性所为。很多人在往往会被短期的暴利冲昏了自己的理智头脑，从而频繁追逐这种暴利，最后的结果当然是注定的：赔钱，赔光所有的本金。

很多人在投资市场上都是赚过钱的，但是仅仅只有极少数人把曾经赚到的钱留住了并在不断扩大自己的本金，从而提高复利。这是为什么？因为大多数投资者都没有从哲学上去思考投资的致命性问题：那就是可持续的盈利。

本人最近逛雪球，发现一个亏光房产首付的帖子，该文章的作者曾经投资获得过暴利，短期内收益爆棚，但是最终还是改变不了赔钱的命运？这又是为什么？为什么很多中头彩的彩民，若干年后依然一贫如洗？这里的答案与上面相同。

对于上面那个问题的答案，读者们应该能回答了。很显然，投资者 B 的投资水平肯定是超过投资者 A 的，本人骨子里更欣赏投资者 B 那种可持续稳定性的盈利模式，而不喜欢投资者 A 那种依靠运气而捕捉到的虚幻财富。当然了，投资者 B 也可能碰到投资者 A 同样的情况，但他会把这次短期暴利当作彩票。而投资者 A 往往可不这么想，他会把追求短期暴利作为自己的思维方式，把不可持续的东西当成持续的。投资者 A 在牛市往往会以乱拳打死老师父投资者 B，这一幕在 2007 年大牛市和 2015 年大牛市都上演过。

追求错误的赚钱方式，往往会毁掉一生！

4.11　不同类型企业的估值思考

一般来说，投资成败的关键来自于三个方面：

（1）公司的质地。

（2）入股的价格。

（3）投入的仓位。

大多数投资者投资失败的原因就是因为给一家劣质公司出价过高或者给一家优质公司出价离谱。投资成功的起点其实在买入的时候就已经决定了，而不是在卖出的时候。那么究竟什么价格才是好价格呢？本节和读者分享投资系统方面的话题——估值，以下是本人的一点思考与总结。

一般来说，企业有很多种。根据公司经营特性的差异，我通常把自己经常投资的企业分为如下几大类：高杠杆企业、周期性企业、稳定消费型企业、消费垄断型企业、高科技企业。下面会根据企业类型的差异来分析其相对应的估值方法，也就是从财务数据的角度来分析。

4.11.1　高杠杆企业和周期性企业，重点看 PB，兼看 ROE 与 PE

高杠杆企业的特征是那些用了巨额财务杠杆和经营杠杆额企业，具体的表现是负债率比较高或者是固定资产额度较高，对于这样的企业来说，一旦外部环境发生变化，利润就会发生剧烈波动。周期性企业的业绩往往会受到大环境的影响，在行业景气周期，业绩暴涨，而在萧条周期，业绩萎缩甚至为负值。对于这两类企业的估值，重点看 PB，也就是股价与账面净资产的比值，越低越好。除了看 PB 外，还要重点观测 ROE 的质量，ROE 比较高的，PB 往往会稍微高一些；此外，公司的无形资产也会影响 PB，比如品牌价值等，PE 相对而言就没有那么重要了。例如：银行股、航运股、油气开采股等。

4.11.2　稳定消费型企业，重点看 PE 和 ROE，兼顾 PB

什么是稳定消费型企业？这些企业往往有知名的品牌，与老百姓的衣食住行相关，这些企业的经营往往不会轻易受到大环境的影响，他们的业绩往往比较稳定，而且大多数企业能跑赢通胀，产品价格还能根据市场行情而发生变化。

很多稳健型的投资者往往会选择稳定消费型企业入手，并愿意做长线，与企业一起成长。此类企业的估值应该怎么评判呢？根据本人的经验，重点看公司的 PE 和 ROE，PE 往往和市场无风险利率相关（非银行利率），市场的无风险利率往往参考 5 年国债收益率。

比如当前 5 年国债收益率为 5%，那么稳定消费型企业的合理估值 PE 应该为 20 倍。若企业的 PE 低于 20 倍，且公司的未来成长性良好，则可适当介入。当然了，对于这类企业来说，PE 越低，越值得投资。除了看 PE 外，还要看企业的 ROE，高 ROE 的企业往往会有高 PB 的特征，这是市场有效性的体现。若一家企业既具有稳定而高的 ROE，又有比较低的 PB，那么这往往是巨大的投资机遇。

例如：伊利股份。本人在 2015 年股灾之际大量吃进伊利股份，当时伊利的 PE 低于 15 倍，PB 一度低于 4 倍，而伊利公司的 ROE 多年都保持在 20% 以上，相当优秀。当时持有均价在 13.5 元左右，后面发生的故事大家就都知道了。

4.11.3　消费垄断型企业，重点看 PE

消费垄断型企业，与稳定消费型企业类似，有较高的无形资产价值，但还是有很大的不同。消费垄断型企业往往具有明显垄断性特征，其产品在消费者心里具有巨大的优势地位，比如苹果手机。消费者在购买此类商品时，往往会首先考虑此类企业。此外，消费垄断性企业往往还有提价能力，从而保证其利润的稳定性，不轻易受到周围环境的影响，比如茅台酒。对于此类企业来说，其真实负债率往往很低，账面上现金非常多，ROE往往异常优秀，时常高达30%以上，因此这类企业往往会有比较高的PB，这也是市场具有有效性的表现。

对于此类企业来说，重点看PE。若市场的无风险利率为5%，一般来说，在企业发展的稳定成熟期，其可投资PE可在20-25倍，但若该企业在高速成长期，这时候可投资PE可以高达30-40倍。

4.11.4 高科技企业，重点看ROE，兼看PE

当今时代，科技行业诞生了不少大牛股，在海外上市的大牛标的有腾讯、网易等企业，这些都是时间的玫瑰。高科技企业有什么特征呢？典型特征是：轻资产运营、边际成本极低、在成功运营前期往往会有一段时间的烧钱历史、重技术研发、毛利率极高等。

高科技企业是很难投资的，关键是这些企业在烧钱的时候能否抢占用户，为用户创造源源不断的价值，而且用户一旦形成习惯后，是否能维持高的转换成本。高科技企业一旦成功后，往往会赢家通吃，变成垄断性企业，获得市场的超额利润。对于这样的企业，其估值重点是看其开始正常真实盈利后的ROE是否鹤立鸡群，同时PE不宜太高，这里的太高往往是PE在40倍以上。市场对于高科技企业的估值有明显高PE偏好效应，根本原因在于其赢家通吃的特性。

总结：以上是对企业估值一些简单分析，但我必须要指出的是，投资绝对不是简单看PB、PE、ROE、PS等财务指标就能做好的。财务指标只是估值的一个比较重要的参考尺度，而且企业的估值往往会受到市场的牛熊周期影响、定向增发的影响、外部经营环境的影响等；比如在熊市，大多数企业的估值都会被压缩，而在牛市，恰恰相反。财务指标的局限性在于其滞后性、易造假性、易调节性，这只是会计数据上的罗列而已。投资的最关键性在于企业的商业价值判断能力，而这往往是无法简单通过财务数据就能知晓的。

4.12　如何提高投资判断力

　　前面谈到若要做好投资，首先要提高自己的判断力。个人认为判断力是每个人一生的终极修炼，判断力的高低直接决定了人生的幸福程度。社会上的知名人士，尤其是白手起家的一些企业家，他们的判断力是很强的，有没有察觉他们的投资布局呢？无论是就业还是创业，乃至投资，都离不开判断力，判断力的重要性远远超过我们的想象。既然如此，那怎样才能提高判断力呢？本节主要和读者朋友们探讨这一话题，权作抛砖引玉。

　　判断力，就是一个人做决策、做选择成功的概率。对于投资而言，卓越的判断力一定是超前的，一定是走在时间前面的。判断力的主要表现是因果的逻辑推断能力，看一个人有没有智慧只要看判断力就行了。因为一个有智慧的人往往能够由因看到果，也能由果推导出因。大多数人的判断力低下的根本原因就在于因果推理能力比较差。讲逻辑关系，一定是理性的；只有在理性的情况下，才能做出正确的判断。

　　那么究竟怎样才能提高判断力呢？

1. 信息筛选

　　人们每天被各种层出不穷的信息包围着，而且在当今社会知识更新的速度越来越快，如何才能在这些海量的信息中筛选出符合自己需求的信息呢？这对很多人来说都是一大难题。仅仅听大众媒体、权威媒体的观点可行吗？尼采曾说，有些人在 30 岁的时候就已经死了，他们不过是要等到 70 岁的时候才埋。这句话虽然有点儿严重，但能反映出大多数人的现实情况。只有持续学习，清空大脑的固有成见，才能更有效率地提升信息筛选的能力。

2. 大局观

　　不得不承认这样的事实：格局决定成就的大小。一个人的格局越大，成就的事业也就越大。格局这个词在学校里是很少讨论的，老师也不会教这些，只有靠自己去领悟。古语有云："不谋万世者不足谋一时，不谋全局者不足以谋一域"。由于受到自身环境的限制，社会上很多人看问题都是片面的，他们往往只从自己的角度去思考问题，典型的"屁股决定脑袋"思维。而片面的结果往往是具有误导性的，根据片面的结果去做判断，当然不尽如人意。

因此，分析问题要站在一个比较高的位置才行，从多方面、多角度去思考，去分析，这样才能得出一个全景图式的结论，而这样的结论才真正具有参考性。

3. 批判思维

只有拥有了批判思维，才能拥有独立思考的能力。为什么很多人不知道如何独立思考，就是因为他们不懂得批判，不懂得质疑。在学校里我们大多数人习惯了接受标准答案，迷信老师的权威，因此，我们失去了思考问题的能力，更不会懂得如何提出问题。这是教育的一大悲哀，但是我们应该放下思想包袱，果敢前行。对于别人的提出的问题和观点，我们要认真思考，敢于质疑，小心求证，这样我们的思维能力才会得到提高。

4. 抓住主要矛盾

事物的发展都是在变化中前进的。抓住事物的主要矛盾、主要变量，这样才能提高决策效率。不能简单地照搬历史，我们都在说历史在重复，但是历史并不是在简单的重复。历史重复的根本原因在于人性在若干年来都没有发生大的变化。比如很多专家说日本当年房价如何如何，美国当年房价如何如何，然后就得出中国的房价该如何如何。能这么简单类比吗？各位读者，思考过这个问题没有？当今社会日新月异，当前这个时代是人类之前前所未有过的时代。随着科技的发展，人类过去经历过农耕文明、工业文明、信息文明，现在人类正在步入"智能"文明。因此，未来社会的发展会受到"物联网""人工智能"的影响，这是社会变化的主要变量所在。

只要抓住了以上几点，我相信个人的判断力就会大大得到提升。提升了判断力，就提高了决策能力与决策效率，个人的成绩也就会随之而得到提高。但是，判断力的提高绝非易事，"冰冻三尺，非一日之寒"，必须要做到持续精进，才能达到比较杰出的水平。商界的不倒翁都在持续学习，以一个婴儿般的姿态勇于尝试和拥抱新生事物，关注时代的变化，努力与时代发生共振，这是他们获得持久成功的密码。

4.13 什么时候卖股票

如果说买股票是买资产，让现金流入实体经济，那么卖股票就是现金流出实体经济的过程。在投资市场上，投资者赚钱主要分为两大部分，第一部分是企业实实在在赚的钱；第二部分是市场估值波动的钱。不管是什么样的钱，只要赚得合理合法，都是可行的。

什么时候买入股票？一言以蔽之，在价值低估的时候买入股票。只要懂得如何给公司估值，就能做出这样的判断。不懂得如何估值的读者，还要加强学习，打造自己的投资系统。

买入股票就是为了让资产增值，若股价不断上涨，资产数额得到了提升，是否就要卖出了呢？到底涨了多少才能卖出呢？若股价不断下跌，资产严重缩水了怎么办？要不要割肉卖出呢？还是继续加仓呢？我相信这是让很多投资者困惑的话题。

在我的投资系统里，投资主要分为两大类：

（1）战略式投资——"聪明一次"的投资。

（2）战术式投资——"聪明多次"的投资。

无论是哪种投资决策，买入都是建立在公司价值低估的条件下做出的。那么什么时候卖出呢？对于此，本人有如下思考，仅供各位读者参考。

4.13.1 牛市的时候卖出

股市是有牛熊周期的，一般来说，中国股市以 5 年左右的时间为一个大周期，因此，5 年时间大多数投资者都能见证牛熊互换。见识过 2005-2007 的大牛市与 2008 年的大熊市以及 2014-2015 年的大牛市与 2016 年的熊市的投资者应该都能深刻体会牛市与熊市的差异。

在牛市，什么资产都会膨胀，公司的估值水平大幅度提升，表现为 PE 的急剧抬高。我国股市走牛的明显特征有：成交量急剧放大、各类投资者蜂拥而上、上市公司大股东拼命减持股票、具有心理亢奋的投资者数量增多等。

无论是战略式持股，还是战术式持股，公司的估值都容易被高估，因此，在牛市，对于战略式持股会减仓处理，不会清仓，一般视情况减仓30%-50%不等；对于战术式持股，会毫不犹豫地清仓处理，换回现金，等待熊市。说起来容易，做起来难，没有投资系统的人会在牛市催眠的情况下追加投资，最终巨亏出局。一般来说，不会追求卖到最高点，只要卖在相对高位就是成功了。

4.13.2 基本面变坏时卖出

"聪明一次"的投资持仓，除非到牛市，只要基本面没有大的变化，一般不会改变仓位。只有在公司基本面变坏时才会考虑卖出。公司的基本面变坏往往有如下表现：公司战略发生重大变化，有恶化倾向；公司现金流在急剧下降，特别是净利润的现金含量变差；公司的市场份额被蚕食，利润急剧下滑；管理层不思进取，跟不上时代的变化等。

例如：曾经视承德露露为"聪明一次"的投资，但是随着市场环境以及公司管理层发生变化后，公司的基本面仍然没有明显好转，其业绩颓势还在持续。做出这样的判断后，在12元的左右时候逐步清仓了承德露露，待观察后市情况。若后续基本面有明显改善或得到提升，不排除会重新买入持股。

"聪明一次"的投资，也要经常体检，并非傻瓜式的一成不变的长期持股投资，否则，投资就太书呆子气、教条主义了，不知道因时而动。有些公司在基本面变坏后还能变好，有些是不能的，曾经的世界500强企业跟不上时代的变化一样被时代碾压得粉身碎骨，比如柯达公司、诺基亚。看不清大势的时候，减仓往往是明智的。

4.13.3 到达目标价的时候卖出

对于"聪明多次"、战术式的投资，达到目标价就会考虑卖出，不再恋战。只有极少数企业可以视为战略式投资，在A股市场，大多数投资其实都属于战术式投资，投资者要通过各种接力赛才能完成自己的投资目标。

一般来说，目标价是公司价格能够至少上涨20%的价格。这意味着若公司的价值未被低估，是不可能作为买入标的。在本人的历史投资案例中，有不少投资模型是聪明多次的，到达目标价后就会毫不留情地进行减仓或清仓处理，因为年均复利 20% 就是股神级别的投资，若能依靠接力赛来完成 20% 以上的投资业绩目标也是非常不错的。

当然了，若自己看好的低估标的在自己买入后还继续下跌，聪明的投资者肯定是不会割肉的，只会继续加仓买入，以换取更多的廉价筹码，待价而沽。敢于越跌越买的前提是此低估标的是自己能看懂的、能深度理解的标的，真懂的东西才敢重仓买入。只要成为一个会买的投资者，想不赚钱都难。

4.14　战略投资的产业链思维

做投资，首先要解决"买什么"的问题，其次才是"以什么价格买"的问题。买什么主要与定性分析有关；而以什么价格买主要与定量分析有关。在我眼中，投资主要分为两种：战略投资与战术投资。其中，战略投资是聪明一次的投资，战术投资是聪明多次的投资。就战略投资而言，定性分析高于定量分析，定性若不到位，定量根本就不会出现在考虑范围之内。

定性的方法有很多种，之前谈到过，优秀的企业往往有优秀的财务报表，这是经营的一种结果。本节要提出的思路是从产业链的角度来思考企业，选择理想的投资标的，这对战略投资而言尤为重要。

什么是产业链？产业链的本质是用于描述一个具有某种内在联系的企业群结构，它是一个相对宏观的概念，存在两维属性：结构属性和价值属性。产业链中大量存在着上下游关系和相互价值的交换，上游环节向下游环节输送产品或服务，下游环节向上游环节反馈信息。

这个定义看起有点儿复杂，比较空洞。简单来说，狭义产业链是指从原材料一直到终端产品制造的各生产部门的完整链条，主要面向具体生产制造环节；广义产业链则是在面向生产的狭义产业链基础上尽可能地向上下游拓展延伸。

产业链向上游延伸一般使得产业链进入基础产业环节和技术研发环节，

向下游拓展则进入市场拓展环节。产业链的实质就是不同产业的企业之间的关联，而这种产业关联的实质则是各产业中的企业之间的供给与需求的关系。

因此，在不同的行业或产业里，企业所处的产业链位置不同，最终创造的价值就会有天壤之别。优秀的企业会利用上下游的资源来发展自己，也就是用别人的钱来壮大自己的实力，它们往往是非常厉害的零成本融资高手，做的是典型的印钞机生意。而大多数普通企业往往会被夹在中间，受到上下游企业的夹击，吃力不讨好，只有挨宰的命，最终创造的价值肯定不够理想。

以制造业举例说明：一般来说，普通原材料企业，处于产业价值链的上游，对下游企业往往没有议价能力，从财务报表显示出的结果即应收账款非常多，企业经营现金流非常吃紧。就普通制造加工类企业而言，它们往往处在价值链的中游，若企业的产品是标准化的中间产品，那么此类企业的日子会比较难过，受到上下游企业的夹击，一旦整个产业链不景气，就会出现经营困难，甚至倒闭。

生产差异化的中间产品企业要比同质化产品的企业好得多，毕竟可替代性要相对差一些。终端产品的生产型企业，它们往往处在产业价值链的下游，是直接面对消费者的。直接面对消费者的产品往往是差异化、品牌化的产品，这些产品不仅对消费者有议价能力，还对上游企业提供的原材料有议价能力，企业的生产状态比较好。

作为战略投资的选择，应该选哪类企业呢？从整个产业链来看，应该选处在产业链下游，生产终端产品直接面向消费者的品牌化企业。这类企业的产品往往都是差异化的产品，在财务报表上有什么特征呢？应收账款远远小于应付账款，产品的毛利率比较高，公司的经营现金流往往处于净流入的状态，而且大于公司的净利润。自由现金流比较充裕的公司，往往是优秀的投资标的。

比如，广为人知的格力电器、伊利股份、贵州茅台，这些都是长线大牛股，都符合上述条件。其他的公司就不一一枚举了，有心的朋友可以细心观察。投资选股要多动脑筋，很多东西的积累并不是一蹴而就的。不阅读财务报表，不认真学习企业管理与经营思路，不观察市场动向，缺乏独立思考，是很难做好投资的。

投资并不是很多人想象得那么简单，在家里敲几下键盘就把钱给赚了，成功投资的背后需要付出大量心血。投资事业，是一项竞争对手非常少的行业，在中国尤甚。真正的投资者凤毛麟角，大多数人不过是赌徒而已。因此，真正的投资者往往能安静地获得丰厚的收益，并能让收益持久保持下去。

4.15　神奇投资公式

投资是一门科学，投资的科学性在于其可用数学来衡量投资的美感。本节拟与读者分享一个神奇的投资公式，从这个公式里，可以看出投资赚钱的密码，只要深度理解它，就能明明白白的赚钱了。即使是亏钱，也知道赔钱的原因在哪里。此公式能让更多的人告别投资小白的历史，晋级为投资达人。

神奇公式如下：

股价 $=EPS \times PE$

通过这个简单的公式，可以得到股价上涨或者下跌的逻辑所在。从本质上讲，股价和两个因素有关，第一个因素是 EPS，第二个因素是 PE。

1. EPS

下面深度解剖一下这两个因素，首先来看 EPS。EPS 是 Earning Per Share 的缩写，也就是每股盈利的意思。一般来说，公司的股价与 EPS 是长期正相关的关系。

若 EPS 逐年上涨，公司的估值 PE 不变，那么其股价一定随着 EPS 的上涨而增长。若 EPS 逐年下跌，公司的估值 PE 不变，那么其股价一定随着 EPS 的下跌而下跌。

以上只是理想情况的套利。实际上，很多情况并非如此，EPS 上涨往往会带动公司估值 PE 上涨，这时候 EPS 与 PE 就会同时膨胀，导致股价急剧上涨。戴维斯双击就是这么来的。

理性的投资者会把主要精力用在对公司 EPS 的判断上，因为 EPS 的上涨才是公司股价不断上涨的根本逻辑所在。

2. PE

PE 就是市盈率。一般情况下，某个公司的 PE 和无风险利率有关，和公司的商业模式、发展阶段、行业特性有关，也和资金的风险偏好，人心浮动有关。总而言之，PE 是不容易琢磨透的。理论上讲，PE 只是一个合理的范围值，越低越值得投资，但有些时候也有例外，比如周期股。风险偏好高的投资者，往往会给比较高的 PE，反之亦然。

PE 低估一眼就能看出，但是合理就是在一个区间值内了。比如当前某些银行股 5 倍 PE 是明显低估的，但是 8 倍 PE、10 倍 PE 呢？应该是合理的范围。PE 合理就无法下跌了吗？下跌了怎么办？因此 PE 最容易受到人为因素的影响。

有人说用 PE 值就能判断 PE 的合理性了，真的是这样吗？一个公司成长的前景能否轻易看清呢？高成长的公司往往会出现高 PE，但是一旦增速下降，市场杀 PE 是毫不留情的。当年宋城演艺的股价如日中天，很多人在 400 多亿的市值、高 PE 时买入，结果是被套牢好几年还未解套。

此外，同类型的公司，优质公司往往享有更高的 PE，劣质公司的 PE 相对较低，这也是市场有效性的体现。

若公司的 EPS 保持不变，要想公司的股价上涨，必然要提高其 PE。大多数情况下，很多公司的 EPS 并没有本质上改善，但是股价却上涨了，这仅仅是因为 PE 提高了而已，和公司的基本面没有任何关系。随着市场趋向理性，涨高了的 PE 还是会跌下来的。牛市往往就是这样的情形，震荡市的情况亦是如此，潮水一退，裸泳的人自然会一目了然。

赚 PE 提高的钱，就是赚其他投资者的钱，也就是互摸口袋的游戏。赚这钱并不容易，需要的更多是运气，和投资能力没有太大的关系。因此，理性的投资者并不会给一家公司超过合理范围的 PE，以防估值有明显压缩的风险。

3. 总结

从这个公式可以得知，一个投资者要想赚钱，要么精于 EPS 的判断，要么擅长把控 PE。若要准确判断 EPS，必须勤奋研究公司基本面。而 PE 往往是很难判断的，因为其呈现的艺术性更高一点，波动空间更大，在牛市大多数公司的 PE 都会提高，这和 EPS 没有任何关系。理性的投资者是不会给一家平庸的公司高 PE 的，他们会把更多的精力用在 EPS（公司的盈利能力）的判断上，从而提高自己的赚钱能力。

一言以蔽之，持续增长的 EPS，合理或者低估的 PE 倍数，才是投资持续赚钱的秘密所在。

4.16 投资理念重于个股

不少投资小白想当然的认为："只要有人给了我一只牛股，我就能发家致富了。"每年资本市场上都会涌现出各种各样的牛股，但在牛股背后，究竟有多少人发家致富了呢？2017 年的大牛股有各类白马股，还有诸如方大炭素、赣锋锂业、永辉超市等非主流股。相信有不少投资者买中了这类股票，但真正在这些股票上赚大钱的太少了，这究竟是为什么呢？

很多人不仅没有投资理念，而且还极不重视投资理念。因为他们认为这是一些虚无缥缈的东西，还不如提供一只牛股来得直接。实际上并非如此，若没有投资理念来指导投资，就算运气好，挖掘了一只牛股，最终依然不会赚什么钱。一项投资要赚大钱，至少需要满足如下几个条件：

第一，较高的确定性，即获胜的概率高。

第二，价格便宜。

第三，仓位比重较高。

第四，良好的投资心态。

没有正确的投资理念作为指导方针，以上四个条件是很难被投资者理清的。

理念是什么？理念就是价值观，价值观是内在的东西，是一个人认识世界，指导自己行为的逻辑武器。以缺乏理念或者根本没有理念作为支撑的投资，一定是如浮萍那样随波逐流，很难说在时间的洗礼下会有丰厚的投资回报。"立成说投资"公众号一而再，再而三的强调理念和价值观的重要性，这是因为"理念"是"道"，而个股的选择只是为"道"服务的。那么多的投资策略和选股方针仅仅是"术"而已。"道"明显要高于"术",抓住了"道",才能抓住事物的本质,否则,只会被各种"术"弄得晕头转向。

"懂得了很多道理,依然过不好这一生。"说的就是这类只重于"术"而忽略"道"的人。做不到,无法实践,无法付诸行动,这些都是假装"懂",真懂的人就能做到,就能用实践之"术"验证"道"的存在。我国的文化强调"天人合一",投资亦然。一个人投资赚钱了,并不是自己有多厉害,而是发现了世界运行的规律,并采取适当的行动罢了。每个"首富"都是时代的产物,离开了时代这个根基,个人能力再强,也无法让"首富"永远保持第一位,富豪榜的更替就是时代的更替。

投资策略有很多,值得投资的股票或者标的也有不少,这一切都离不开投资之道的支撑。对于悟"道"这件事,不同的人会做出不同的反应:"上士闻道,勤而行之;中士闻道,若存若亡;下士闻道,大笑之,不笑不足以为道。""上士"与"下士"的差别一眼就能看出,一个在用行动去践行,而另一个在哈哈大笑,自以为"天下第一"。

对于很多人而言,就算得到了一只大牛股,他也可能会不识货;就算识货了,很难说他会重仓买入;就算他会重仓买入,但很可能赚了一点点就跑了。因此,个股根本不是最重要的,最重要的是指导投资的"道","道行"高的人,赚钱自然就会比较多,因为他的思想边界和眼界都远远超过那些从来不深入思考的人。

在进入投资市场之前,不要急于求成,更不要像热锅上的蚂蚁那样到处寻找各类信息,沦陷在信息的海洋里无法自拔,找不到方向。一项投资无论是赚钱了,还是赔钱了,投资者都应该深刻反思,这项投资是否遵循投资之道,是否与自己的理念和价值观相契合,只有这样,才能在投资的路上走得更久远。

第 5 章

公司估值

公司估值，又名企业估值、企业价值评估等。公司估值是指着眼于上市或非上市公司本身，对其内在价值进行评估。一般来讲，公司的资产及获利能力决定于其内在价值。

本章主要内容包括：

➤ 艺术性——定性分析

➤ 科学性——定量分析

➤ 走出估值的迷雾——构建估值系统

5.1 艺术性——定性分析

5.1.1 典型的商业模式

什么是商业模式？用通俗的话来讲，商业模式就是用来说明公司是如何赚钱的。有些公司是靠卖实物产品赚钱，有些公司是卖无形服务赚钱，有些公司是卖广告赚钱。不同类型的公司往往会有不同的商业模式，而不同的商业模式往往会造成公司的盈利能力与成长性的差异。

经过多年的投资总结，以下几种典型的商业模式是读者需要注意的，在这些商业模式下往往会诞生优质、高成长性的公司，是长线大牛股的摇篮。

1. 知名品牌的快速消费品的公司

知名品牌的公司，说明公司的发展有一定的历史和积淀。快速消费品，说明公司提供的产品属于短周期的产品，会重复、反复消费。有品牌，往往就会有差异化，差异化的产品往往能有比较好的毛利率，而重复消费就会使得公司的周转率加快，这样的商业模式其实是比较容易赚钱的。

比如，吉列销售了剃须刀后，客户必须购买新的并与之相匹配的剃须刀片。换句话说，只要剃须刀卖出后，吉列公司就获得了稳定、持续的收入来源，刀片才是赚钱的根本利益所在，而其剃须刀的利润率相对要低得多。很多打印机厂商也学习吉列的商业模式，打印机不赚钱，而是靠打印耗材中的墨粉赚钱等。

A股中知名品牌的快速消费品公司往往出现在食品、饮料股里，比如伊利股份、涪陵榨菜、承德露露等。尤其是那些小市值、大品牌的公司更是值得投资者关注，这往往意味着比较大的成长空间。

2. 拥有高净利润率、定价权产品的公司

如果一家公司的产品拥有较高的净利润率和定价权，那么投资者一定需要密切关注了。拥有高净利润率，说明公司的竞争优势强；而拥有定价权则

说明公司所处的行业往往属于寡头垄断地位，甚至是绝对垄断地位。这样的公司无论处在什么环境下都能获得很高的利润。

A 股中这样的公司有哪些呢？比如贵州茅台、片仔癀、东阿阿胶等，从这些公司的股价长期走势会发现什么问题呢？随着公司的价值和盈利能力不断提升，公司不断成长，其市值不断提升是必然的，投资者赚钱就是水到渠成的事情，只要拿住了，赚钱并不难。

3. 轻资产、边际成本很小的公司

轻资产类型的公司往往是那些没有什么固定资产的公司，其资产主要是人类的智慧，这样公司往往集中在软件业、生物医药业、互联网业三大行业。这几大行业不仅仅有轻资产的特质，还有边际成本低的特点。

轻资产的公司往往没有多少固定资产折旧来损耗公司的现金流，边际成本小往往意味着公司的扩张能力强，赚钱也相对容易得多。

比如，微软和甲骨文这类软件公司，它们的产品有很大的扩展性：产品一旦研发出来，这些产品无须继续投资费用就可以不断复制，复制就可以赚钱。众所周知的比尔·盖茨就是这么发家致富的。有些药厂的新品研发投入很高，但是产品一旦研发成功，其药剂的成本就会摊薄，很快就会收回成本并赚钱。

A 股里面这样的公司不多，比如恒瑞医药，是名副其实的长线大牛股。港股里面有耳熟能详的腾讯等。

4. 刚性需求产品提供商

刚性需求产品的公司往往是那些与老百姓生活息息相关的企业，比如自来水公司、发电厂、燃气公司、某一线大城市的机场公司等。

无论经济是处于上行周期还是下行周期，提供刚性需求产品的公司往往具有良好的防御性。在熊市，持有防御性股票是抵御资产损失的重要手段。这是因为这些公司的业绩非常稳定，受到经济周期的影响相对要小得多。

比如 A 股里面的上市公司长江电力就是这样的企业，其分红慷慨大方，长期业绩稳定增长，对于那些爱好低风险的投资者来说，这是十分值得买入的投资标的。

5. 高财务杠杆的金融公司

金融公司有什么特点？金融公司都是用高杠杆来赚钱的企业，与此同时，金融公司都是经营风险和信用的公司。除了高杠杆外，信息不对称、轻资产、易扩张、行业无天花板等，也是金融公司的特点。

在我国，金融公司往往是指银行、证券、保险、基金等。金融行业处在社会金字塔的顶端，直接做钱的生意。一切生意的本质都是钱生钱，有些是通过有形产品来赚钱，有些是通过无形服务来赚钱。金融公司正是通过无形服务来赚钱的公司。

当前我国还处在社会主义初级阶段，国家仍然要以经济建设为中心。M2每年都在增长，GDP 增速也达到 6.5% 以上，因此，金融行业还是会有巨大的成长空间。A 股里面的银行股，保险股，证券股，大多数都是成长股，只是有些公司的成长快，有些公司成长慢，从金融行业里选择优质公司来投资，赚钱并不是难事。

6. 廉价产品的供应商或渠道商

市场上有一种公司是专门做廉价产品经营的。物美价廉是普通老百姓的购物需求，商家抓住便宜这一思路牢牢掌控了客户。经营这种生意的特点在于，产品保持价格低廉的同时，还要使得产品质量维持在一个相对不错的水平上。

比如，美国历史上的大牛股沃尔玛，它的经营哲学是"只有买得便宜，才能卖得便宜"，通过高科技手段降低物流成本，踏踏实实做好自己渠道商的角色，取得了辉煌的历史成就。但是近年来由于网购的兴起，美国市场上另一个类似于沃尔玛的公司叫亚马逊，它的股价长期走势更是让人看得目瞪口呆，长线投资于亚马逊的投资者都获得了不菲的收益。

在 A 股，廉价产品的提供商只有一家公司做得比较有特色，那就是永辉超市。永辉超市的生鲜板块是在所有超市里做得最出色的，永辉超市就利用这一特色，不断发挥其竞争优势，蚕食竞争对手的市场。这家公司的未来成长性看起来还是很不错的，值得投资者关注。

5.1.2 行业的竞争格局

不同的行业，其竞争格局会有所差异，这是因为行业的门槛有差异，有些行业的门槛低，竞争激烈；有些行业的门槛高，几乎没有竞争，有垄断的经营特性。在投资之前，很有必要弄清公司在行业中的地位，这样才能做到投资确定性的大框架。

根据行业中企业数量的多寡、进入限制程度和产品差异，行业基本上可以分为以下几种市场格局：完全竞争、垄断竞争、寡头竞争与完全垄断。从投资实践的角度去思考，最好的投资标的往往是后面两种。

1. 完全竞争

完全竞争市场是指竞争不受任何阻碍和干扰的市场，其有以下几个特点：

（1）生产者众多，各种生产资料可以自由流动。

（2）产品是同质化的，无差异的。

（3）没有一家企业可以影响产品的价格，企业是产品价格的接受者而非制定者。

（4）企业的盈利基本由市场需求所决定。

（5）生产者可以自由进入或退出该市场。

完全竞争市场是最难做的生意，吃苦费力却往往不赚钱，这样的生意现实中还是有的，比如农贸市场的菜贩子，他们赚钱就很辛苦，却盈利不多。

2. 垄断竞争

垄断竞争市场是指既有垄断又有竞争的市场。在这个市场上，每个企业在市场上都有一定的垄断能力，但是它们之间又有激烈的竞争。其往往有如下特点：

（1）企业生产的产品同种但是质量有差异，产品的差异性是指各种产品之间存在实际或想象上的差异，这是与完全竞争市场的主要不同之处。

（2）由于产品有一定的差异性，企业可以树立自己产品的特点，从而对产品的价格有一定的控制能力。

垄断竞争市场是社会上比较常见的生意品种，比如生产某个汽车零配件，其品种往往是同类的，但是每个生产厂家的生产质量却又是不同的，即使如此，但这些厂家往往对产品的价格无控制能力。

3. 寡头垄断

寡头垄断市场是指相对少量的生产者在某种产品的生产者中占据很大的市场份额，从而控制了这个行业的供给市场结构。这个市场的特点主要有：

（1）这类企业的初始投资较多，从财务上阻止了中小企业的进入。

（2）这些产品只有在规模较大时才有较好的收益，在竞争中就会慢慢淘汰那些没有规模优势的中小企业。

在寡头垄断市场上，这些少数生产者的生产产量非常大，因此，它们对市场的价格和交易存在一定的垄断能力。寡头垄断企业往往是规模经济的代言人，这类企业往往随着行业的洗牌而逐渐诞生，比如，我国空调行业的格力与美的，乳制品行业中的伊利与蒙牛，都是寡头垄断企业。

4. 完全垄断

完全垄断市场是指独家企业生产某种特质产品的情形，也就是说，整个行业里，只有某一家企业在提供这一类特质产品。这类特质产品往往没有或者缺少相近的替代性产品。完全垄断市场结构的特点有以下几点：

（1）市场被独家企业控制，其他企业不可以或者不能进入该行业。

（2）产品没有或者缺少相近的替代品。

（3）垄断者可以根据市场情况来制定产量和控制产品价格，在高价低量与低价高量之间不断调整，以获取最大的利润。

（4）垄断者往往具有产品的定价权，可以不断提价。

在所有的生意当中，完全垄断的生意是最好做的生意，这类企业的生存毫无压力，而且利润相对比较可观，比如 A 股市场上的贵州茅台、片仔癀，都是这类企业的代表。

5.1.3 公司的核心竞争力

用教科书上的话来解释，核心竞争力就是一个企业能够长期获得竞争优势的能力，是企业所特有的、能够经得起时间考验的、具有延展性，并且是竞争对手难以模仿的技术或能力。核心竞争力，又称"核心（竞争）能力"、"核心竞争优势"，指的是组织具备的应对变革与激烈的外部竞争，并且取胜于竞争对手的能力的集合。

用大白话来解释，核心竞争力就是企业如何更好地在激烈的市场竞争中生存并不断发展、逐步战胜对手的能力。一家企业的核心竞争力应该是与时俱进的，跟不上时代发展的竞争力肯定是过时的能力，比如曾经一度辉煌的诺基亚，其核心竞争力跟不上时代的步伐，逐渐退出了历史的舞台。

一般而言，如何识别一家公司有无核心竞争力呢？企业核心竞争力的识别主要有如下四个重要因素：

（1）价值性：这种能力首先能很好地实现顾客所看重的价值，比如，能显著地降低成本，提高产品质量，提高服务效率，增加顾客的效用，从而给企业带来竞争优势。

（2）稀缺性：这种能力必须是稀缺的，只有极少数的企业能够拥有。

（3）不可替代性：竞争对手无法通过其他能力来替代它，它在为顾客创造价值的过程中具有不可替代的作用。

（4）难以模仿性：核心竞争力还必须是企业所特有的，并且是竞争对手难以模仿的，也就是说它不像材料、机器设备那样能在市场上购买到，而是难以转移或复制。这种难以模仿的能力能为企业带来超过平均水平的利润。

从财务指标的角度来看，一家公司有无核心竞争力可以通过公司的毛利率和净利润率来判断。一般来讲，产品毛利率和净利润率都高，而且公司的现金流充裕的企业，往往能说明这家公司是具有核心竞争力的。用巴菲特的话来解释，这家公司是具有"护城河"的。

例如：恒瑞医药是典型的医药研发企业，其研发体系是公司花了很多年的时间去努力、沉淀的结果。恒瑞医药引进了不少世界顶级的医学家，并投入巨额的研发资金，结合市场的前景分析和判断，逐渐给公司打造出了核心竞争力——不可替代的研发优势。这一优势是竞争对手很难在短期能够打败并超越的。

5.1.4 公司发展战略

公司发展战略就是一定时期内对公司发展方向、发展速度与质量、发展点及发展能力的重大选择、规划及策略。公司战略可以帮助企业指引长远发展方向，明确发展目标，指明发展点，并确定企业需要的发展能力，战略的真正目的就是要解决企业的发展问题，实现企业快速、健康、持续发展。

大多数公司的失败，归根结底，是战略上的重大失败。战术上做得再成功、再完美，若战略错了，大方向弄错了，一切都将功亏一篑。在过去几十年里，有不少世界500强企业突然就倒下了，根本问题就是出在公司战略的选择错误上。因此，一个投资者若想投资成功，就一定要关心公司发展战略，认真思考公司战略是否切合实际，是否与时俱进，是否能够执行落地。

必须要指出的是：公司发展战略是因时而异、因地而异、因人而异、因事而异、因知而异、因智而异的，没有固定的构成模式。不同的公司在不同的发展阶段，其战略都会有所差异。一般而言，公司发展战略应涉及中长期干什么、靠什么和怎么干三大方面的问题。

要很好地谋划企业中长期干什么，就是要定好位。定位的根本目的是为了解决核心业务问题。有些企业开展几项业务，但核心业务应该是一项。比如茅台的核心业务应该就是酒，虽然茅台公司也有很多其他业务。公司可以搞多元化经营，但不可以搞多核心经营。用核心业务带动其他业务，用其他业务促进核心业务，这是先进企业的成功之道。企业的定位有阶段性，不同的战略阶段有不同的定位。定位讲究个性，每个企业有每个企业的定位。定位的方法很多，定位无定势。

要很好地谋划企业中长期靠什么，就是要全面发掘资源。发掘资源是企业发展战略的一翼，没有这一翼，再好的定位也没用。要树立大资源观。不但要发掘物质资源，也要发掘人力资源；不仅要发掘现实资源，也要发掘潜在资源；不仅要发掘直接资源，也要发掘间接资源；不仅要发掘空间资源，也要发掘时间资源；不仅要发掘智力资源，也要发掘情感资源，不仅要发掘可见资源，也要发掘无形资源。

总而言之，一家公司长期的成功，一定是因为有了不起的公司发展战略，投资者不得不察。战略上的勤奋才是最高阶层的勤奋。若方向错了，越努力，只会失败得越惨烈。

5.1.5　管理层的素质

关于企业投资，巴菲特曾说："评价一个人时，应重点考察四项特征：善良、正直、聪明、能干。"如果不具备前两项，那后面两项会害了你；很多人选择合作伙伴，都会忽视"正直、善良"这一关键项。里根也曾说："如果你正直，这比什么都重要；如果你不善良，什么也都不重要了！"

作为一个投资者，应该把自己的钱交给那些德才兼备的人去打理。优秀的人品才能使一个人走得更加长远，为什么很多有才华的人到头来仍然还处于失败的境地？归根结底，还是人品出了问题。中国有句古话："小胜靠智，大胜靠德"。说的也是这个道理。

众所周知，上市公司每年、每个季度都会披露公司的财务报表，有些无良的管理层就会使出浑身解数去粉饰报表，更有甚者，去做假的财务报表来忽悠投资者，抬高股价，而管理层自己却在其中坐收渔利。

美国前总统林肯说过："最高明的骗子，可能在某个时刻欺骗所有的人，也可能所有的时刻欺骗某些人，但不可能在所有的时刻欺骗所有的人。"做假财务报表的公司管理层和骗子没有什么两样，他们和投资者耍小聪明，最终只会让自己身败名裂，锒铛入狱。在投资历史上，美国有著名的"安然"事件，而中国有著名的"蓝田股份"事件。近年来，上市公司做假仍然层出不穷，他们忽悠投资者，让投资者越来越穷，而自己却越来越富有。

一个成熟的投资者，应该非常看重管理层的素质，尤其是公司董事长的人品和能力。我国上市公司主要有两大类：民企与国企。一般来说，国企财报做假的概率比较低，而民企财报做假是屡禁不止的。因此，在投资某家上市公司之前，投资者务必要花点时间去调研公司董事长的背景，这对投资是非常有利的。从本质上讲，投资就是选择和优秀的人合伙做生意，因此，我们只愿和那些人品素质过硬，能力强的人打交道，把钱交给他们，才能踏实安睡。

5.2 科学性——定量分析

公司估值的科学性在于其经营业绩可用会计报表来衡量。常见的三大会计报表是资产负债、利润表与现金流量表，这三大报表的主要作用是为了反映企业的经营状况，一般来说，企业经营得越好，其估值就会越高，下面摘取公司估值中的一些重要财务指标进行分析，让读者充分了解公司估值是一门科学。

5.2.1　重要财务指标分析

1. 财务指标 PB 估值的适用性与局限性

不懂估值，就想做好投资，这比登天都难。利用财务指标给公司一个相对参考的估值是很多投资者常用的估值方法。PB 是公司价格与公司账面资产的比值，从理论上讲，PB 越高，公司就越容易被高估。因此，很多人会认为做投资的时候 PB 应该越低越好，低于 1 那就是很完美了，公司就有极高的投资价值了。实际上是这样吗？本节拟重点分析 PB 估值的适用性和局限性，希望能给读者带来新的启示。

（1）PB 估值的适用性

究竟什么样的公司适合用 PB 估值呢？一般来说，有如下三大类公司：重资产公司、行业周期明显的公司、使用高财务杠杆的公司。为什么这些公司适合用 PB 估值呢？知其然，更要知其所以然，否则理论谈再多，很多读者还是一知半解。根本原因在于这些公司的业绩（经营利润）具有巨大的波动性，业绩波幅巨大，在鼎盛时期，傲视群雄；在低潮之际，虎落平阳被犬欺，人人唾弃。

适用 PB 估值公司的买点往往在 PB 比较低的时候。这里的 PB 比较低往往是指 PB 小于 1，越跌越买，等待公司业绩反转，PB 就会逐步提升，从而就能赚钱，这是最简单的赚钱逻辑。不懂得用 PB 估值的朋友，往往会在 PB 比较高的时候买入这些适合用 PB 估值的公司，因为这些公司 PB 比较高的时候其 PE 很可能比较低，会"诱骗"很多投资者跟风买入。最后的结局，当然就是赔钱了。

适用 PB 估值的公司如下：各大银行股、保险股、证券股、钢铁股、煤炭股、船运股、石油相关股、工程机械股、地产股。

（2）PB 估值的局限性

既然适用 PB 估值的公司类型有限，那么用 PB 估值的局限性就非常明显了。PB 侧重的是财务报表中的账面价值，也就是股东权益。这是会计报表核算出来的结果。因此，PB 与公司的净利润一样是可以被调节的。

对于那些具有巨大品牌价值、无形资产、轻资产运营的消费型公司来说，PB 估值很明显就有些力不从心了。对于那些总喜欢买低 PB 公司的投资者来说，这时就会很困惑，他们会觉得这些公司的 PB 怎么总是这么高，若能在 2PB、1PB 买入就好了。很可惜，市场往往不会给你这样的机会，你就一等再等，终于发现这些公司的股价一涨再涨，顿时醒悟，错失了大牛股。

为什么会这样呢？因为品牌价值是无法计入 PB 的，而一些轻资产运营的公司一旦形成稳定的赚钱模式，边际成本会极低，利润率往往会异常高于普通类型的企业，使用 PB 估值在这时候就没有重大意义。一般来说，对于这些公司的估值就不要特别看重 PB 这个指标，应该综合看其他财务指标。

为了解释得更明白，以大白马股伊利股份来举例说明。伊利 2017 年上半年的每股净资产是 4.08RMB，总股本 60.8 亿份，自乳制品行业危机结束后，伊利的 PB 就没有低过 3 倍，在很多时候一度超过 7 倍，这让很多人觉得伊利的股价高估，实际上是这样吗？数年前在 7PB 买入伊利的投资者，持有到今天，其投资收益仍然是很丰厚的。这又是为什么呢？因为伊利的利润增速快，ROE 比较稳定且高。公司越长越大，利润越来越厚，分红越来越多。单看 PB 比较高，就放弃投资，很显然是不明智的。

按照不少人的投资逻辑，PB 应该在 1 左右比较合理，若伊利的 PB 在 1 倍，那么伊利现在的市值应该在 240 亿元左右，而伊利年净利润在 60 亿元左右，按照 2016 年每股 6 毛钱的分红，伊利的分红率高达 15%。现在伊利的年收入是 600 亿元，您觉得 1 倍 PB 能买到这么优秀的公司入股吗？就算是您愿意出 2PB，市场也不会给你这个机会。我在 2015 年股灾的时候重仓买入，那时候的 PB 也是略低于 4 倍。很多投资者看了 PB 就生搬硬套，觉得找到了估值的法宝，其实这距离真正的投资者还有很远的路要走。再说了，伊利的品牌价值根本无法计算在账面资产里面，这也是会计报表的局限性所在：品牌价值是无法量化的无形资产。

（3）总结

投资者应深刻理解 PB 估值的参考价值，懂得其使用的局限性和适用性，这样才能在投资路上少走弯路,抓住良好的投资机遇。此外,就算是同行业的公司,即使都适合用 PB 来估值,每家公司的估值又是不尽相同的,比如招商银行与兴业银行、中联重科与三一重工,聪明的你又发现了什么问题呢?总而言之,投资估值是一项系统性工程,而非单看某个财务指标就能解决的,否则投资也太简单了,优秀成功的投资者都是那些会计大师,事实上是这样吗?每个读者心里自有答案。

2. 财务指标 PE 估值的缺陷

作为一名投资者,比较关心的财务定量估值指标主要有 PB、PE、ROE、PS、净利润率和毛利率。PB 与 PE 是一对估值兄弟,这也是很多投资者使用相对估值法的常用参考指标。其实单纯用 PE 估值也是有很大缺陷的。

从理论上讲,PE 越低的公司越有投资价值,PE 越高的公司越没有投资价值。当然了,这仅仅是理论。很多初学的投资者做投资只看 PB、PE,以为凡是只要是低 PB、低 PE 的就是好标的,实际上并非如此。

为了搞清楚市盈率 PE 的估值缺陷,首选要弄清楚 PE 是怎么来的,这一点很多人都知道了。

市盈率(PE)= 公司市值 / 公司净利润

若某家公司的 PE 是 5 倍,公司经营稳定,PE 保持平稳,那么从理论上讲,此项投资 5 年就可收回成本。但这有个前提:公司经营要稳定,这样才能保证利润的可持续性与稳定性。

公司的净利润是怎么来的?从财务报表中,很容易看到,净利润的计算公式如下:

净利润 =(收入 - 费用)× 所得税税率

不要小看这个公式,首先,公司收入的来源,就极容易被上市公司操控,里面所含水分极大,举例说明如下:

(1)过早确认应收账款为公司收入,从而达到虚增收入的目的,进而提高利润率,降低 PE。

(2)上市公司通过与其密切相关的企业做各种关联交易,同样也能达到虚增收入的目的,降低 PE。

(3)企业放宽信用政策,向产业链下游压货,增加收入,以提供利润率,降低 PE，这个风险在于货款无法回收，利润并非真实现金。

（4）企业短期的、比较高的营业外收入，也会使得公司总收入增加，从而提高利润率，降低 PE。

（5）增加公司的预收账款额度，降低公司营业收入，从而降低公司的利润率，提高 PE，为以后公司业绩释放做准备。

其次，公司费用的来源，也是不少上市公司容易调节和操控的，降低公司费用率，也能提高利润率，降低 PE。

（1）费用资本化。很多企业都会涉及研发费用，有些公司的研发费用全部费用化，非常保守；而有些公司的研发费用大部分都用来资本化，从而降低了费用来源，提高了利润率，降低 PE。

（2）折旧年限提高。有些行业是典型的重资产行业，比如在前些年航空公司大幅度亏损时，有些航空公司为了降低费用，提高了资产的折旧年限，从而减少当期折旧费用，达到提高利润率的目的，降低 PE。

（3）降低公司销售费用和管理费用以及财务费用，从而提高利润率，降低 PE。出现这种情况时，要注意与同行企业作为比较，看看这些费用是否偏离正常值太多。

综上，读者会发现，PE 是十分容易受到上市公司操作和调节的，这是会计报表的局限性所在。很多公司财务做假，主要就是为了在 PE 上做文章，让很多投资者误认为公司是具有投资价值的。在 A 股中著名的有"蓝田股份""银广夏"等企业，曾经轰动一时，让不少投资者损失惨重。

通过以上的简单分析，既然公司的"收入"与"费用"都可能存在不少水分，那么二者相减后得出来的"利润"又怎么能是非常靠谱的呢？而基于利润得出的市盈率 PE 又怎能让人完全信服呢？这就是单一估值法市盈率 PE 的缺陷所在。

因此，投资者不要简单迷信 PE 低就是好标的，要仔细看看低 PE 是如何来的，这里面受到操控的概率有多大，从而能避免一些风险，降低赔钱的概率。

3. 财务指标 ROE 的深度剖析

ROE，又名净资产收益率。除了 PB、PE 之外，此项财务指标也是投资者做投资的时候非常看重的一项指标。观测一家公司长期 ROE 的变化，就能发现这家公司的竞争优势与商业模式的特点，这对投资者了解公司的商业价值与投资价值是大有裨益的。

通过杜邦公司可以得知，影响 ROE 的三要素如下：周转率、利润率、财务杠杆率。市场上的公司有千千万，但这些公司的业绩是否优秀都能用 ROE 的三要素概括。对于那些十分平庸的企业来说，它们不仅短期 ROE 毫无起色，长期 ROE 更是乏善可陈。优秀的企业往往有一个共性：拥有长期的、可持续的高 ROE。

究竟什么样的 ROE 才能算是高 ROE 呢？这有什么参考标准呢？根据本人的长期投资经验来看，ROE 大于 20% 以上可以作为参考标准。为什么？ROE 就是股东权益复利收益，长期复利收益高于 20%，就是"股神"级别的投资，这笔投资大概 4 年翻一倍，是非常优秀的投资业绩。

根据简单的历史统计：在 1977 年到 1986 年间，美国总计 1000 家上市公司中，仅仅只有 25 家能够达到连续十年平均股东权益报酬率（ROE）达到 20% 的标准，且没有一年低于 15% 的双重标准，而这些优质企业同时也是股票市场上的宠儿，在所有的 25 家中有 24 家的表现超越 S&P500 指数，是名副其实的长线大牛股，更是时间绽放出的灿烂之花。

回到 A 股上来，A 股中的大牛股，也出现了类似于美国股市的情况。无论是贵州茅台，还是伊利股份，其长期 ROE 都是名列前茅的。最难得的是，这些公司的 ROE 都是多年保持在高位，给那些长线股东创造了令人炫目的财富回报。若投资者具有一双洞察未来的慧眼，只要像持有房子那样持有这些股票，这些财富都是唾手可得的。

贵州茅台的高 ROE 来自高利润率，伊利股份、双汇发展的高 ROE 来自高周转率，招商银行的高 ROE 来自高财务杠杆率。短期的高 ROE 并不能说明什么问题，最难的是长达数年把 ROE 维持在高位。对于投资者来说，短期的高 ROE 突出，往往是在某一年或者某一个月投资收益非常可观，但是否把这一个月或者这一年的高投资收益率持续数年，这是投资高手与普通投资者或者"韭菜"的重要差异所在。

投资者如何观测一家公司的 ROE 呢？若是长线投资标的，建议观察 5 年以上的 ROE，判断其是否能在未来的若干年内保持这样的回报率。若是短期投资标的（1 年左右），建议观察近 2 年的 ROE，短期值得投资标的，往往是看重公司 ROE 的转折点，此转折点是公司的 ROE 由低位走向高位，比如周期股的投资。

4. 财务指标毛利率

除了 PE、PB、ROE 三个财务指标外，毛利率（Gross Profit Rate）也是重要的参考指标。对于零售行业来说，毛利率可以说是至关重要的投资因素，A 股里面有家上市公司叫永辉超市，若读者有兴趣可以研究一下这家公司的毛利率变化以及股价的变化，应该会发现一些端倪。

（1）同质化产品的公司

零售行业赚钱是非常不容易的，主要是靠规模、周转率。若毛利率相对同行比较高，那只能说明一个问题，公司的控制成本能力独树一帜，有竞争优势。若该公司能控制毛利率在高位多年，说明该企业具有持续的竞争优势，这往往是值得投资的标志。

以上是零售行业的公司举例，这一条对于普通制造业也同样适用。降低成本可以提高毛利率，从而提高利润率。但是成本也不是一味压缩就好，过分压缩成本很可能会让产品质量下降，这似乎并不是一条长久之路。

同质化、差异化不明显的产品要想提高毛利率，只有一条路可走：压缩成本。有些公司在这方面有优势，比如沃尔玛、永辉超市等零售巨头。但是对于差异化产品的公司来说，要提高毛利率靠什么呢？

（2）差异化产品的公司

提供差异化产品的公司提高毛利率靠什么呢？靠提价。这是商业经营里面提高毛利率的第二种做法，很显然，通过提价来提高产品毛利率的企业要高明得多，公司运作起来也相对容易。

究竟哪些产品靠提价而提高毛利率，但是市场份额还不会缩小呢？只有那些有明显竞争优势的公司才可以这么做，这些公司的产品往往是独家产品、垄断性产品。比如知名白酒企业、独有研发品种的药企、知名科技巨头等。

上市公司的著名代表有贵州茅台、东阿阿胶、片仔癀、涪陵榨菜等。只要有持续不断提价能力的公司都是优质公司，因为产品持续提价，肯定能跑赢通胀，逐步提高公司利润率。公司赚钱越来越多，这是公司股价长期走牛的根源。

差异化的产品往往是那些拥有巨大无形资产的产品，这是产品能够不断提价的前提。这些产品要么拥有长时间的历史积淀，要么富含人类的智慧，如高科技产品。总而言之，差异化的产品拥有的共性是：内在财富比较丰厚。本人之前反复提到的一句话：内在财富决定外在财富，这对于能长期保持高毛利率的产品同样适用。

（3）优先考虑投资拥有高毛利率的公司

综上所述，拥有高毛利的公司往往是具有明显竞争优势的，只要一家公司能长期（在 5 年以上）相对同行企业维持较高的毛利率，那么这家公司肯定是值得投资者多看一眼的，很可能是不错的投资对象。

一般来说，高毛利率的公司往往会有高的利润率，而高利润率是高 ROE 的必要条件之一。剖析财务指标 ROE 一文中指出，拥有持续高 ROE 的公司往往是长线大牛股。

密切关注上市公司毛利率的变化，这是理性投资者必修的一门课程。

5. 财务指标净利率

通过净利润率的计算公式，很容易就会发现，净利润主要与两大因素有关，第一个因素是公司的毛利率，第二个因素是公司的三项费用。公司的三项费用是指销售费用、管理费用和财务费用。

净利润率表示每一块钱的销售收入能创造多少钱的利润。必须要说明的是：净利润很高的公司，通常具有卓越的市场地位，优秀的管理模式与商业模式，严格的成本控制能力以及较低的负债比率。

净利润率的计算公式如下：

净利润率 = 净利润 / 销售收入

一般来说，净利润率越高的公司往往有着较高的毛利率，而拥有高毛利率的公司未必有高利润率。比如上市公司广联达，其毛利率高达 90% 以上，而净利润率不足 20%；同样地，上市公司贵州茅台，其毛利率也高达 90% 以上，但其净利润率也只在 40% 以上。

对于同样毛利率的公司，净利润率的差异主要来自三项费用，而三项费用的高低足以能判断企业在产业链中所处的位置。三项费用占比越低的企业，这样的公司也容易有较高的净利润率。一般来说，理性投资者认为的高净利润率在 30% 以上。

不同的行业往往会有不同的净利润率，行业的命相不同，其公司的命运也会大不相同。比如，零售行业的净利润往往就很低，很多公司的净利润不足 5%，有的甚至更低。普通制造业的净利润往往也就 10% 左右，比如格力电器在早年的净利润率连 10% 都没有，后来随着行业地位的提升，净利润也逐步提升到 10% 以上。而生物医药公司往往有较高的净利润率，比如华兰生物的净利润高达 40% 以上，可以与贵州茅台相媲美。

因此，一般来说，较高的净利润率是一个非常不错的财务指标，借此可以筛选出具有独特卖点和市场主导地位的公司，或者找到竞争对手比较稀少的公司。而较低的净利润率，通常意味着公司面临着激烈的价格竞争或公司的产品趋向于同质化，或者公司的管理水平非常糟糕。

优质公司不仅仅会有高 ROE，往往还会有高的利润率。从 A 股的历史表现来看，拥有高利润率的公司往往具有大牛股的潜力。很多高科技公司的净利率都非常出色，而且常年保持稳定，这给长线投资者带来了十分出色的投资回报。

贵州茅台、五粮液、东阿阿胶、招商银行、腾讯等耳熟能详的公司，也是首屈一指的大牛股，它们都有一个共性：出色、卓越的净利润率，最关键的是这些公司的净利润率不会随着销售收入的增加而下滑，能够长期保持稳定。

6. 财务指标资产负债比

资产负债率代表着一家公司的财务状况的主要结构以及稳定性。不同行业的公司，往往有着差别巨大的资产负债率。比如研发型医药公司往往有很低的资产负债率，而纺织、造纸公司往往有比较高的资产负债率。因此，就资产负债率而言，只有与同行业的公司相比较，才有意义。

就实体制造型企业而言，资产负债率越高的企业，其经营风险越大，反之亦然。高负债的公司往往都用了高的财务杠杆，而巨额的财务费用往往会吞噬公司辛苦经营获得的利润。因此，稳健的投资者往往对高负债率的企业具有极高的警惕性，他们往往会尽量远离这类企业。

影响公司资产负债率往往有如下几个重要指标：应收账款、应付账款、预付账款、预收账款、短期负债以及长期负债。与权益比率相比，资产负债率通常认为应付账款对企业是有益处的，这是因为应付账款是无息负债，是免费借用产业链上游的资金。因此，大额应付账款往往不会认为是负面资产。比如我国上市公司格力电器的资产负债率高达 70% 以上，但其大量负债来自于应付账款，这说明公司在产业链上是有竞争优势的。

低资本负债率意味着公司低水平的净负债，同时也在说明公司的实际债务负担很小。若一家公司的可支配现金超过其金融负债，意味着这家公司属于零负债。零负债的企业现实中是存在的，比如贵州茅台公司就是零负债公司，其账上永远躺着巨额的现金，随时可供企业调拨。

从风险的收益来看，10%–20% 的资产负债率是比较理想的状态，毕竟只有极少数企业是零负债企业。而 20%–50% 的资产负债率通常被认为是正常合理的，因为现实中大量企业都使用了财务杠杆，不用财务杠杆的企业非常少。而当一家公司的资产负债比率超过 70% 以上，特别是有息负债超过70%（金融公司除外），通常认为这家公司的财务处于不稳定状态，容易出现经营困难，甚至是倒闭的现象。

此外，投资者应该重点关注公司的有息负债水平与公司现金的比例。这一比例越低越好。负债率高企的公司往往在二级市场需要再融资，而从历史上看，喜欢频繁融资的公司，其投资回报率往往是比较差劲的。因此，稳健的投资者往往会选择那些资产负债率不高的公司去投资，尽量远离那些负债率极高的公司，以避免一些不必要的财务风险。

7. 财务指标商誉的陷阱

商誉是极为特殊的财务指标，投资者需警惕。若某家公司的资产负债表里商誉占比过高，那么这家公司很可能就沦为了空壳公司。理论上说，这家公司的资产基本都是虚构的。下面来看看商誉的基本含义。

商誉是指能在未来期间为企业经营带来超额利润的潜在经济价值，或一家企业预期的获利能力超过可辨认资产正常获利能力（如社会平均投资回报率）的资本化价值。商誉是企业整体价值的组成部分。在企业合并时，它是购买企业投资成本超过被合并企业净资产公允价值的差额。

以上是教科书中商誉的含义，没有财务基础的读者会觉得这个概念晦涩难懂。下面以企业并购为例，说明到底什么是商誉。比如 A 公司打算收购 B 公司，拟出价 1 亿元，可是 B 公司的账面价值仅仅为 3000 万元，那么 7000 万元的差额，会计就会处理成商誉，这实际上是资本溢价的部分。在公司资产中，这笔 7000 万元的现金是根本不存在的。

就企业并购产生的商誉而言，投资者最关心的问题是商誉减值。根据上述案例的基本情况，若被收购的 B 公司财务业绩不及预期，那么 A 公司的 7000 万元就需要进行商誉减值，商誉减值意味着公司的净资产减少，所有者权益降低。

我国上市公司里，有不少公司是依靠外延式并购不断做大做强的，这些公司在并购的过程中就会产生巨大的商誉。下面以上市公司蓝色光标为例，谈一谈商誉减值的财务风险。

根据 2017 年上半年财报，蓝色光标披露的商誉总市值为 46.7 亿元，上市公司所有者权益为 77 亿元，而公司的应收账款高达 53 亿元。商誉 + 应收账款一共 99.7 亿元，远远超过公司所有者权益。另外，从现金流报表上可以看出，公司经营性现金流极差，若不是有银行借款与公司定向融资支撑，公司就要流动性枯竭了。若蓝色光标并购的子公司业绩不及预期（对赌协议），商誉就会大幅度减值，公司所有者权益减少。实际上，蓝色光标已经沦为一家空壳资源公司。

综上，投资者应该对那些有极高商誉的公司提高警惕，尤其是那些商誉占据所有者权益比例过大的公司。若这家公司的经营性现金流情况比较糟糕，那么这家公司必定会走向不断融资之路，投资的回报肯定是让人黯然神伤的。蓝色光标就是这样的公司，二级市场的投资者想从蓝色光标公司挣钱就很难，只存在博傻价值。

5.2.2　净利润的现金含量

毛利率与净利润密切相关，而净利润与 PE 相关。高毛利率的公司并一定会有高利润率，因为还要考虑到三项费用的占比。净利润率越高的企业，说明其提供的产品越是具有差异化的竞争优势；净利率越低的企业，说明其提供的产品往往是趋向同质化的。在通胀周期里、GDP 增速下滑的环境下，投资净利润率高的企业往往拥有更高的确定性。

净利润高，不代表公司真的拥有如此之多的现金作为净利润，这是利润表的局限性所在。会计是以权责发生制才编制报表的，只要收入确认了，利润也会随之确认，不管最终是否收回了该笔现金。因此，公司的净利润一定要结合现金流量表一起看，这样才能发现问题。

经营活动产生的现金流量净额与净利润之间的比值往往能看出净利润的含金量问题。若该比值大于 1，那么净利润的含金量极高，公司财报真实可靠；若该比值小于 1，那么净利润的含金量就比较低了，越是小于 1，含金量就越低。若比值小于 0.5，那么说明公司的现金流出了问题，财务报表做假的可能性也比较高，投资者不得不警惕。

对于那些长期投资的标的而言，特别是视为聪明一次的投资标的，净利润的含金量在财务指标里占据的比重是相当高的。因为一切投资的本质都是为了获得自由现金流，只有净利润含金量高的企业才有充裕的现金流，有了充裕的现金流才能进行实质性的分红。有些企业虽然也在分红，它们往往是在一边融资一边分红，把股东的钱从左手倒入右手，很明显，这是大股东们在玩耍小股东们，因为不懂行情、不了解内幕。

现金流充裕的企业，往往财务造假的概率是非常低的，不会出现致命的财务问题，这是排除有财务瑕疵企业的重要手段。A 股里具有如此特征的企业代表有贵州茅台、宋城演艺、福耀玻璃等。从这些公司的长期 K 线图来看，这些公司成为长线大牛股的概率是相当高的。可见，要想成为长线大牛股的必要条件之一是公司需要保持其净利润的现金含量在高位，这一点和长期稳定的高 ROE 类似。

越是要考虑做长线投资的标的，就越要严格精选，这些公司本来就是凤毛麟角，存在幸存者偏差的特殊概率性，而净利润的现金含量是不得不考察的一个重要财务指标。希望本节能给读者带来新的收获和感悟。

5.2.3　财务业绩的预测

一切投资的本质都和预测有关，投资者通过阅读财务报表来判断公司的运营状况，并对未来业绩进行主观性的预测。一家公司的股价长期上涨的根本逻辑来自于业绩、利润的不断增长。如何判断一家公司业绩的增长呢？根据笔者的经验，下面主要介绍公司业绩增长的来源，让读者在心理上有个宏观的认识。在介绍之前，先谈一谈财务报表的局限性，这样才能更好地做出判断和预测。

做投资，一定要阅读财务报表，但是财务报表也有其巨大的劣势。鉴于人类目前还未发明比财务报表更能体现企业经营状况的东西，所以懂得财务报表的局限性也很关键。财务报表有哪些局限性呢？

一是滞后性，企业的财务报表公布的日子往往都是不及时的，现在都快9月份了，很多企业的上半年财报还没有出来。二是无法量化性，这里指的是企业的无形资产，比如企业家精神、人才队伍素质、渠道价值、品牌价值等，这些也是十分关键的东西。往往有形的物质财富是由无形的财富造成的。三是人为操作空间大，比如企业的固定资产折旧、应收账款、商誉减值、收入虚构、利润操控等，这些东西都不是死的，受到财务经理以及管理层的影响很大，有比较大的操作空间。

很多人都知道投资股票，关键的点还在于企业能不能壮大，能不能健康成长。如果只是关注了财务报表的结果，说某某企业成长了，利润增加了多少，是远远不够的，投资者必须要认真细致地思考企业的成长到底是什么因素驱动的。公司的成长是健康型的成长？还是毁灭价值的成长？

一家企业的成长，主要是由两个方面驱动的，一是外延式并购、资产注入的成长，主要是通过财务报表的并表完成；二是企业内生性增长，即企业的产品与服务市场的扩大，由销售收入的增加带来的成长。我要重点谈谈第二种增长，第一种增长可遇不可求。企业的内生性增长，主要表现有产品销售收入的增加和净利润的提升两个方面，而销售收入的增加，主要因素又有两种，第一种是新产品市场的开拓；第二种是老产品市场的深耕。而净利润的增长，主要因素也有两种，第一种是产品成本的降低（固定成本＋三项费用的减少），第二种是产品价格的提升。

至于那些由于营业外收入的增加以及变卖资产导致企业利润的增加，不在本节讨论的范围之内。个人比较喜欢的成长是老产品市场稳固，而新产品市场前景可期。如果产品有提价能力，那简直就是比较完美的标的。一家公司的成长当然离不开出色的产品与品牌价值，但是最关键的因素还是要与时俱进，与时代为伍，不要故步自封。企业管理层的进取心和企业面临的外部环境同样也是比较重要的因素。多关注那些"健康"成长的企业，因为这些企业才是源源不断为股东创造价值，解决社会就业，为国家创造税收，为社会的进步与发展做出贡献的。

5.2.4 常见的财务造假方式

投资最怕的是碰到了老千股。若不幸投资了财务造假的公司，很多人会自认倒霉。在我国上市公司里，也频繁被爆出财务地雷，紧接着就是股价暴跌，投资者的血汗钱打了水漂，让人欲哭无泪。再加上我国证券法对造假公司的容忍度比较高，而且惩罚力度不够，很多上市公司的高管或领导频繁触碰红线，有强烈的侥幸心理。在分析财务报表的时候，有一些指标是要重点关注的，比如应收账款、存货、预收账款、营业外收入等。下面以"应收账款"为例说明上市公司常见的几种财务造假方式。

1. 过早确认收入

学过会计的人都应该知道会计上确认收入的条件有哪些。新的会计制度规定，企业销售商品时，如果同时符合以下 5 个条件，可以确认收入。

（1）企业已将商品所有权上的主要风险和报酬转移给买方。

（2）企业既没有保留通常与所有权相联系的继续管理权，也没有对已售出的商品实施控制。

（3）与交易相关的经济利益能够流入企业。

（4）相关的收入能够可靠地计量。

（5）相关的已发生或将发生的成本能够可靠计量。

综上所述，公司要想确认收入，条件还是比较严格的。可是有些上市公司的高管偏偏不这么干，钻空子，通过各种手段做高收入。做高收入后若无法保持资产负债表的平衡，就是很大的财务漏洞了。为了保持这一平衡，不少公司就会在资产负债表里的"应收账款"或"其他应收款"上做手脚。

若一家公司的"应收账款"在短期内大幅度增加，并且应收账款额的增加速度和绝对值远远大于营业收入的增加速度与绝对值，那么投资者一定要擦亮自己的眼睛，仔细研究是不是公司在做假账。在这种情况下，若公司的经营性现金流是大额负数，投资者更要提高警惕了。根据以往的投资经验，上市公司的财报很可能埋下了地雷。

2. 利润操纵，做大利润率或做低利润率

通过会计报表得来的利润是很容易被上市公司操纵的，很多时候上市公司是在打擦边球。投资者有时候即使知道上市公司在操纵利润，也别无选择，这是会计报表的灵活性与局限性所在。一般来说，公司操纵利润有很多种方法，但不外乎是如下几种：第一，做大或者减少收入；第二，压缩或提高三项费用；第三，增加或减少坏账准备；第四，增加或减少营业外收入。

下面同样以"应收账款"为例来说明上市公司是如何操纵利润的。

根据会计记账的谨慎性原则，应收账款有坏账的风险，也就是无法收回的风险。因此，会计在处理的时候往往会计提坏账准备，以防不测。而每家上市公司关于坏账准备的计提比例是不同的，而且是随心所欲的。这意味着，坏账准备的计提比例有很大的操作空间。

在业绩比较好的时候，很多上市公司为了平滑报表业绩，往往会提高坏账计提比例。而等到收入不行，青黄不接的时候，公司就会释放出部分坏账准备，增加当期利润，以使得公司业绩的波动性比较小，有利于股价的稳定性。反之亦然。

比如某工程机械上市公司在业绩好的时候应收账款的计提比例高达 10% 以上，而在行业低迷下滑之际，其应收账款的计提比例就不足 6%，很明显，这是出于平滑业绩的目的。

3. 经营性现金流操纵，以增加为主

学过一些基础会计知识的人往往会简单粗暴地认为，现金流是无法操纵的，更是无法造假的。事实上并非如此，历史上有不少上市公司造假的案例，其中就有一些是在操纵公司现金流的。上市公司的高管当然十分清楚，评估一家公司的经营业绩，不仅仅要看公司的经营利润，更要看公司利润的现金含量，也就是公司的经营性现金流净额与利润的比值。

就经验而言，这一比值越高，越能说明公司的经营质量高，公司的管理

水平到位。有不少上市公司其经营性现金流实际情况比较差，但为了粉饰太平，他们往往有造假的冲动。任何一家公司，都有三种现金流：经营性现金流、投资性现金流与融资性现金流。融资性现金流往往是比经营性现金流更容易获得，有些不良公司为了让公司报表好看，它们会转移一些融资性现金流到经营性现金流账目下，投资者不可不察。

下面依然还是以"应收账款"举例说明。若一家公司的资产负债表上有大量的应收账款，则说明公司的经营性现金流往往并不如人意，除了极少数特例外。缺钱的公司，其经营起来会比较有困难，因此，有些上市公司会采取使用应收账款抵押融资的方式来获得现金流，请读者注意，抵押融资获得的现金流是融资性现金流，并非经营性现金流，因为抵押并非出售，坏账风险并没有得到有效转移。

为了操纵经营性现金流，有些公司会把抵押融资获得的现金流转移到经营性现金流的名下，以迷惑投资者。为了搞清这一事实，投资者应该对报表的附注进行详细阅读，应能察觉出一些蛛丝马迹。

看到这里，读者是否觉得脊背有一丝凉意，投资不是一件很容易的事情，对吧？投资是需要专业知识的。那么，如何尽量避免财务造假的上市公司呢？

尽量去选择那些财务报表看起来非常干净的公司，比如没有什么应收账款、各种负债报表的公司。财务报表干净健康，往往可以说明公司经营是健康的、简单的、低风险的。越复杂的财务报表往往更容易埋下各种地雷，让投资者防不胜防。此外，投资之前，尽量研究好企业当家人的背景，看看当家人是否是一个言行一致，正直可靠的人。如此可以减少财务上投资风险，让投资做得更加稳健。

5.3 走出估值的迷雾——构建估值系统

5.3.1 账面价值、公允价值与内在价值

不懂估值，想要做好投资比登天都难。学会如何给一家公司估值，投资就成功了一大半。学过经济学理论的人都知道，价格永远在围绕价值做上下

波动，因此，价值是里子，是内在财富，而价格是表象，是外在财富。内在财富决定外在财富，是投资界永恒不变的规律。下面和读者一起分享有关价值的三个方面：账面价值、公允价值以及内在价值。

1. 账面价值

所谓账面价值（Book value），就是指某科目（通常是资产类科目）的账面余额减去相关备抵科目后的净额。账面余额是指某科目的账面实际余额，作为不扣除该科目备抵的项目（如累计折旧、相关资产的减值准备等）。这是会计术语的官方解释。没有会计基础的读者，可能觉得理解起来有困难。用通俗的话语来说，账面价值就是指在某个时间点一家公司的净资产的价值。

一家公司在某个时间点的净资产到底是多少，这个可以通过投资软件轻易查询到。比如光大银行在 2017 年 6 月 30 日，其净资产是 5.05 元每股，而光大银行的总股本为 466.79 亿股，也就是说，光大银行在此时此刻的账面价值大约是 2357.28 亿元。因此，账面价值是一个静态数据，也是一个过时的数据。即使如此，在投资过程中，不少行业都是要参考账面价值来进行投资的。

2. 公允价值

公允价值（Fair Value）亦称公允市价、公允价格。熟悉市场情况的买卖双方在公平交易的条件下和自愿的情况下所确定的价格，或无关联的双方在公平交易的条件下，一项资产可以被买卖或者一项负债可以被清偿的成交价格。在公允价值计量下，资产和负债在公平交易中，熟悉市场情况的交易双方自愿进行资产交换或者债务清偿的金额计量。

简而言之，公允价值就是当前市场上某个时间点由企业的股价而现实的价值。股价在交易时间内时时刻刻都在变动，这意味着公司的公允价值在变动。比如光大银行的股价在某个时间点其股价为 4.20 元，那么此时此刻光大银行的公允价值约为 1960.51 亿元。很显然，光大银行的公允价值与其账面价值是不相等的，总是有出入的。

3. 内在价值

内在价值与账面价值和公允价值是两个完全不同的概念，也是相对而言比较难以理解的概念。究竟什么是内在价值？先来看看教科书上的定义：内在价值又称为非使用价值，就是事物本身内在固有的、不因外在于它的其他相关事物而存在或改变的价值。

企业的内在价值是未来现金流量的现值。决定企业内在价值的基本变量不是过去的账面资产价值和现在的账面盈余，而是企业未来获取自由现金流量的规模和速度。企业获取现金的能力是价值评价的基础，也是财务风险评估的主要依据和核心。股票的内在价值是指股票未来现金流入的现值。它是股票的真实价值，也叫理论价值。

简而言之，内在价值与未来现金流折现值有关。一家公司的未来现金流是影响其内在价值最重要的因素，未来现金流流量越高，其内在价值就越高。内在价值是一家公司的最真实价值，公司的股价长期看也只与内在价值密切相关。

依然以光大银行为例，光大银行的内在价值究竟是多少呢？这需要对光大银行整个生命周期的未来现金流进行评估和统计，并把未来的现金流流量总值按照一定的折现率折现到现在，才能合理计算出来。可是，对光大银行未来的现金流准确预测是一件不可能完成的事情。实际上，内在价值只是一个估值的思维方式，也只是一个理想模糊的数字。

即使如此，就光大银行当前的市值而言，是远远小于其内在价值的。因为我国 GDP 还在以 6.5% 左右的速度增长，M2 也在增长，还需要银行来完成经济结构调整的使命，未来银行业继续长大是必然的。即使银行的利润不增长，把未来 20 年的利润折现到当前，也是一个庞大的数字。投资银行只需要模糊的正确就可以下注了，很显然，光大银行在当前价格下是值得投资的。

5.3.2　现金流折现值（DCF）

既然一家公司的内在价值与其未来现金流折现值密切相关，就有必要弄清现金流折现值是如何计算出来的，这只是数学上的计算方式，但是很少有投资者会套用这个公式去计算一家公司的估值，理论与实际还是有很大出入的。

现金流折现法是对企业未来的现金流量及其风险进行预期，然后选择合理的折现率，将未来的现金流量折合成现值。使用此法的关键确定是：第一，预期企业未来存续期各年度的现金流量；第二，要找到一个合理的公允的折现率，折现率的大小取决于取得的未来现金流量的风险，风险越大，要求的折现率就越高；反之亦然。运用现流折现值的算法，首先要了解两个重要的概念：自由现金流、折现。

自由现金流，是从企业经营活动获取的现金里，减去为了维持生意运转必须进行的资本投入，余下的那部分现金。余下的现金越多，说明公司拥有的自由现金流越多。

折现的概念并不是很难理解。如果能确认某项投资的年收益是 10%，那么一年后的 110 万和今天的 100 万是等价的。换句话说，一年后的 110 万，按照 10% 的折现率折算，其现值为 100 万。从理论上讲，可以将企业未来每年的自由现金流按照某折现率（无风险收益率 + 风险补偿）逐笔折现。所有年份现金流的折现值加总求和，得到的便是该企业的价值。

实际运用中，通常会逐笔计算出一段时间的自由现金流，然后对其后的部分估算一个永续价值。将这段时间的现金流和其后的永续价值，逐笔折现、加总，得出企业的价值。例如，某企业今年底可产生自由现金流 10 亿，预计五年内自由现金流的年增长是 15%。五年后，自由现金流能保持 3% 的年增长。若按照 10% 的折现值估算，企业前五年现金流折现值加总，等于 49.8 亿元（9.1+9.5+9.9+10.4+10.9）。第 6 年，自由现金流 18.36 亿元，其永续价值为 262.3 亿元（18.36/（10%-3%））。将 262.3 亿元折现，现值约为 148 亿元。由此，测算的企业内在价值约为 198 亿元。知道了价值，投资者才能决定如何出价。

只要简单敲敲计算器，便知道企业价值，然后依此买入股票就能投资获利，有这么简单的投资吗？当然没有。若有这样的投资，那投资的艺术性就不存在了。首先，预测未来无限期的自由现金流，是不可能完成的任务。其次，折现率的微小变动，会使结果呈现巨大差异。尝试将本例的折现率小幅调整至 8% 或 12%，或将永续增长率 3% 调整为 0% 或 5%，会看到计算结果发生了令人惊讶的变化。

因此，现金流折现值是一种重要的思维方式，它的计算也是基于对未来公司的成长性预测上，并在一定的折现率上计算出来。但是，现实的情况确实是处在高速成长期的公司，其自由现金流却并不充裕，但这不代表公司没有投资价值。做投资千万不要刻舟求剑，如何评估公司未来的成长性才是公司估值的核心所在。

5.3.3　DCF 的估值思维

既然自由现金流折现是一种绝对估值思维，有普遍适用性，那么投资者就要认真学习这种思维了，能灵活运用这种投资思维的投资者，往往能在投资市场上做到游刃有余。DCF 估值思维有哪几种呢？

1．公司的存续期是否足够长

创业不易，守业更难。据统计，我国创业公司的存活时间是 1–3 年，可见创业的艰辛。可是创业成功后，守业也是很难的，很多世界 500 强企业的寿命也就几十年而已，环顾全球，百年老店屈指可数。做投资，一定要关心企业的未来，能否活得足够长，是投资者需要首先关心的话题。

市场瞬息万变，若投资一家公司，今年业绩不错，但是过两年公司就亏损严重，现金流中断，面临倒闭的危机，投资者想要从中获利是非常难的。比如，曾经辉煌一时的诺基亚、柯达等公司都被时代的潮流淹没。因此，对于那些稳健的投资者来说，选择一些长寿型企业去投资相对风险较小。

只有那些存活时间足够长，业绩不错的公司才能给投资者带来丰厚的复利回报，巴菲特曾言："不能持有 10 年，就不要持有 10 分钟"。很显然，他是非常清楚公司存续期的重要性的。有些企业在 10 年可能就倒闭了；有些企业虽然在 10 年后没有倒闭，但业绩已经惨不忍睹了。只有极少数公司能在 10 年内保持稳定的增长，活得非常滋润。投资应该首选这样的企业，才能事半功倍。

2．公司的现金流是否充裕

一切生意的本质都是钱生钱，投资的本质就是走在时间的前面，用当前较少的现金去获取未来较多的现金。投资的目的很明显，就是为了获得更多的现金。因此，投资者除了关心一家公司的净利润外，还会非常关心这家公司现金流的变化。

诚然，有些公司打理的生意就很优质，公司获得的净利润多，现金流更多。

恰恰相反的是，有些公司的利润虽然不错，但是现金流差，大多数利润来自应收账款或者存货，或者需要不断投入利润来购买固定资产以扩大生产规模，这样的生意并不是好生意。很显然，投资者应该选择前者。

从生意的角度来分析，一家公司创造现金的能力，可以从如下几个方面去判断。第一，是否需要用留存利润去不断更新固定资产，对设备进行升级换代。一般来说，需要这么做的生意都不是优秀的生意；第二，在销售过程中，是否做到先款后货，或者公司的应付账款金额是否持续大于公司的应收账款金额。能这么做的公司，其现金流必然充裕。第三，公司是否拥有大量的有息负债，并从长期看，有息负债的规模无法有效降低。拥有大量有息负债的生意往往会有巨额的财务费用，会让公司丧失大量现金，让自由现金流减少。

一句话总结，长期看，现金流充裕的公司，企业经营风险小，也能让投资者获得稳定出色的投资回报。

3. 折现率有高有低，不同行业的公司有不同的折现率

折现率也是估值中非常核心的要素。不同的投资者承担的投资风险往往不同。因此，其给出的投资标的往往就会有不同的折现率。绝对估值，也就是公司的内在价值，与折现率密切相关。折现率越低，估值就会越高，投资者评估出的内在价值也就越高，反之亦然。

因此，如何给一家公司合理恰当的折现率，这是估值的核心关键要素。

（1）公司所在的行业不同，折现率不同

市场上的估值是千差万别的，不同的公司，市场往往会给出不同的PE，这里的PE其实可以理解为折现率。比如银行股与生物医药股，属于不同的行业，差异化明显。银行是通过高杠杆来赚钱的公司，其经营容易受到宏观经济的影响，属于典型的强周期性行业公司，而生物医药公司往往是研发型企业，杠杆率偏低，经营相对稳定，有良好的市场前景，属于弱周期性行业的公司。一般来说，给予银行的折现率就比生物医药公司要低得多。前者市场往往给予10%的折现率，而后者市场往往会给予5%的折现率，甚至更低。

（2）公司所处的生命周期不同，折现率不同

市场上的公司有千千万，能给所有的公司千篇一律的折现率吗？答案肯

定是否定的。上面提到了行业的差异会导致折现率的不同,那么公司所处的生命周期的差异也同样会造成折现率的重要差别。

一般来说,所有的公司都会经历如下几个阶段,创业期、成长期、成熟期、衰退期,正如人的生命一样,有幼年、少年、青壮年以及老年。很显然,处于成长期的公司往往有比较高的利润增速,因此,此时市场往往会给予成长期公司比较低的折现率,折现率越低,估值就会越高,对应的PE就越高。而处在衰退期的公司,市场往往会给予高折现率。

(3)公司获取现金能力不同,折现率不同

正如上文所说,投资的本质都是为了获得现金的增值。若一家公司不是上市公司,投资者获得收益往往和公司的分红密切相关。若公司获得现金的能力比较差,哪怕利润做得再高,也无法拿出足够多的现金来分红,这会切实影响投资者的收益。

因此,对于同类型、同行业的公司而言,那些获取现金能力强的公司,市场往往会给予比较低的贴现率,对应的PE就会稍微高一些。反之,就给予比较高的贴现率,对应的PE就会低一些。

综上,一个投资者要对一家公司的内在价值进行合理判断,离不开DCF的估值思维。这种思维是多角度、多方位的思考方式,有利于让读者更好地理解市场、理解公司,从而提高自己的判断能力,让投资赚钱不再是难题。

5.3.4 系统性估值策略

如何对一家公司进行系统性的估值呢?这是投资的重点,也是难点。只有懂得了如何给一家公司估值,投资者才真正步入了投资的殿堂。大多数投资者为什么会失败?就是因为对估值一知半解。有些投资者根本不懂估值,一根大阳线或者大阴线就改变了个人的观点,这样的人在庞大的投资人群中多如牛毛。

系统性的估值,应该包括如下两个方面:定量分析与定性分析。根据行业的特性以及投资策略不同,二者的侧重点会有差异。一般来说,对于长线投资的战略持股,定性分析的比重会超过定量分析;而对于那些周期性行业的投资,定量分析的侧重点又会高于定性分析。

1. 定性分析的评估

通过对一家公司的市场前景、商业模式、公司战略以及管理层素质进行分析后，读者可以把公司分为如下几大类，强特许经营事业类公司、弱特许经营事业类公司、强一般事业类公司以及一般事业类公司。

2. 定量分析的评估

定量分析主要是通过各种财务指标来判定的。一般来说，市场普遍运用的财务指标有 PE 和 PB 以及 ROE。根据市场估值的不同，投资者可以把公司的类型分为如下几大类：第一、低 PB 低 PE；第二、低 PB 高 PE；第三、高 PB 低 PE；第四、高 PB 高 PE。

就投资经验而言，低 PB 低 PE 的投资标的往往是具有投资价值的，但也应该防止低估值陷阱；低 PB 高 PE 的公司往往是那些周期性行业明显的公司，并且此时公司处于行情景气度比较低的环境；高 PB 低 PE 的公司往往是那些短期盈利激增的公司，而且很可能是营业外收入造成的；高 PB 高 PE 的公司往往是被市场恶炒的对象，其估值往往处在泡沫化高估的状态。

3. 系统性估值

根据多年的实战经验总结，本人的系统性估值经验如下，供各位读者参考。

强特许经营事业类公司，可以选择在较高的 PB 与稍高的 PE 下投资。就投资经验而言，PB 不超过 6 倍，PE 不超过 30 倍，比如贵州茅台。

弱特许经营事业类公司，可以选择较低的 PB 与合理的 PE 下投资。就投资经验而言，PB 不超过 5 倍，PE 不超过 25 倍，比如伊利股份。

强一般事业类公司，可以选择稍低的 PB 以及低 PE 下投资。就投资经验而言，PB 不超过 2 倍，PE 不超过 15 倍，比如扬农化工。

一般事业类公司，应选择在低 PB 与低 PE 下投资。就投资经验而言，PB 不超过 1.5 倍，PE 不超过 10 倍，比如海南航空。

必须要指出的是，以上 PE 估值测算和市场无风险利率密切相关，若无风险利率提高，那么 PE 将会被压缩。若根据以上方法去选择投资标的，以年为单位持有公司，赚钱是高概率事件。

5.3.5 典型的投资制胜估值模型

1. 低 PB，低 PE，高 ROE 模型

低 PB 和低 PE，说明公司的相对估值低，而高 ROE 说明股东回报率高。若某公司的市场估值是 1PB，5PE，而 ROE 为 15%，那么理论上投资这家公司的合理回报率会是公司 ROE 的 15%。市场上到底有没有这样的标的呢？有，有好几家银行股就符合此模型。符合此模型的是典型的低风险投资，而且投资回报相当不俗。

2. 低 PB，低 PE，高分红模型

同理，除了银行股外，市场上另外一些公司的估值也比较低，它们的 PB 和 PE 均低，但是分红率不错，股息率往往可以高达 5% 以上。比如高速公路股、电力股等。投资者买入这些公司只要耐心等分红和牛市即可获得不错的投资回报。

3. 合理 PB，合理 PE，高成长 PEG 模型

高成长公司的 PB 和 PE 不会低，这是市场有效性的表现。买入高成长型的公司，就不能用低 PB 和低 PE 来生搬硬套了，否则，就有刻舟求剑之嫌。一般而言，增速较高公司的 PB 往往会在 3~5 倍，PE 会在 25~35 倍之间。只要公司能维持 30% 左右的净利润增速，就足以消化市场给出的较高的估值，也一样能投资获利。

特别需要注意的是，无论是多牛的公司，只要是从投资的角度去思考，10 倍以上的 PB 都是不值得介入的，这是群体癫狂的投机结果造成的，理性的投资者应该敬而远之。

第6章

公司财报分析案例

财报通常是指财务报告，不仅指三表还包括附注说明或完整的财务分析等。是对公司财务流程进行具体展示的一个途径。

本章主要内容包括：

➤ 伊利股份——好公司值得收藏

➤ 承德露露——能困境反转吗

➤ 宋城演艺——现金流出色的商业模式

➤ 保利地产——未来市值能到 5000 亿吗

➤ 福耀玻璃——沙漠之花也能绽放异彩

➤ 富安娜——被遗忘的公司

➤ 乐视网——现金流枯竭的典型

6.1　伊利股份——好公司值得收藏

　　曾经在博客里反复分析过大消费企业伊利股份，这家企业的基本面我也在一直跟踪，总体来说，不改变之前的判断：伊利股份的股权值得长线投资，值得收藏。对于即将步入老年的 60 后来说，买入这家公司的股权当作养老基金也是不错的选择，而且这笔养老金比社保基金要靠谱得多，而且收益更好。靠国家社保养老，不如靠自己的眼光与策略谋一个好的晚年生活。伊利股份刚刚公布 2016 年年报，本章主要和读者朋友们简单分析一下公司报表的情况，希望各位读者能从中获得启发。

6.1.1　财务报表解读

1. 资产负债表

　　（1）资产基本情况

　　流动资产方面：货币资金 138 亿元，同比去年略有增长。应收票据＋应收账款一共 6.86 亿元，预付账款 5.58 亿元，同比去年持平。存货大概 43 亿元，同比去年略有下降；非流动资产方面：长期股权投资 16.3 亿元，同比大幅度增长 13 倍左右。固定资产 131 亿元，同比下滑 10% 左右。资产总计 392.6 亿元，同比下滑 1% 左右。

　　（2）负债基本情况

　　流动负债方面：短期借款 1.5 亿元，同比下滑近 98%，应付账款 67 亿元，同比增长 10%，预收账款 35.9 亿元，同比增加 79.5%，应付账款＋预收账款合计 102.9 亿元。流动负债合计 149 亿元。非流动负债主要是递延收益大概11.2 亿元，合计负债 160.2 亿元。

　　关于资产负债表，我主要谈两个亮点：第一点是资产负债比结构；第二点是产业链资金结构。

　　由以上信息得知，伊利股份资产负债比为 40.82%，同比去年下滑 9 个百分点，不要小看这个指标，这是伊利股份自十多年来首次将资产负债比下调至 40% 左右的水平。资产负债比的下降根本原因在于短期借款大幅度下降，然而其总资产并未随着负债的大幅下滑而下降，仅仅下降了 1% 左右，这说明了什么？

说明了公司的经营水平大幅度提升，资产负债结构不断优化。看看竞争对手光明乳业，其资产负债比在 61% 左右，谁的财务更健康一目了然。资产负债比的大幅度下降，会导致公司财务费用的同比下滑，有利于提高公司的盈利水平。

伊利的应收账款 + 预付账款合计 12.4 亿元，而其应付账款 + 预收款项高达 102.9 亿元，后者是前者的 8.3 倍，这说明了什么？说明了伊利在整个产业链的竞争优势，可以大比例占用下游资金来充分给自己输血，发展自己。用别人的钱来免费给自己做生意，不承担资金成本，这样的生意是不是好生意呢？这会让伊利公司的自由现金流大幅度增加，提振股东回报，这一点从公司的分红率就可以看出。

2. 利润表

2016 年伊利营业收入 606 亿元，同比增速不超过 1%；营业成本 374.3 亿元，同比下滑 2.47%；销售费用 141.1 亿元，同比增长 6.46%；管理费用 34.6 亿元，同比增长 0.01%，可忽略不计；财务费用 0.24 亿元，同比大幅度下滑 91.96%。营业外收入 11.8 亿元。公司净利润 56.69 亿元，同比增长 21% 以上。与同行蒙牛相比，2016 年蒙牛营业收入 537.8 亿，大幅度低于伊利股份。在净利润上，伊利实现净利润 56.69 亿元，蒙牛却因为"外部品牌"的拖累净亏损 7.51 亿元。

从这份利润表的成绩单上，投资者可以得出什么样的信息呢？营收增速下滑，而净利润却在大幅度增长，除了营业成本略有下滑，三项费用没有什么大幅变化，这究竟是什么原因呢？

净利润大幅度增长除了营业外收入 11.8 亿元，其他利润增长的根本原因在于伊利的产品销售结构不断优化，高毛利率的产品销量肯定在不断提升。此外，不得不提的是公司的销售费用高达 141.1 亿元，同比略增 6.46%，与往年相比，大幅度下滑，之前的几年都是百分之几十的速度在增长。毫无疑问，销售费用的增幅下滑，肯定能提振利润率。

伊利的销售费用中很大一部分是广告费，随着市场占有率的不断提升，这里应该还可以继续压缩，改善公司的利润率。总而言之，伊利的管理能力很优秀，费用管控能力强，与其他同行的竞争对手不是一个重量级的。伊利毫无疑问是中国乳业制品中当之无愧的王者。

3. 现金流量表

主营业务收到的现金额 676 亿元，同比略有下滑；经营活动产生的现金流净额 128.2 亿元，同比大幅度增长 34.4%；投资活动产生的现金流量净额 −32.4 亿元；筹资活动产生的现金流量净额 −88.1 亿元。

由现金流量表我们可以得到什么信息呢？公司经营性现金流净额 128.2 亿元，大幅度高于公司净利润 56.6 亿元，可见公司的净利润含现金量高，不存在虚构利润的可能，公司经营现金流非常健康。投资性现金流量净额 −32.4 亿元，主要是由于购买固定资产以及股权造成的，2015 年伊利和悠然牧业合作，完善了产业链的布局。

筹资活动产生的现金流量净额 −88.1 亿元，主要是由于还债和分配股利造成的，公司的有息负债大幅度降低也是由此造成的，当然了，分红也会造成此项现金流的负数。

6.1.2　公司经营分析

公司目前主营业务是液体乳及乳制品制造业，其毛利率为 38.33%，同比增长 2.56%，而营业成本仅仅同比下滑 0.1%，这说明了什么？说明了产品销售结构有所改变，高毛利率产品的销量在提高，毫无疑问，安慕希作为伊利股份的明星产品起到了重要作用。

2016 年奶粉以及奶制品毛利率为 56.17%，其营业收入继续下滑，收入金额为 54.55 亿元，同比下降 15.38%。所幸的是，奶粉业务占比营收总收入的比重并不是太大，占不足 10%。奶粉业务大幅度下滑的重要原因是跨境电商的兴起，国外奶粉价格有一定的竞争优势，再加上与国内的年轻父母对国产奶粉的不信任有关，才有此下滑。

随着伊利海外工厂的顺利投产，其奶粉的生产成本应会同比下滑，可与海外竞争对手进行有效的价格竞争。因此，只要国内年轻父母对国产奶粉有信心，伊利的奶粉事业重振雄风的可能性还是很高的。

从产品成本分析来看，液体乳及乳制品制造业的主要成本来自直接材料，占比 87.4%，而人工成本仅为 3.37%，这是规模优势的好处。因此，伊利的产品利润率与原材料成本价格相关性很高，与人工成本相关性很弱，不怎么受到人工成本的制约。

此外，伊利的产品目前的市场份额为 20%，逐年提高，位居行业第一。毫无疑问，伊利正在不断夯实其寡头垄断地市场地位。伊利最近几年营业收入增速缓慢，主要由于行业发展处于调整期，公司的高速快速成长期已过，目前处于稳定发展期。未来伊利要想不断地提高营收比例，外延式并购与内延式的结构增长应该会齐头并进。

6.1.3 公司经营战略

自 2014 年以来，伊利的发展战略为"全球健康食品的领导者。"目前伊利的国际化视野与格局正在不断扩大，供应链的结构也在不断优化，产品成本得到了严格控制。目前伊利的主业仍然是乳业，要想成为整个食品行业的领导者，伊利迟早要走上外延式并购之路。

2017 年伊利挺进全球 5 强，营业收入 650 亿元，同比增长 8%。在行业的调整期，再加上伊利的营收基数已经比较大，增长 8% 也是一件不简单的事。从竞争对手的角度来看，蒙牛与光明已经被伊利大幅度甩开，无论是从营业收入还是从净利润率上来看，蒙牛与光明目前已经不处于同一个竞争线上，伊利在引领行业的发展，行业的大格局基本确定。

6.1.4 结论

伊利公司的出身并不高，其品牌价值与行业地位是公司一点一滴拼搏出来的，伊利这个品牌从无到有，也仅仅只有几十年的历史沉淀。从这一点来看，伊利与茅台的差异是巨大的。茅台出身高贵，有行业的定价权，目前伊利还没有行业定价权。企业与个人类似，出身较好的，其发展会更加稳定。

即使如此，伊利的投资价值仍然是巨大的，从伊利过去的业绩以及公司的成长情况来看，伊利的总市值自公司上市以来增加了近百倍，原始老股东的回报非常充足，堪称成长股的传奇。作为一个不断拼搏进取的优等生，伊利仍然在继续努力进取，不断成长，引领行业往前发展。

从 2016 年分红率来看，伊利的分红率高达 60% 以上，一如既往的高分红。按照目前的股价来看，分红比例超过 3%，超过银行的定期存款利率，与一些保本理财的收益不相上下。若投资伊利两年有余，其分红率在 5% 以上，而且股东还享受到了股价上涨的收益。可谓一举多得。从不远的将来看，伊利还会一如既往的高分红，这是由伊利的经营模式决定的。关于企业高分红的秘密，我已经在之前有过分享。没看过的新读者们，可以翻看历史文章，这里不再赘述。

伊利的管理层与员工大多都有公司的股权，员工与股东利益被很好地绑定在一起，同舟共济。相信伊利还会继续以优秀的业绩来回报股东，回报社会。未来已经可以看到，具有投资慧眼的人不会成为别人的负担，更不会成为别人的附庸。

6.2 承德露露——能困境反转吗

承德露露是饮料行业的老板凳了，公司经营产品品种单一，主要是杏仁露和核桃露两种。但是公司自 2014 年营收达到 27 亿元后，2015、2016 年营收增长乏力，而且有逐年下滑的趋势。公司产品杏仁露在行业内无竞争对手，而核桃露被养元的六个核桃斗得体无完肤，这可是百亿元的大市场，不像杏仁露那样要受到人群和地域的限制。

据报道，六个核桃正在谋求上市，其 2015 年营收高达 91 亿元，净利润 26 亿元，净利润接近 30%。无论是市场份额和净利润率都超过承德露露。2016 年六个核桃的销售额肯定会比 2015 年高，从这个角度看，真为承德露露感到惋惜，核桃露如此大的市场就这样丢失。

本节主要从财务报表、公司管理以及企业发展展望三个方面来分析 2016 年和 2017 年承德露露的报表，供各位读者参考。

1. 财务报表

2016 年的财报和 2015 年以及 2014 年相比，并没有什么亮点，但同比有恶化的趋势，2016 年营收同比下滑 6.85%，净利润同比下滑 2.78%。净利润的下滑速度小于营收下滑的速度，仔细看利润表就可以知道，主要是由于原材料成本和销售费用下降造成的，同比毛利率略有上升。但是 2017 年一季报营收同比下滑 36.9%，净利润同比下滑 19%，净利润下滑的速度大幅度低于营收下滑的速度，主要是由于毛利率提升了 3%，而管理费用大幅度下降造成的。不得不指出的是，承德露露一季度的营收大概占全年营收的 48%，根据历史规律，一季度营收大概 8 亿元，同比巨幅下降，可以推测全年的营收应该在 18 亿元左右。按照 20% 的净利润率来计算，2017 年的净利润预计为 3.6 亿元，同比大概会下滑 20%。

2016 年承德露露的经营性现金流净额为 8.3 亿元，而公司的净利润仅仅为 4.5 亿元，公司净利润含现金量极高，一如既往不改变其现"金奶牛"的角色。2016 年公司的净资产为 19.7 亿元，而公司账上的货币资金就有 21.6 亿元，公司账上几乎全部是现金，怪不得大股东万向集团要低成本借用承德露露的现金资产。承德露露几乎可以不使用自有资金来发展自己，这一点在上市公司里非常少见。

由此可见承德露露在细分市场的行业地位。但是 2017 年一季度公司的经营性现金流净额为负值，同比下滑几倍有余，主要是产品销售乏力，现金回笼同比大幅下降造成的。这足以表明承德露露的市场所占份额正在下滑，是一个不利的信号。

总而言之，承德露露的财报是上市公司里面最简单的，清晰透明，现金资产多，无有息负债，公司分红率较高，2016 的分红率高达 86%，若按照股价 10 元来计算，分红率高达 4%，堪比银行理财产品收益，但是必须指出的是，若承德露露业绩下滑，分红率同样也会下滑，投资者不得不察。

2. 公司管理

承德露露的财报我跟踪了多年，其核心竞争优势没有变过，公司的财报里几乎每年披露的情况都一样，管理层也懒得改动，这足见管理层的进取心是严重不足的，总是躺在过去的功劳簿上睡大觉。

2016 年公司迎来了管理层换届，目前管理层的要员基本都是万向系的，一手遮天，拥有绝对的控制权和执行权。2016 年承德露露也推出了新产品小露露和露露甄选，但是这类新产品的推出并未交出一份良好的财务答卷，2017 年营收更是大幅度下滑，可谓出师不利。新的管理层能否力挽狂澜，扭转目前承德露露发展的颓势，从目前的情况看，还十分不明朗，投资者应该密切关注管理层的动作。

承德露露在管理层上最大的问题是进取心太差，而且到现在为止，与南方露露的商标权问题一直悬而未决，拖泥带水了好多年，多年的历史问题一直就这么拖下去，管理层也没有给出什么答复。从这一点上看，必须给差评。此外，大股东万向系近年来一直把承德露露当作其提款机，这一定位也给二级市场的投资者带来困惑。大股东的这个财务定位也给承德露露抹上了阴影。

但个人认为，承德露露最大的问题既不是商标问题，也不是提款机嫌疑问题，主要问题在于市场进取心太差，杏仁露增长乏力，又无新产品开拓市场，而老市场份额又被六个核桃不断蚕食，长此以往，承德露露业绩不断下滑估计是大势所趋。投资者不得不做出最坏的打算。

3. 企业发展展望

承德露露未来的发展必须要寄托在新管理层的积极进取心上，杏仁露在老百姓口中有不错的口碑，也有很多忠实客户，这是承德露露多年经营的成果，短期看，没有竞争对手能够抢占承德露露的杏仁露市场。杏仁露是一个小众市场产品，口味并不适合全国的百姓，从营收增长乏力的角度来看，说明杏仁露的市场很可能逐步走向饱和。

承德露露业绩要想大幅度提升，必须依靠新产品的开拓，而核桃露这个最有可能成功的产品，却被六个核桃吊打，情势反转的概率极低。我相信承德露露的管理层对这一点是很清楚的。承德露露也在寻找出路，欲从奶粉方面有所突破，个人也不是很看好，奶粉市场突破的概率低，承德露露没有奶粉市场的从业经验。

因此，若承德露露未来没有开拓出新产品或者走向并购之路，增长的空间是十分有限的，其前途并非一片光明。这是目前承德露露最大的困局，能否有所发展，就看新管理层的能力和水平了。

从承德露露当前的市场估值来看，公司市值为 97.66 亿元。按照当前的局势发展，承德露露 2017 的净利润预计为 3.6 亿 −4 亿之间，动态 PE 在 27−25 倍，不算太高，但是买入的安全边际还是不够。轻仓的投资者可以多观察，不宜盲目重仓。投资者应该多关注管理层的一些变化，然后再做决定。从历史上看，承德露露是一家优秀的企业，但是从未来看，能否持续优秀充满着巨大的变数。

6.3　宋城演艺——现金流出色的商业模式

随着中国经济的发展，普通老百姓的生活水平日益提高，社会上各种商品日益丰富，可供人们选择范围的越来越多。中国 GDP 总量目前全球第二，仅次于美国，中国的经济结构也在不断调整，第三产业的发展正在突飞猛进。

"仓廪实而知礼节，衣食足而知荣辱"。大众消费正在升级，人们不再满足于物质方面的需求，更多是在追求精神方面的刺激与享受，因此旅游、娱乐消费如火如荼。每次长假大家都可以看到国人遍及各大旅游景区以及海内外著名旅游胜地。

一个新的时代正在到来，文化娱乐消费时代正在崛起。有鉴于此，本节和大家一起来分享一家大众娱乐公司——宋城演艺，最近公司刚刚公布了 2016 年年报。希望各位读者能从社会变化中得到启发，把握投资机遇。

6.3.1　公司是做什么的

成立于 2000 年，宋城演艺主要从事文化演艺和泛娱乐业务。经过多年的发展，公司已经形成了现场演艺、互联网演艺和旅游休闲三大版块。其中，现场演艺业务主要为千古情系列演出和主题公园集群，包括《宋城千古情》、《三亚千古情》、《丽江千古情》、《九寨千古情》等，其收入主要来源于演出的门票收入。互联网演艺主要是六间房从事的互联网演艺业务。六间房是公司于 2015 年全资并购控股的一个基于平民艺人和粉丝关系的互联网演艺平台。六间房主要从事平台的运营业务，其收入主要来自于虚拟物品的销售收入。旅游休闲服务业务主要是指宋城旅游承载的管理输出、品牌输出、创意输出的轻资产运营模式以及网络销售平台，形成自主投资运营和景区托管运营并重、直销和分销渠道并举的格局，发挥专业优势扩大公司品牌影响力和销售渠道。

一句话：公司的产品是为了满足老百姓的精神需求的，目前公司正在从产品型企业转型为平台型企业，最终目标是成为一家娱乐生态型企业。生态型企业公司是当今时代最厉害的公司类型，现在中国有 BAT，美国有苹果，这样的企业从历史上看出现大牛股的概率很高。

6.3.2　行业发展趋势

在我国经济结构转型、产业升级的背景下，以互联网信息技术行业、文化娱乐行业为代表的服务型行业正逐渐成为新的经济增长点。随着百姓基本生活水平的全面提升、20 世纪 80 至 90 年代出生的消费者成为社会经济的主要驱动力，满足人民精神文化需求的文化娱乐消费服务产业将在未来 20 年进入高速发展期，其中包括演艺、影视、文学、音乐、游戏等不同场景、不同渠道的文化娱乐方式。目前我国文化产业也因正受益于政策红利、消费升级和资本化浪潮而繁荣发展。

从政策层面来看，近年来出台的《文化产业振兴规划》《中共中央关于深化文化体制改革、推动社会主义文化大发展大繁荣若干重大问题的决定》和《中共中央关于全面深化改革若干重大问题的决定》等一系列政策文件为文化产业的发展提供了保障。

2015 年是政策引领文化发展的关键之年，党的十八大，明确提出要坚持把社会效益放在首位、社会效益和经济效益相统一，推动文化事业全面繁荣、文化产业快速发展新思路。并相继出台了《关于加快构建现代公共文化服务体系的意见》《国务院关于大力推进大众创业万众创新若干政策措施的意见》《关于积极推进"互联网+"行动的指导意见》等政策，这些都是文化产业当前和未来的关键性指导政策，均在很大程度上为我国文化产业的发展指引了新方向、带来了新机遇、指明了新思路。

从国际文化娱乐消费发展经验来看，人均 GDP 达到 5000 美元时，就会步入成熟的度假旅游经济，休闲需求和消费能力显著增强，人均 GDP 在 10000 至 30000 美元之间是文化娱乐消费增长最快的阶段。根据国家统计局 1 月 19 日公布的经济数据显示，2015 年我国 GDP 总量达 67.67 万亿元，人均约合 8016 美元。全国已有北京、上海、天津等进入人均 GDP "1 万美元俱乐部"，我国正在逐步进入文化娱乐消费最快增长阶段。预计到 2020 年，我国人均 GDP 有望突破 1 万美元，文化娱乐消费的需求将呈现爆发式增长。

在政策和经济环境改善的背景下，文化产业与相关产业融合发展趋势凸显，资本越来越深度介入文化行业。资本的介入推动文化产业发展模式不断走向成熟，促使文化产业更加繁荣。而文化产业的繁荣反过来又吸引更多的资本投入文化领域，形成良性循环。

做投资，首先应该考虑天时，天时永远都是最重要的因素。跟随趋势拥抱趋势才能更好、更快地发展，顺应时代的潮流，抓住历史性机遇，与时代发生共振，成为时代的弄潮儿才是真正的成功。

环顾全球，一些知名企业之所以从小企业不断壮大成巨无霸，都是因为占有极佳的天时。红杉资本的投资哲学是："关注赛道，赛道为王。"赛道指的就是天时。若天时不在了，再优秀的企业管理层，再优秀的商业模式也无法引导公司快速增长，反而公司会因此而减速，甚至衰退，看看曾经的钢铁，煤炭，水泥行业，这些行业都已经是过去式了，当然了，也有一些剩者为王的公司，但是投资这些企业希望有大的投资回报，可能性极低。毫无疑问，宋城演艺目前占足了天时、地利以及人和。

6.3.3　公司的核心竞争优势

（1）经营模式优势：宋城演艺以创意为起点、以演艺为核心、以主题公园为载体，在经营模式上明显区别于传统的演艺企业、旅游企业。宋城演艺的经营模式在一定程度上改变了一般演艺企业没有自有载体、演出成本高、引流成本高、观众更换频率低的现状，克服了传统旅游企业核心竞争力不明显、可复制性不强、盈利能力相对较弱、边际效应不高、服务差异化程度较低的缺点，提高了公司的盈利能力。

（2）创作和设计优势：公司拥有独立完整的规划设计和创作演出团队，是一支具有丰富的创作和设计水平经验的专业自主创造队伍。在对主题公园的规划和设计以及演艺产品编创的过程中，结合自身的创新理念，能够充分挖掘当地文化；同时，在产品运营期间，专业团队能够根据行业和市场的变化，不断融入自身的灵感和原创性的内容，对主题公园及演艺产品进行持续整改，及时获取和融合新鲜元素，使得产品体现出鲜明的特性和较高的文化内涵。创作和设计的优势是公司保持差异化经营和进行持续创新的重要保障。

（3）品牌优势：宋城演艺是中国最大的演艺集团之一，"千古情"以其影响力成为旅游演艺和创意产业的代表性品牌；六间房是中国最大的互联网演艺平台之一。经过长期持续发展，两者在各自领域分别建立起市场地位和品牌地位。两者结合后，市场地位和品牌地位有望得到进一步提升。品牌优势的建立和提升使得公司在项目的持续拓展、资源的持续扩张、人才的持续吸引、市场的持续开拓等方面受益匪浅。

（4）平台优势：线下方面，随着异地项目的持续扩张，公司已经初步建成一个覆盖全国一线旅游休闲目的地的旅游演艺平台，平台每年客流量超过3000万人次；线上方面，六间房拥有超过22万名签约主播，其月活跃用户数已超过4000万。两个千万量级用户平台的相互结合，可形成相互导流、共同发展的态势，为内容、艺人、IP的流转提供了更为广阔的空间。平台优势有助于公司打造具有品牌性、主导性和创新性的、覆盖线上和线下的泛娱乐生态系统。

（5）专业性优势：公司深耕演艺行业多年，对行业发展规律和特点有较强的把握能力，在项目选址、投资把控、演艺创意、创作设计、舞台呈现、服装道具、景区运营、观演体验、日常管理等各个环节上体现出高度的专业性，获得远高于行业平均值的回报。六间房在用户需求把握、行业理解、玩法设计、技术实力等方面高度专业化，从而得以在激烈的市场竞争中生存并不断发展壮大。

（6）现场体验优势：互联网和移动互联网改变了很多传统产业的经营模

式，不少既有行业受到较大的冲击和挑战，但是在满足人们更高层次的精神文化需求方面，始终无法取代通过现场体验参与所获得的充盈和慰藉。在技术不断革新的时代背景下，公司作为文化演艺企业所具备的、突出的现场体验优势正日益彰显。

（7）营销优势：在互联网化、互联网移动化和新媒体崛起的背景下，公司充分发挥创意能力，线下线上联动开展创意营销，制造话题效应，推动媒体自发传播，实现产品和服务在消费者中的低成本广覆盖，为市场拓展和收入增长提供了强有力的保证。

（8）产业链优势公司主业覆盖旅游休闲、现场娱乐、互联网娱乐等，多行业融合程度较高，具有相对较强的抗风险能力。

毫无疑问，公司竞争优势非常突出，而且还在不断拓宽其竞争优势。很显然，文化娱乐行业是一个有门槛的行业，不是任何人都能做的，也不是有资金就可以做出好的文化产品的。这里面离不开突出的企业家精神与管理团队持续不断地创新。只有好的创意，才能打动客户，让客户乖乖把钱掏出来，并不断叫好。

6.3.4　2016 年财务报表分析

1. 资产负债表

截至 2016 年年末，公司总资产 75.67 亿元，负债 10.06 亿元，所有者权益 65.61 亿元，资产负债比为 13.29%，必须要指出的是，公司有息负债仅仅占 5.3%，大部分负债是无息负债，可利用产业链上游资金为己所用。

其实公司完全可以做到零无息负债的，主要是宋城演艺近年来发展迅速，需要大量资金来投资。可以看出，公司在整个产业链上处于强势地位。

此外，公司的资产中有一项占比很高——"商誉"，这笔资产高达 24.17 亿元，这到底是什么呢？仔细研究可以发现，这是宋城在 2015 年收购六间房所支付的资金。若六间房的业绩在未来没有达到预期，这笔商誉存在减值的风险。公司是典型的轻资产企业，存货仅仅只有 400 多万元人民币，货币资金有 10 多亿元，资产负债表非常健康。

2. 利润表

截至 2016 年年末，公司营业收入 26.44 亿元，同比去年增长 56.05%，净增长额为 9.5 亿元；扣除非净利润为 8.87 亿元，同比去年增长 39.85%，增速非常强劲。营业收入的增长高于净利润的增长，可见公司还在努力攻城略地，这一点从公司增加的销售费用也可以看出，销售费用同比增长一倍有余，高达 2.76 亿元。必须要指出的是，公司的净利润率高达 33.5%，同比略有下降。这么高的净利润率足以说明这个行业是有门槛的，这家公司是有竞争优势的。

3. 现金流量表

截至 2016 年年末，公司主营业务收到的净现金 10.3 亿元，远远大于公司净利润 8.87 亿元，可见公司利润的含金量非常高，并非虚构净利润。很多企业虽然利润不少，但是没有从现金流上来体现，这是虚构利润。投资活动产生的净现金为 -12.27 亿元，可见公司还在进一步扩张。

仔细分析研究可以发现，公司 2015 年在澳大利亚进行了一笔大投资为 4 亿澳元，目前资金还处在陆续到位的阶段。筹资活动产生的净现金为 -2.73 亿元，主要是降低了借款额，还了一些长期负债，降低了公司的财务杠杆。

总体而言，宋城演艺的财务报表非常优秀，尤其是公司经营活动产生的净现金流远远大于公司的净利润，这一点足以秒杀 A 股上市的大多数企业，这一点恐怕只有贵州茅台才可以与之相媲美。此外，公司的净利润率也是很高的，说明了这是一家赚钱效率较高的企业。虽然 2015 年进行了大金额的并购，但是公司的 ROE 依然保持在 15%，可见公司为股东赚钱的能力是非常出色的。

6.3.5 股权结构分析

由下表信息可以得知，公司的主要控股股东是公司创始人黄巧灵。根据年报披露的信息，黄巧灵以及一致行动人一起大概共占公司 50% 的股权，可谓绝对控股。只要管理层素质高，绝对控股对于民企来说并不是什么坏事，这有利于公司决策的高效率执行与实施。前十大流通股东里并没有国外的基金或者国内基金财团，说明其价值还未得到知名人士的认可。

股东名称	报告期末持有无限售条件股份数量	股份种类	数量
杭州宋城集团控股有限公司	428 241 808	人民币普通股	428 241 808
黄巧灵	54 637 810	人民币普通股	54 637 810
丽水市山水投资有限公司	28 055 435	人民币普通股	28 055 435
兴业银行股份有限公司——兴全新视野灵活配置定期开放混合型发起式证券投资基金	18 500 000	人民币普通股	18 500 000
季顶天	14 734 600	人民币普通股	14 734 600
深圳中植产投文化投资合伙企业（有限合伙）	13 052 209	人民币普通股	13 052 209
张慧嫔	11 200 000	人民币普通股	11 200 000
全国社保基金四零六组合	10 430 813	人民币普通股	10 430 813
中央汇金资产管理有限责任公司	10 073 926	人民币普通股	10 073 926

以上信息来自 2016 年公司年报。

6.3.6 以董事长为首的管理层分析

黄巧灵，宋城集团董事局主席，宋城演艺董事长，宋城艺术总团团长，"千古情"系列演艺作品总导演、总策划、艺术总监。两度被评为风云浙商、获推动中国城市化进程十大杰出贡献人物、2014 中国文化产业年度人物、首届中国旅游产业杰出贡献奖。这是网络上的见解。那么黄的能力究竟怎样？人品如何呢？

1. 关于能力，请看宋城的战略规划

未来五年是公司实施第五个"五年计划"的重要时期，公司将着眼于"夯实、创新、突破"，全面贯彻落实六个宋城战略，即"演艺宋城、旅游宋城、国际宋城、网红宋城、IP 宋城、科技宋城"，努力在新时期实现新跨越。这个战略我认为是高瞻远瞩的战略，与时俱进，此战略的贯彻实施不仅会把宋城打造成一个国际化科技娱乐平台企业，还会让宋城成为中国第一的"娱乐生态化企业"，生态型企业是当今时代企业成就的顶

峰，一旦成为生态型企业，其盈利能力与竞争优势将是很多企业无法比拟的。

2. 关于人品，请看宋城的员工薪酬与股东价值回报

随着公司的上市，宋城员工的工资水平也在不断提升，员工的凝聚力不断加强，集体荣誉感越来越强，善待员工的企业，员工一定会善待客户，善待客户的企业，其业绩也就越来越好。那些克扣员工待遇的企业是很难有大的发展的。关于股东价值回报，公司刚上市的时候，市值不过 70 亿元左右，如今市值高达 300 亿元，公司随着业绩以及优质外延并购的发展，市值不断得到提升，股东回报非常充足。

此外，黄先生是一个有民族文化情怀的人，有非常好的国际化视野。黄对休闲娱乐方面有很深的认识与造诣，读者若感兴趣，不妨阅读黄先生的著作《休闲时代》以便进行更深层次的认识。是民族的，就是世界的。期待宋城演艺把中国的文化事业推向世界，让世界各国人民共享中国的文化盛宴。

综上所述，宋城演艺是一家非常优秀的企业，具有狼性文化基因，对市场的判断异常敏锐，有极强的市场嗅觉。无论是从财务上看，还是从公司的战略以及管理层的素质上看，宋城演艺无可挑剔。但是，公司的估值一直都是比较高，目前 PE 在 35 倍左右，这是让很多投资者望而却步的。但是 PE 并不是影响投资的唯一决定因素，应该结合公司的发展阶段以及特定的环境而定。个人认为宋城具有良好的成长潜力，其市值将来突破千亿也不是不可能的，值得长期关注。

6.4　保利地产——未来市值能到 5000 亿吗

保利地产是央企，这点与万科不同。从众多地产财报可以发现，万科的财报毫无疑问是优秀的，无论是现金储备还是负债率，抑或公司战略，万科都走上地产公司的前列。即使如此，这也不能忽视保利地产的投资价值。万科自 2016 年被各大土豪举牌后，其估值在短期内提高了不少，但是随着

其业绩的不断提升，高估值逐渐消失，但其估值在地产股中还是算是高的。由于保利也是地产龙头之一，估值比万科低不少，对于投资者来说，这是机遇。

地产股到底应该怎么估值呢？我想这是很多读者关心的问题。在这里我先不谈绝对估值，谈谈相对估值。以后会专门写个专题讨论估值问题。地产股与金融股的商业模式类似，都是依靠高杠杆来赚钱。对于依靠高杠杆来赚钱的企业，其估值主要看 PB，其次看 PE 与公司的软件（战略、管理层等）。

从估值上看，保利地产目前 PB 为 1.29 倍，PE 为 9.28 倍。而万科 PB 为 2.01 倍，PE 为 10.86 倍。保利与万科的市场估值差异主要在 PB 上，近年来万科的 ROE 虽然比保利高出几个百分点，但是其绝对估值却高出几十个百分点。从资产负债比看，保利的资产负债比逐年下降，目前仅为 74% 多一点，而万科的资产负债比为 80%，毫无疑问，万科的财务杠杆系数要稍微高一点，其 ROE 高一点也比较正常。万科的财报是很优秀的，保利当然也不赖，从这一点看，保利的投资价值也是很明显的。从净利润率的角度来看，二者相差不大。但是从 2016 的销售量来看，保利距离万科还是有不小的差距。

从企业战略层面以及管理层的角度看，毫无疑问，万科更胜一筹。但是作为央企的保利，其以宋广菊为领头羊的管理层同样不差，对地产市场以及行业格局的判断也很到位。地产行业已经从以前的高速增长阶段逐步走向低速增长阶段，未来的市场格局是小企业不断被大企业兼并重组，退出市场，行业逐渐走向寡头垄断。毫无疑问，万科过去一直是行业的领头羊，保利也在紧随其后。

目前万科的销售份额仅仅占全国市场的 3.34% 左右，未来各大"诸侯"会不断扩大自己的领地，保利自然不会自甘平庸。根据 2016 年报披露，2016 年保利地产实现销售 2100 亿元，同比增长 36%；全年实现营收 1547.5 亿元，同比增长 25.4%。在中国未来的市场格局中，保利作为全国性大型房企之一，成为未来地产市场的一大"诸侯"的确定性是很高的。

万科 2017 年推出了万亿市值计划，地产市场未来走向寡头垄断格局是大概率事件，万科万亿市值并非一件"难于上青天"的事儿。当前万科的市值是 2280 亿元，而保利地产的市值仅为其一半。万科距离万亿市值还有 5 倍差距。若未来万科真的实现了其万亿市值的目标，个人认为保利地产 5000 亿市值应该不在话下，这还是一个比较保守的估计。此外，保利的分红率目前大概是 3%，随着其市场份额的不断提升，其分红率的提高也是必然事件。

另外不得不提的是，保利地产在 2016 年 9 月推出了宏大的股权激励计划，高管以及中层干部的股权激励价格是 8.72 元，距离当前市场价不过 10% 的差异。为了达成其股权激励，管理层有做好业绩的动力。因此，在 2017、2018 年保利会不断释放其业绩，提振估值，从而会提振股价。毫无疑问，现价买入保利地产是具有一定安全边际的。

中国目前的发展阶段处在城市化浪潮的中后期，地产行业在经济发展中仍然发挥着非常重要的作用。国家屡次调控房价的根本目的还是为了此行业的健康发展，因为地产行业与金融行业类似，是高杠杆行业，一旦泡沫累积过大，其杀伤性非常强，会对经济产生十分不利的影响。因此，地产行业在未来的数年内不会出现大问题，保利地产作为行业的龙头企业之一，应该不会有大问题出现。

综上所述，保利地产的投资价值是十分明显的。个人认为其投资价值比当前的万科要好，万科虽然为行业的领头羊，但是其估值比保利高出不少。必须要指出的是，投资不是今天买入，明天就会有回报。投资赚钱是需要耐心的，耐心属于内在财富的一部分，只有那些有足够丰富内在财富的人，才能聆听到财富的"深情呼声"。

6.5 福耀玻璃——沙漠之花也能绽放异彩

福耀玻璃自 1993 年上市，到目前为止已长达 25 年之久，可以说是上市公司中的"老板凳"了。这家企业自上市以来，总募集资金约为 62 亿元（最大的一笔融资是 2015 年 H 股上市，募集资金近 60 亿元，在此之前的募集资金不足 2 亿元），但公司自上市以来分红高达近 80 亿元，年均分红率为 40%–50%，可谓"现金奶牛"。这还不算什么，若在上市之日持股到今天一直不卖出，资产已经翻了近 65 倍，年均复利高达 19.9%。被称为"股神"的巴菲特的年均复利为 21% 左右，可见，这是一笔堪比"股神"的投资，而且这笔投资还在增长，每年还在继续分红。若当年福耀玻璃上市时以 10 万元入股福耀玻璃，并把分红不断买入公司股票，现在市值 650 亿元，而且每年的分红收益就是当年投资本金数倍有余。看了这些数据，你的心情激动了吗？

以上是简单的投资历史。一个人要想学习投资，学习经商，什么是最好的教材呢？我的答案是上市公司年报。上市公司披露的年报是最好的下海教师，比商学院里面的老师水平高多了，而且很多信息还接地气，与时俱进。福耀玻璃不久前公布了其 2016 年的年报。现在就来简单分析一下这份报表，以供各位读者参考。

6.5.1　公司简介以及 2016 年业绩总体印象

公司的主营业务是为各种交通运输工具提供安全玻璃全解决方案，包括汽车级浮法玻璃、汽车玻璃、机车玻璃相关的设计、生产、销售及服务，公司的经营模式为全球化研发、设计、制造、配送及售后服务，奉行技术领先和快速反应的品牌发展战略，与客户一道同步设计、制造、服务、专注于产业生态链的完善，系统地、专业地、快速地响应客户日新月异的需求，为客户创造价值。福耀是一家社会责任感强烈、安全、环保、正直、共赢的绿色发展型企业。

本报告期内实现营业收入为人民币 1662133.63 万元，比 2015 年同期增长 22.45%；实现归属于上市公司股东的净利润为人民币 314422.73 万元，比 2015 年同期增长了 20.68%，若扣除 2015 年度一次性冲回 2011 至 2014 年度西部大开发所得税税率优惠人民币 11900 万元的影响，则比 2015 年同期增长 26.46%；实现归属于上市公司股东的扣除非经常性损益的净利润人民币 306918.72 万元，比 2015 年同期增长了 17.57%；实现净利润率 18.91%，比 2015 年同期减少 0.30 个百分点；实现基本每股收益人民币 1.25 元，比 2015 年同期增长 13.64%。

公司业绩稳步增长，营业收入与净利润增幅相当，非常稳健。

6.5.2 行业发展前景分析

中国汽车产量由 2010 年的 1826.47 万辆增长至 2016 年的 2811.88 万辆，复合年增长率为 7.46%，同比增长 14.46%，连续八年蝉联全球第一，中国汽车工业从速度发展进入质量发展阶段。从多年来的国际汽车平均增速看，全球汽车工业年平均增速在 3.5%-4.5% 之间相对稳定，但发展中国家的汽车工业增速高于发达国家，它们占全球汽车工业的比重在不断提升，影响在不断加大。

根据 OICA 统计，截至 2014 年的数据，全球汽车保有量为 12.36 亿辆。经济景气，气候变化，道路状况是汽车玻璃售后市场总量的主要影响因素。汽车保有量的稳定增长，频繁出现的极端气候都带来汽车玻璃售后需求的快速增长。

从中长期来看，中国汽车普及率还比较低，截至 2015 年的数据显示，中国每百人汽车拥有量约为 12 辆，全球每百人汽车拥有量约 18 辆，美国每百人汽车拥有量超过 80 辆。随着中国经济的发展，城镇化水平的提高，居民收入的增长，消费能力的提升，以及道路基础设施的改善，将持续为中国汽车市场增长提供驱动力，中国汽车工业及为汽车工业提供配套的行业还有较大的发展空间。

新能源、智能、节能汽车推广，推动经济转型升级；随着应用技术的发展，汽车玻璃朝着环保、节能、智能、集成方向发展，其附加值在不断提升。福耀在本行业技术的领导地位，为公司汽车玻璃销售带来结构性的机会。

综上，福耀玻璃作为汽车产业链中的上游企业，未来会随着汽车行业的稳步增长而增长。无论汽车怎么变革，玻璃始终是需要的，因此，公司的发展前景应该是一片光明的。

6.5.3 公司的竞争优势

（1）福耀是一家有强烈社会责任和使命感的公司，为世界汽车工业当好配角，为世界贡献一片透明、有灵魂的玻璃，赢得了全球汽车厂商、用户、供应商、投资者的信赖。品牌是福耀最核心的竞争力。

（2）福耀培训了一支有激情、热爱玻璃事业、团结进取的并在业界有竞争力的经营、管理、技术、质量、工艺、设计、IT 团队。

（3）福耀规范、透明、国际化的财务体系和基于 ERP 的流程优化系统，为实现数字化、智能化的"工业 4.0"打下坚实基础。

（4）福耀建成了较完善的产业生态，砂矿资源、优质浮法技术、工艺设备研发制造、全球布局的 R&D 中心和供应链网络；独特的人才培训、成才机制，共同形成系统化的产业优势"护城河"。

（5）专业、专注、专心的发展战略能快速响应市场变化和为客户提供有关汽车玻璃的全解决方案。

公司的竞争优势还远不止这些，福耀玻璃在国内市场份额排在第一，全球市场份额排名第二；在全球排名第一的是日本旭硝子公司，这家企业年收入在 400 亿元人民币左右，但是其经营利润远远不如福耀玻璃。随着福耀全球战略的不断实施，以及中国国产汽车品牌的崛起，我个人认为福耀玻璃超越其竞争对手日本旭硝子是指日可待的事情，到时候福耀才是真正是世界玻璃龙头老大，名副其实的玻璃寡头垄断企业。

6.5.4　2016 年财务报表分析

1. 资产负债表

根据年报披露的信息，福耀的资产负债情况如下：

总资产：298.65 亿元；负债：118.27 亿元，所有者权益：180.38 亿元，资产负债比为 39.6%；流动资产：149.68 亿元，流动负债：96.92 亿元，存货：27.85 亿元，流动比率：1.54，速动比率：1.26。由此可见资产负债表非常健康，还债能力很强，只是负债率稍微高了点，用了一些财务杠杆。特别要提出的是公司目前的货币资金数量是足以偿还掉公司所借的短期负债的，至于什么时候还，要看公司的决策是否继续使用高的财务杠杆。

总体来说，福耀玻璃在制造业中的资产负债表是比较优秀的。

2. 利润表

营业收入：166.2 亿元；营业成本：128.25 亿元；营业利润：39.2 亿元；营业收入同比增加 22.5%；扣非净利润 30.69 亿元，同比 2015 年增加 17.57%；净利润率：18.9%，秒杀众多制造业的利润率。众所周知的格力电器，代表中国制造的翘楚企业，其净利润率也不超过 13%。营业收入的增长幅度高于营业利润的增长幅度，这是什么原因呢？主要是管理费用同比增长 27.8%，销售费用同比增长 15.6%，毫无疑问，福耀玻璃给员工涨了工资，目前福耀共有 26100 余名员工，按照这个费用来计算，每年人均工资接近 10 万元，可以说福耀对员工是非常厚道的，远超国内制造业平均工资，是一家非常有责任感的企业。公司产品毛利率非常稳定，在 43% 左右，产品的成本主要受到原材料的影响，人工成本所占的比例不大。若福耀玻璃不给员工涨工资，其利润还会更高，涨工资是双赢，员工更有积极性，稳定性高，跳槽率低。

3. 现金流量表

经营活动产生的现金流量净额：36.37 亿元，大于公司净利润 31.44 亿元，可见利润的含金量高，公司主营业务现金流入充沛，自由现金流多。投资活动产生的现金流量净额：-31.73 亿元，可见公司还在进一步扩张中，投资建厂，为未来的业绩增长做好了准备；筹资活动产生的现金流量净额：4.24 亿元，公司大幅度扩张资金周转有点儿紧张，借钱周转。

特别要指出的是，多年来，福耀玻璃的 ROE 一直都在 20% 以上，近年来加大了融资力度，ROE 有所摊薄。ROE 是一项非常重要的指标，很多投资者优先考虑这个指标做投资决策。

6.5.5　公司股权结构分析

三益发展与福建耀华工业为一致行动人，董事长曹德旺先生以及一致行动人占总股权的 21.83%，可见公司无一股东独大的局面。曹先生的股权因为 H 股的发行而被稀释，福耀玻璃越来越接近于大众化持有企业。注意：前十大股东里面有加拿大年金计划投资委员会出没，说明老外比较看好福耀玻璃，老外一般都是很精明的，特别是这种养老年金投资基金更是如此。

股东名称（全称）	期末持股数量	比例（%）
HKSCC NOMINEES LIMITED	505 580 800	20.15%
三益发展有限公司	390 578 816	15.57%
河仁慈善基金会	290 000 000	11.56%
香港中央结算有限公司	253 991 148	10.12%
TEMASEK FULLERTON ALPHA PTE LTD	38 653 598	1.54%
中国证券金融股份有限公司	34 486 069	1.37%
福建省耀华工业村开发有限公司	34 277 742	1.37%
中央汇金资产管理有限责任公司	24 598 300	0.98%
白水丽	22 570 307	0.90%
加拿大年金计划投资委员会——自有资金	22 441 781	0.89%

以上信息来自 2016 年公司年报。

6.5.6　董事长曹德旺先生

股票投资的本质就是要选对行业，跟对人，投资入股做股东。并不是很多"炒股"朋友所说的那样，"炒股炒成股东"，往往说这句话的人，其实连投资的门都没有入，这些人基本都是赌徒或者投机者，他们之中很少有常胜将军，大多数亏损累累。

公司是人经营的，作为投资者，首先要研究的是公司的董事长，因为董事长是一家企业的灵魂所在，决定了公司发展的方向与战略，民营企业的上市公司更是如此。那么福耀玻璃董事长曹德旺先生究竟是一个什么样的人呢？人品到底怎样呢？

曹德旺是中国民营企业家做慈善事业做得最多的人之一。前十大股东里面的三益企业就是曹先生捐的，作为慈善使用。曹先生本人信仰佛教，认为财富是从布施中来，一个人要想获得更多的财富，最好的办法是舍弃财富，舍弃得越多，回报就越多，这是佛教的财富观。大家可以看到，曹先生不断做慈善，其公司经营的业绩越来越好，个人的口碑越来越好，事业发展更是如日中天。

环顾全球，只要是知名企业，都是国际化运营的、都有广阔的视野与格局。这些公司的产品不仅受到本国人的追捧，而且还受到其他国家的欢迎。福耀玻璃是为数不多的国家化民营企业，公司在海外有多个制造基地，比如俄罗斯、美国。目前福耀玻璃的国际化战略还在进一步实施当中，曹德旺先生已经 72 岁高龄了，依然拼搏在一线，频繁出差海外，可见他的责任心。

作为一家上市公司，福耀玻璃的分红率也是很高的，这同样得益于曹先生。公司每年把净利润的 40%~50% 拿出来分红。而其他众多民企上市公司大多数分红率低，有些干脆只融资不分红，不断毁灭股东价值。而福耀玻璃是一家注重股东文化的企业，分红率高，因此，其市场价值最近几年也在不断上升。

以上从多个维度简要分析了福耀玻璃，毫无疑问，本人是非常看好这家企业的。只要是曹德旺先生仍在领导这家企业，作为福耀玻璃的股东是完全可以放心的。投资其实也是在借力、借势，我相信很多人是没有能力创造福耀玻璃这样的优秀企业的，但是这并不妨碍作为普通百姓的我们成为这家公司的股东。与那些人品好、能力强的企业家为伍，赚钱不就是一个副产品吗？只要有耐心，财富肯定会进入您的口袋。

6.6 富安娜——被遗忘的公司

这家公司的股权目前在二级市场上并不受待见，每天成交量极其低迷，成交额也就 2000 万元人民币左右，换手率很低，当前富安娜的股价在 8.3 元左右，接近股灾两年来的股价低位。

1. 富安娜的基本概况

深圳市富安娜家居用品股份有限公司成立于 1994 年，是一家集研发、设计、生产、营销和物流于一体的综合型家居企业。创立"富安娜""馨而乐""维莎""圣之花""酷奇智"五大主打品牌，并于 2009 年 12 月在深圳股票市场成功上市。

作为国内家居纺织行业上市领军企业，富安娜迄今已发展二十余年。

分别在深圳龙华、江苏常熟、四川南充、湖北阳新以及广东惠东建立五大生产基地。通过行业内较具先见的直营与加盟并行营销体系，已在全国各省、自治区、直辖市开设近两千家专卖店，并且成为全国各大商业系统主力合作品牌。

同时自 2009 年开始启动电商渠道发展战略，通过优质的商品与适中的价格以及品牌良好的吸引力，目前已成为天猫、京东、唯品会等电商平台主力推广品牌。公司一直保持持续稳定的增长，年均保持 20% 以上的复合增长率。截至 2015 年企业整体年销售规模已近 20 亿元，是家纺行业中首屈一指的领军品牌。

2. 富安娜的财务数据分析

净利润情况：自 2011 年到 2016 年，富安娜的净利润稳步增长，从 2.07 亿元增加到 4.39 亿元，6 年时间翻了一倍有余，但是近年来的净利润增速逐步有下滑趋势。

营业收入情况：自 2011 年到 2016 年，富安娜的营业收入也是稳步增长，从 14.53 亿元增加到 23.12 亿元，营收增幅不足一倍，但是净利润增加幅度翻倍，可见公司产品的利润率有所提升，从公司的毛利率来看，毛利率也在逐步攀升，印证了这一观点。

现金流情况：从多年的现金流量表来看，公司的净利润与现金流的净流入额基本持平，少数年份略微低于净利润的绝对值。这也说明了公司面临的竞争激烈，在整个产业价值链上还不具有强大的垄断优势。

净资产收益率情况：多年来公司的 ROE 保持在 15% 以上，个别年份接近 20% 的优秀水平。环顾所有 A 股，ROE 常年能保持在 15% 以上的企业都是不错的企业，可以作为选股的一条基本标准。

负债率情况：公司多年来无有息负债，目前负债比例仅为 20% 左右，均为日常经营负债，无财务成本。可见公司经营非常稳健，杠杆率很低。在杠杆率比较低的情况下保持 15% 以上的 ROE，是不容易的。

净利润率情况：公司多年以来的净利润保持在 19% 左右，个别年份超过这个数，这在家纺企业中是首屈一指的，可见公司产品的差异化水平和竞争力水平。目前公司的净利润率远超竞争对手罗莱生活、梦洁家纺等企业。

3. 公司最新战略

2015年，富安娜公司提出了下一个黄金十年的"二次创业"规划和发展战略，未来目标将要跨越一百亿。为此，富安娜公司依托20多年沉淀下来的人才优势，渠道网络优势、品牌优势、资金优势，紧紧抓住"C2B模式定制家具"集成智慧大家居等新的商业机会，全面启动了整体家居战略。

公司的发展战略毫无疑问是符合时代趋势的，我国正处在消费升级的黄金阶段，私人定制、个性化的产品需求极其旺盛。富安娜的这次转型决定了未来企业的发展高度，可喜的是，目前索菲亚已经在定制家居领域获得巨大成功，富安娜能否有十足的后劲儿呢？需要多加观察。

4. 公司管理层

富安娜的老板是林国芳先生，中国家纺行业协会副会长。林先生的创业经历曲折，历经磨难，体恤下属，为公司员工提供免费借款买房，股权激励让员工增加收入（这点让股东诟病，原因是股权激励的目标太低，激励价格也很低，狼性不足，有二级市场的提款机嫌疑），是一个不错的老板，此外，林先生还经常向社会以个人的名义捐款，积极回馈社会，为人正直，人品比较好。

公司产品艺术感十足，差异化明显，在家纺领域属于中高端知名品牌，这是管理层长年辛苦经营的结果。公司的净利润以及毛利率远超同行，足见管理层的水平。可惜的是，家纺行业是一个极度分散的行业，行业的集中度很难做起来，这一点和餐饮业有点类似。

5. 公司当前估值情况

目前公司股价8.3元左右，PB为2.55倍，PE为16.37倍（静态）。公司在几年前实施了股份回购，回购价格在10.9元左右；2015年公司实施了定向资产管理计划，购买价格在11.5元左右，目前均被套牢。从理论上说8.3元的价格有一定的安全边际。

目前富安娜的估值较低的主要原因是：

（1）公司处于转型期，业务结构在调整，公司的利润业绩表现不够好，市场唾弃。

（2）当前的市场风格主要是在上证 50 指数的白马上，中小盘股活跃度不够，流动性比较差。

投资富安娜的主要风险在于转型失败，而传统产品业务市场又无法进一步扩大，处于进退两难的局面。个人认为这种转型的风险是存在的，但是概率不高。

6.7　乐视网——现金流枯竭的典型

乐视网是我国知名上市公司，也曾经是创业板一度十分热门的公司，短短几年内公司的股价翻了几十倍，让那些长线投资者获得了丰厚的回报，但是近年来乐视网业绩不及预期，股价随之下跌，曾一度赚钱的投资者，被严重套牢。只有极少数投资者能在激流中勇退，获得了丰厚的投资利润，但是大多数人都无法逃离亏损的命运，这是为什么呢？下面和读者一起来分析 2016 年乐视网的财务报表，应该能看出一些问题。

6.7.1　乐视网公司简介

乐视网，2004 年成立于北京，享有国家级高新技术企业资质，致力于打造基于视频产业、内容产业和智能终端的"平台 + 内容 + 终端 + 应用"完整生态系统，被业界称为"乐视模式"。乐视垂直产业链整合业务涵盖互联网视频、影视制作与发行、智能终端、应用市场、电子商务、互联网智能电动汽车等；旗下公司包括乐视网、乐视致新、乐视移动、乐视影业、乐视体育、网酒网、乐视控股等。

6.7.2　行业发展趋势

随着近年来三网融合带动整个文化传媒产业链的发展，同时带动终端的变革，从传统电视单屏时代到 PC 端、机顶盒端、智能电视端、移动端多屏智能时代，扩充了消费者对内容传播媒介的选择空间。网络视频已深入人们生活，成为休闲娱乐的主要方式之一。网络视频因其便捷性与可选择性，不但为观众提供了更多元、更自由的选择方案，也为广告主提供了精准营销的渠道，推动了网络视频行业的蓬勃发展。网络视频的渗透率和黏性正在不断上升，现有用户群体本身的高价值及其导向性将会带动网络视频向其他群体渗透和扩张。

2016 年 11 月 29 日，在国务院发布的《"十三五"国家战略性新兴产业发展规划》中也单独增加了"数字创意产业"章节，并提出到 2020 年数字创意产业及相关行业产值达到 8 万亿元的目标，而网络视频产业属于数字文化创意产业的重要组成部分。乐视网业务横跨文化、科技、互联网三大领域，具有跨界融合的发展基因，在国家支持媒体融合发展、支持数字文化创意产业发展的政策背景下，公司将加速发展。

6.7.3 财务报表分析

1. 资产负债表

就乐视的商业模式而言，要重点关注如下几个财务指标和数据：

（1）应收账款，截至 2016 年年底，乐视的应收账款为 86.8 亿元，而期初仅为 33.5 亿元。其他应收款接近 7 亿元，而期初接近 1.7 亿元。无论是应收账款还是其他应收款，都是以翻倍的速度在增加。应收账款是上市公司最容易"藏污纳垢"的地方，老到的会计做假账往往都喜欢从这里入手，投资者不得不警惕。

（2）固定资产 11.4 亿元，期初为 6.3 亿元，同比接近翻倍，乐视为一家轻资产公司，固定资产为什么会增加这么多，上市公司没有披露，这不符合逻辑。一般来说，轻资产公司是无必要大幅度增加固定资产的。虚增固定资产，也是虚增收入或利润的一种重要手段，投资者同样需要小心谨慎。

（3）短期借款 26 亿元，期初为 17.3 亿元，同比大幅度增加 50%，可想而知，乐视公司是比较差钱的。

（4）应付账款高达 54 亿元，而期初仅为 32.3 亿元，同比激增 67%。理论上说，应付账款越多越好，这说明公司在产业链上处于强势地位，可以占用上游资金来发展自己。但若公司的自身造血功能不足，那么公司很容易就会拖垮供应商，对产业链产生极大不利影响。

2. 利润表

（1）2016 年营业收入 220 亿元，而 2015 年仅为 130 亿元，同比大幅度增加 69%，可谓是一个高速增长，这是一个让投资者感到兴奋的数字。

（2）营业成本 182.3 亿元，而 2015 年为 111.1 亿元，同比增加 64%，营业收入的增加速度高于营业成本的增加速度 5%，说明公司产品的毛利率同比增加，这是一个好现象。

（3）销售费用 23.66 亿元，而 2015 年为 10.4 亿元，同比大幅度增加 227%，销售费用增速大幅度高于营业收入增速，这不是一个好现象，说明公司产品销售起来很困难，销售费用的边际效率在大幅度降低。

（4）管理费用 5.97 亿元，同比为 3 亿元，也接近翻倍的数字，也远远超过营业收入的增速。说明公司在管理成本方面的控制不得力。

（5）财务费用 6.5 亿元，同比为 3.5 亿元，同比增加 85%，同样地，这个数字也大幅超过营业收入的增加速度，说明公司的造血能力有限。

（6）净利润为 5.5 亿元，这是通过扩大少数股东损益得来的，少数股东损益高达 7.7 亿元。少数股东损益是上市公司操纵利润的重要财务指标，因为这一指标不够透明。

3. 现金流量表

（1）经营性现金流净额 −10.68 亿元，而在 2015 年年底其为 8.75 亿元，同比大幅度下滑。公司解释是账期放大造成的。公司的净利润为 5.5 亿元，经营性现金流却是负数，净利润的含金量极低，财报十分难看。

（2）投资性现金流净额为 −96.75 亿元，2015 年同期为 −29.8 亿元，翻了接近 3 倍，说明公司还在大规模、大幅度的对外投资，如此快速的扩张，必然会消耗大量现金。

（3）融资性现金流净额为 94.7 亿元，2015 年同期为 43.7 亿元，也是翻了 1 倍有余的数字，说明公司极度缺钱，进行了大规模的融资，仔细看，这笔融资主要是通过借款的形式表现出来的，借款金额高达 62.9 亿元。

此外，不得不提的是，乐视的研发费用资本化问题，高达 60% 左右，而和同行相比，这一资本化率是严重偏高的，说明公司在计提费用方面采用激进的会计手段，违背了谨慎性原则。

通过以上简要分析，我们能得出什么样的结论呢？

（1）公司应收账款的增加速度严重超过公司营业收入的增加速度，说明公司放宽了信用政策，有提前确认销售收入的嫌疑，报表不实。此外，公司的应收账款很大一部分来自公司的关联企业，这也是同样不能让投资者放心的地方。

（2）公司的营业利润为正数主要是通过少数股东损益的亏损扩大造成的，否则的话，应该是大面积的亏损。三项费用高速增加，均严重超过营业收入的增加速度，说明公司的管理水平不够，对市场的判断不够准确。

（3）经营性现金流净额严重亏损，公司的净利润含金量极低，但公司却在分红，造成公司经营能力强，现金流充裕的假象。真实情况是公司根本没有分红能力，忽悠那些投资小白。

另外，乐视的融资借款，很大一部分是来自公司高管股票质押来的。根据以上分析，读者会发现乐视其实是非常差钱的。但是公司股价在过去几年内一直被爆炒，股价严重高估，一旦股价下跌，公司就会想办法维持股价，因为股价下跌会影响公司的融资水平，进而会影响公司的现金流。若现金流出问题，无论公司的摊子铺得有多大，也是很容易倒闭的。

从本质上讲，乐视是一家炒股公司，这家公司炒作的是自家公司的股票。乐视也是一家通过债务累积起来的理想大厦，一旦现金流出现问题，就会轰然倒塌。

因此，作为一个保守的投资者，无论乐视股价如何上涨，都不敢轻举妄动、盲目买入成为股东的。当前时间已经到了2017年9月，乐视原董事长贾跃亭逃往美国，被广大投资者诟病不已，融创老板孙宏斌成了乐视的接盘侠，投入巨资150亿元。要记得，当初乐视股价高涨的时候，贾跃亭曾经高位套现100亿元，这些都是广大投资者、股东的财富，却大部分流入了其个人的腰包。未来乐视能否力挽狂澜，这不得而知。理性保守的投资者一定会对这样的标的敬而远之。

第 7 章

优质股权的收藏家——顶尖投资模型

一般来说，投资的运作模式只有两种，要么是在跑"接力赛"，要么是在跑"马拉松"。"接力赛"式的投资是指阶段性的持有不同的投资标的，以此来完成投资任务；而"马拉松"式的投资是指长时间段持有极少数的投资标的来达到投资目标。

本章主要内容包括：

➤ 贵州茅台

➤ 双汇发展

➤ 恒瑞医药

➤ 片仔癀

➤ 招商银行

　　"接力赛"式的投资与"马拉松"式的投资孰优孰劣呢？从哲学的角度来思考，后者往往比前者的投资风险更小，收益会更高，当然了，这对投资者的要求也会更高。

　　"股神"巴菲特采用的是马拉松式的投资来获得巨额投资回报的，跑马拉松的关键在于对公司基本面的深入理解并能准确判断企业未来的发展趋势，只有深入理解这一点，才能淡定这么做，否则，一旦出现风吹草动，马拉松长跑就会中断。

　　A股里面的长线大牛股如云南白药、贵州茅台之类，跑马拉松式的投资者的收益无疑是首屈一指的，而大多数股民、投资者勤奋十足，但还是不如早期跑马拉松淡定持有数年的获得投资回报高。

　　"接力赛"的投资问题在于不断更换投资标的，阶段性的（时间不会太长）持有。而每多做一次判断，其出错的概率就会增加，一旦某次错得离谱，投资标的出现黑天鹅，那么投资者就会面临巨大损失，甚至会因此一蹶不振。

　　在投资市场中，几乎每年都会出现这样的投资者，惨死在投资的沙滩上。A股的特色是以一个以散户为主的投资市场，大多数股民持有投资标的时间往往不会超过1年，很多人只持有几个月的时间，更有甚者，持有时间以天计算。

　　如此高频率的交易，往往导致股价的巨额波动，也会增加摩擦成本，造成投资者的亏损。因此，我国A股投资者几乎90%以上都是采用接力赛的投资方式，但是这个接力赛的问题在于更换选手频率过高，从而增加了投资失败的概率。因此，大多数人赔钱是确定性事件。

　　要想达到最终的投资目标，无论是跑接力赛，还是跑马拉松，都是不容易的。总体来说，跑接力赛来完成投资目标更适合人性、顺应人性；而跑马拉松则是逆着人性来操作，对投资选手的要求更严格、更高级。

　　然而，不管是顺着人性投资，还是逆着人性，投资者都应该以"保守"的投资价值观为准绳，这样才能获得可持续的投资收益，避免一夜回到解放前的归零风险。本人认为每个投资者应该尽量多思考做"马拉松"式的投资，因为这是极具战略式的投资方式。在投资领域，战略上的勤奋是远远重要于战术上的频繁交易的。

7.1 贵州茅台

1. 公司简介

中国贵州茅台酒厂（集团）有限责任公司总部位于贵州省北部风光旖旎的赤水河畔茅台镇，平均海拔 423 米，员工 3 万多人，占地面积 10653 亩，建筑面积 350 万平方米。公司拥有全资子公司、控股公司 30 家，并参股 21 家公司，涉足产业领域包括白酒、葡萄酒、证券、银行、保险、物业、科研、旅游、房地产开发等。2016 年，公司营业收入（含税）502.4 亿元，利润总额 251.1 亿元，上缴税金 188 亿元，企业总资产 1396 亿元，出口创汇占全国白酒行业的 72%。税金、人均创利税、人均上缴税金、股票总市值、品牌价值和主导产品的营业收入、利税、利润等指标稳居我国白酒行业榜首。

公司属中国 500 强企业，"贵州茅台"多次入选《财富》杂志最受赞赏的中国公司，连续多年入选全球上市公司《福布斯》排行榜，多次入选"CCTV 最有价值上市公司"，茅台以高达 1285.85 亿元的品牌价值，荣获 2016 年华樽杯大奖，在中国酒企中率先突破千亿元品牌价值大关。

2. 历年财报简析

单位：亿元

年份	营收	同比增长率	净利润	同比增长率	净现金流额	ROE
2006	49.03	24.28%	15.45	33.43%	21.13	25.48%
2007	72.37	47.6%	28.31	83.25%	17.43	34.38%
2008	82.42	13.88%	37.99	34.22%	52.47	33.79%
2009	96.70	17.33%	43.12	13.5%	42.24	29.81%
2010	116.33	20.3%	50.51	17.13%	62.01	27.45%
2011	184.02	58.19%	87.63	74.39%	101.49	35.06%
2012	264.55	43.76%	133.08	51.86%	119.21	38.97%
2013	309.22	16.88%	151.36	13.74%	126.55	35.51%
2014	315.73%	2.11%	153.50	1.41%	126.32	28.73%
2015	334.47	3.82%	155.03	1.00%	174.36	26.23%
2016	401.55	20.06%	167.18	7.84%	167.18	24.44%

自 2006 年到 2016 年，营业收入增幅接近 10 倍，而上市公司的年平均 ROE 超过 25%，这就是典型的 10 年 10 倍股，但是茅台足够优秀，持有 10 年的投资者，其收益越超 10 倍数，还不算分红。茅台近两年净利润增速放缓，盈利逐渐走向平稳，但公司的净现金流一直不俗，常年超过公司的净利润，报表实在，而且公司账上现金非常多，是轻资产运作模式的典型。

3. 长牛基因

茅台股是 A 股第一高价股，也是著名的长牛股，公司的市值自上市以来涨了几十倍有余，远远跑赢了通胀，也跑赢了各大城市的房价涨幅。那么茅台为什么会长期走牛呢？其长期走牛的基因在哪里？这对未来的投资者应该会有比较大的启发。

（1）茅台出身高贵，品牌号召力强，有强大的市场经济专利。

（2）茅台有行业的定价权，价格具有垄断优势。

（3）茅台无替代品，独一无二，存货不会贬值，而且还有升值的可能。

（4）茅台的毛利率高，边际扩张成本极低。

（5）茅台的 ROE 多年维持在 20% 以上，常年累积的复利收益非常高。

（6）茅台的自由现金流异常充裕。

7.2 双汇发展

1. 公司简介

双汇是中国最大的肉类加工基地，农业产业化国家重点龙头企业，总部在河南省漯河市。双汇在全国 18 个省、自治区、直辖市建有 30 多个现代化的肉类加工基地和配套产业，形成了养殖、饲料、屠宰、肉制品加工、新材料包装、冷链物流、连锁商业等完善的产业链，年产销肉类产品 300 多万吨，拥有近百万个销售终端，全国除新疆、西藏外，双汇的产品都可以做到朝发夕至。双汇品牌价值 497 亿元，连续 20 多年居中国肉类行业第一位。

双汇控股母公司——万洲国际（原双汇国际），是全球最大的猪肉食品企业，在 2016《财富》世界 500 强排序中位列 495 位，总部在中国香港。万洲国际业务辐射全球 20 多个国家和地区，拥有中国"双汇"、美国"史密斯菲尔德"等众多备受市场青睐的产品和品牌，双汇牌冷鲜肉、双汇王中王在中国家喻户晓，史密斯菲尔德品牌享誉欧美市场。万洲国际在肉制品、生鲜品和生猪养殖三大领域均排名全球第一，是全球规模最大、布局最广、产业链最完善、最具竞争力的猪肉企业之一。

万洲国际拥有 2 个上市公司，"双汇发展"（000895）深圳上市，"万洲国际"（00288）中国香港上市。"双汇发展"在福布斯"2014 全球最具创新力企业 100 强"位列第 24 位，中国大陆第 1 位。"万洲国际"股票被列入英国富时指数、中国香港恒生综合大型股指数。2016 年万洲国际进入世界 500 强。

2. 历年财报简析

自 2006 年至 2016 年，双汇发展的营业收入增长 3.35 倍，公司的净利润增长 9.41 倍，公司的年均 ROE 高达 25% 左右。在这十多年时间里，双汇发展的股价一涨再涨，也是十分典型的长线大牛股。公司的营业收入增速远远不及公司净利润的增速，说明随着公司市场份额的扩大，其利润率逐步有所提高，也同样说明了公司所在行业刚开始是分散的，竞争十分激励，这一点从公司的净利润率的增长曲线也能发现端倪。

单位：亿元

年份	营收	同比增长率	净利润	同比增长率	净现金流额	ROE
2006	154.31	14.56%	4.68	25.98%	6.97	21.88%
2007	218.45	41.56%	5.62	20.18%	7.69	26.73%
2008	260.10	19.07%	6.99	24.38%	11.18	31.71%
2009	283.51	9%	9.11	30.30%	14.17	34.96%
2010	363.10	29.62%	11.59	19.61%	14.65	31.83%
2011	358.32	3.59%	13.34	15%	10.01	14.86%
2012	397.05	10.81%	28.85	116.25%	45.57	27.93%
2013	449.50	13.21%	38.58	33.72%	38.69	30.44%
2014	456.96	1.66%	40.40	4.71%	47.12	28.60%
2015	446.97	−2.19%	42.56	5.34%	57.66	27.24%
2016	518.45	15.99%	44.05	3.51%	55.46	28.33%

公司的净利润率由原来的 3% 左右逐步提高到 8%，可见该行业赚钱的不易，没有规模优势是无法提高利润率的，但是一旦扩大规模，成为行业的领先龙头企业，就为企业构建了牢不可破的"护城河"，能维持其竞争优势。此外，不得不提的是，公司的净经营性现金流多年都是高于公司净利润的，说明公司盈利真实，现金充裕。因此，公司每年都进行了大量分红，多年来，其分红率高达 8% 以上，是 A 股上市公司里为数不多的现金奶牛企业，为长线投资者带来了丰厚的投资回报。

3. 长牛基因

双汇发展在 A 股上市公司里面以高分红——现金奶牛著称，公司的分红在有些年份一度超过 10%，秒杀各类银行理财产品。不得不提的是，双汇发展也是 A 股里面的优秀成长股和长牛股，十多年来，其股价也涨了几十倍，给长线投资者带来了巨大利好。那么双汇发展的长期走牛的基因在哪里呢？

（1）卓越的品牌，具有强大市场经济专利。

（2）肉制品的寡头垄断企业，具有出色的规模优势和管理层，竞争对手难以超越。

（3）肉制品行业由分散走向集中，公司的利润率逐步提高，增长稳定。

（4）双汇多年的平均 ROE 维持在 25% 左右。

（5）双汇的分红率极高，秒杀各大理财产品。

（6）双汇的自由现金流非常充裕。

7.3　恒瑞医药

1. 公司简介

江苏恒瑞医药股份有限公司是一家从事医药创新和高品质药品研发、生产及推广的医药健康企业，创建于 1970 年，2000 年在上海证券交易所上市，截至 2016 年底，全球共有员工 12000 多人，市值超过千亿元，是国内知名的抗肿瘤药、手术用药和造影剂的供应商，也是国家抗肿瘤药技术创新产学研联盟牵头单位，建有国家靶向药物工程技术研究中心、博士后科研工作站，获得国家重大专项课题 28 项。

在市场竞争的实践中，恒瑞医药坚持以创新为动力，打造核心竞争力。公司每年投入销售额 10% 左右的研发资金，在美国、欧洲、日本和中国多地建有研发中心或分支机构。截至 2016 年底，公司的研发团队已有 2100 多人，其中包括 1300 多名博士、硕士及 100 多名海归人士，有 5 人被列入国家"千人计划"，7 人被列入"江苏省高层次创新创业人才引进计划"。

近年来，公司先后承担了 4 项国家 863 计划重大科技专项项目、12 项国家火炬计划、国家星火计划项目，有 20 项国家重点新产品项目，已有 2 个创新药艾瑞昔布和阿帕替尼获批上市，一批创新药正在临床开发。截至 2017 年 7 月，公司先后申请了 400 余项国内发明专利，100 余项 PCT 申请，其中获得国内发明专利授权 90 件，PCT 授权 130 件。

恒瑞医药本着"诚实守信、质量第一"的经营原则，抗肿瘤药、手术麻醉类用药、特色输液、造影剂市场份额在国内市场名列前茅。目前公司有注射剂、口服制剂和吸入性麻醉剂等多个制剂在欧美日上市，实现了国产注射剂在欧美日市场的规模化销售。

2. 历年财报简析

自 2006 年到 2016 年，恒瑞医药的营业收入增长 7.65 倍，净利润增加 12.5 倍，净利润的增长幅度远远超过其营业收入增长的幅度，说明公司产品的毛利率处在逐步提升的状态，盈利能力逐渐增加，市场竞争力突出。从理论上讲，公司的净利润增加多少倍数，其股价应该也会增加相应倍数，但是，恒瑞医药的股价自 2006 年初到 2016 年末，其股价涨幅超过 32 倍，股价的涨幅远远超过营业收入的涨幅，说明公司的市场预期 PE 得到了提振，市场十分看好恒瑞医药的未来，这是典型的戴维斯双击长线大牛股。从 ROE 角度看，公司多年的平均 ROE 超过 20%，在上市公司里面名列前茅，常年累积的高 ROE，是公司股价长期走牛的重大原因。

单位：亿元

年份	营收	同比增长率	净利润	同比增长率	净现金流额	ROE
2006	14.37	21.82%	2.07	27.85%	2.67	17.59%
2007	19.81	36.41%	4.15	99.51%	2.19	28.23%
2008	23.93	20.80%	4.23	1.97%	1.17	22.87%
2009	30.29	26.60%	6.66	57.4%	4.39	28.61%
2010	37.44	23.61%	7.24	8.78%	3.86	24.45%
2011	45.50	21.53%	8.77	21.05%	5.27	23.11
2012	54.35	19.44%	10.77	22.90%	9.58	22.91%
2013	62.03	14.13%	12.38	14.92%	13.65	21.22%
2014	74.52	20.14%	15.16	22.41%	15.74	21.28%
2015	93.16	25.01%	21.72	43.28%	22.77	24.37%
2016	110.94	19.08%	25.89	19.22%	25.93	23.24%

3. 长牛基因

恒瑞医药是 A 股上市公司里最出色的长线大牛股，我发现恒瑞重仓持有，获得的投资回报并不比茅台逊色。公司的分红回报比较低，这和双汇发展有很大的不同，主要还是商业模式的差异造成的，恒瑞是一家研发型化学药企，公司的产品毛利率和净利润都比较高。那么恒瑞医药的长牛基因到底在哪里呢？

（1）恒瑞处于医药行业，属于朝阳产业，公司研发实力首屈一指，管理层务实低调，踏实肯干。

（2）公司经营的产品门槛高，是智力密集型企业，有宽阔的护城河，随着时间和产品的积累，护城河还在进一步扩宽。远比同类型企业优秀。

（3）公司多年的 ROE 维持在 20% 以上，并且在未来的几年里，看不到 ROE 下降的趋势。

（4）公司业务增速稳健，现金流充裕，财务杠杆极低，能享受较高的市场估值偏好，也就是在同等条件下，比同类型公司的 PE 高。

7.4 片仔癀

1. 公司简介

漳州片仔癀药业股份有限公司，于 1999 年 12 月由原漳州制药厂改制创立，是国家高新技术企业、中华老字号企业。2003 年 6 月，公司股票于上交所上市，股票代码：600436。截至 2017 年 3 月，拥有 29 家控股子公司和 11 家参股公司，职工近 2000 人。

独家生产、具有近 500 年历史的国宝名药、福建三宝——片仔癀，经过半个多世纪的磨砺，在治肝、抗癌、保健等方面独具特色，成为国宝名药、成为品牌、成为经典。其工艺和处方被列入国家"双绝密"，传统制作技艺被列入国家非遗名录，并被列入国家一级中药保护品种，被评为中国中药名牌产品。多年位居中国中医药外贸单出口品种第一位。

"片仔癀"商标被评为"中国驰名商标"，品牌价值荣登"2014、2015 年胡润品牌榜"，蝉联 2015、2016 年中国品牌价值 500 强榜单，入选 2014、2015 年中国最有价值品牌 500 强榜单，并以 89.62 亿元的品牌价值名列 2014 年中国最具价值品牌 500 强榜单的 287 位，位居行业第 9 位。片仔癀药业获得 2015 年上市公司董事会奖。在"2016 年中国品牌价值评价信息发布会"上现场发布的 654 个全国知名品牌的价值中以 248.34 亿元的品牌价值，高居"中华老字号"品牌价值排行榜第三名。

2. 历年财报简析

自 2006 年至 2016 年，公司营业收入从 5.31 亿元增长到 23.09 亿元，增幅 4.34 倍，公司的净利润从 0.8 亿元增长到 5.36 亿元，增幅 6.7 倍。很明显，公司净利润的增长速度是远远超过公司营业收入的增长速度的。必须要指出的是，公司营业收入大幅度增加还来自公司并购了医药流通领域的子公司，否则净利润的增长速度更是让人感到惊讶。这到底是为什么？因为公司产品可以不断提价。每次公司产品发出提价公告，其股价往往会有正面反馈。

单位：亿元

年份	营收	同比增长率	净利润	同比增长率	净现金流额	ROE
2006	5.31	26.67%	0.80	−7.33%	0.51	14.16%
2007	5.93	11.79%	0.95	18.89%	0.60	15.37%
2008	6.50	9.56%	1.41	47.99%	0.13	18.93%
2009	6.95	6.93%	1.30	−7.96%	1.30	17.23%
2010	8.67	24.84%	1.94	49.72%	2.05	22.17%
2011	10.22	17.78%	2.55	31.29%	2.33	22.91%
2012	11.71	14.64%	3.49	36.75%	1.62	27.47%
2013	13.96	19.19%	4.30	23.31%	2.74	21.92%
2014	14.54	4.16%	4.39	2.11%	2.65	16.79%
2015	18.86	29.70%	4.67	6.35%	3.06	15.43%
2016	23.09	22.45%	5.36	14.88%	3.95	16.20%

公司的经营性现金流额与其净利润相比并不出色，这是医药行业的特性决定的，但横向比较还是比较优秀的。不得不提的是，公司多年的平均 ROE 大概是 17%，和恒瑞相比略逊一筹，但公司的股价涨幅却并不差劲，根本原因在于公司的市场估值比 2006 年提高了不少。

3. 长牛基因

作为一家中药老字号企业，享受着国家"双绝密"配方的声誉，股价自公司上市以来涨幅高达几十倍，在 A 股中药板块公司里面属于长线大牛股。公司的长期 ROE 表现并不是特别优秀，片仔癀的长线走牛的基因到底在哪里呢？

（1）片仔癀出身高贵，历史优秀，品牌沉淀时间长，市场经济专利突出。

（2）公司是一家医药消费垄断企业，公司产品无替代品。

（3）公司拥有产品的定价权，可以根据市场情况而提价，是跑赢通胀的利器。

（4）公司的多年 ROE 维持在 17% 左右，虽然并不特别突出，但是由于公司产品的特性，其享受较高的市场估值。

（5）公司经营稳健，业绩持续稳步增长，核心产品毛利率高，管理层有与时俱进的胸怀。

7.5　招商银行

1.　公司简介

招商银行（China Merchants Bank）是中国第一家完全由企业法人持股的股份制商业银行，简称招行，成于 1987 年 4 月 8 日，由香港招商局集团有限公司创办，是中国内地规模第六大的银行。

招商银行总行设在深圳市福田区，2002 年 4 月 9 日，招商银行 A 股在上海证券交易所挂牌上市。2006 年 9 月 8 日，招商银行开始在中国香港公开招股，发行约 22 亿股 H 股，集资 200 亿港元，并在 9 月 22 日于港交所上市。资本净额超过 2900 亿、资产总额超过 4.4 万亿。在中国大陆 110 余个城市设有 113 家分行及 943 家支行，1 家分行级专营机构（信用卡中心），1 家代表处，2330 家自助银行，在中国香港拥有一家分行（香港分行），在美国设有纽约分行和代表处，在新加坡设有新加坡分行，在伦敦设有代表处。此外在中国大陆全资拥有招银金融租赁有限公司，招商基金管理有限公司，持有招商信诺人寿保险有限公司 50% 股权，在中国香港全资拥有永隆银行和招银国际金融有限公司。

招商银行发展目标是成为中国领先的零售银行。1995 年 7 月推出银行卡一卡通，1999 年 9 月启动中国首家网上银行一网通，成为众多企业和电子商务网站广泛使用网上支付工具，在一定程度上促进了中国电子商务的发展。

2.　历年财报简析

自 2006 年至 2016 年，公司营业收入从 247.71 亿元增长到 2090.25 亿元，增幅高达 8.43 倍；而公司的净利润从 67.94 亿元增长到 620.81 亿元，增幅高达 9.13 倍。净利润的增速略高于营业收入的增幅，就银行业的特性来讲，说明公司的管理水平得到了提升，长期取得这样的突出业绩并不容易。

单位：亿元

年份	营收	同比增长率	净利润	同比增长率	净现金流额	ROE
2006	247.71	30.79%	67.94	87.69%	712.2	18.49%
2007	409.58	65.35%	152.43	124.36%	1184.7	24.76%
2008	533.08	35.04%	210.77	38.27%	526.7	27.41%
2009	514.46	−6.98%	182.35	−13.48%	430.9	21.18%
2010	713.77	38.74%	257.69	41.32%	88.9	21.75%
2011	961.57	34.72%	361.29	40.20%	1012.9	24.17%
2012	1133.67	17.90%	452.68	25.31%	249.7	24.78%
2013	1326.04	16.97%	517.43	14.30%	1191.5	23.12%
2014	1658.63	25.08%	559.11	8.06%	2721.7	19.28%
2015	2014.71	21.47%	576.96	3.19%	400.4	17.09%
2016	2090.25	3.75%	620.81	7.60%	−1206.1	16.27%

从 2006 年到 2016 年，中国 GDP 从两位数的增长速度跌至个位数的增长速度，和同行业的其他银行相比，公司营业收入增速并不逊色，保持持续稳健的增长，增速有探底回升之意。多年来，公司的年均 ROE 保持在 18%以上，维持在优秀公司的经营水平上。

3. 牛股基因

从 2006 年到 2016 年，招商银行股价累计涨幅超过 11 倍，年均翻一倍的增速节奏，和贵州茅台相比要逊色不少，但是和 A 股其他上市公司相比，其股价的涨幅速度并不低，也属于长线大牛股。要知道，在我国大多数投资者的投资收益都没有跑赢招商银行。招商银行的牛股基因到底在哪里呢？

（1）银行业在我国属于行政垄断型行业，银行牌照有限，竞争有序，并不激烈。

（2）我国 GDP 多年来稳步增长，银行的业绩和国民经济密切相关，再加上地产行业的蓬勃发展，银行分了很大一杯羹。

（3）招商银行是 A 股银行中最具特色的银行之一，其以零售见长，私人银行客户质量最高，有明确的市场定位，老百姓的口碑好。

（4）招商银行拥有最保守的经营文化和价值观，银行是经营风险和信用的公司，越保守越好，这样才有出现百年老店的可能。

（5）招商银行的常年 ROE 增速优秀，分红率较高。

第 8 章

中国股市的投资模型

───────○────────────────────────────○───────

　　本章介绍多种投资模型，投资模型即用于量化相对投资风险
而建立的风险与回报之间平衡关系的数学模型。

本章主要内容包括：
- ➤　可转债与正股套利模型
- ➤　"逆向投资"模型
- ➤　隐蔽资产模型
- ➤　困境反转模型
- ➤　低估绩优模型
- ➤　资产收藏模型

8.1　可转债与正股套利模型

此模型的套利机制在于利用可转债转股价以及员工持股价作为价格之锚，以可转债存续期与公司业绩增长作为价值准绳来获得低风险的确定性收益。可转债套利模型特征如下：

（1）可转债处在转股末期，倒数 2 年左右。

（2）可转债转股价无大幅下调空间。

（3）员工持股价低于可转债转股价，且员工持股数量大。

（4）公司业绩处在新一轮扩张期，业绩增幅较大。

（5）公司有财务压力促进可转债转股。

8.1.1　公司案例分析：三一重工

三一重工是周期股，很多所谓的伪"价值投资"者会说："不要买周期股，业绩波动太大，不适合投资。"其实，不管是哪个行业都会有合适的投资标的，投资并不限制行业，只要有投资价值，有价值洼地，都值得投资者花时间去深入了解，获得自己该有的那部分财富。对于周期股来说，不适合做超长线，只适合阶段性持有，在行业复苏的拐点买入，在行业业绩出现高涨的时候卖出，一般来说，持有时间一般不超过 2 年。

本节拟从四个方面来介绍当前三一重工的投资价值：三一重工的基本信息；选择三一重工的理由；三一重工买入价格区间；投资三一重工的预期收益。

8.1.2　三一重工的基本信息

三一重工是我国工程机械行业中的著名龙头企业、民营企业，公司的董事长是知名企业家梁稳根。在 2011 年工程机械行业的顶峰时期，三一市值也曾达到历史峰值，梁稳根因此而问鼎中国首富。三一成立于 1989 年，其主业是以"工程"为主题的装备制造业，主导产品为混凝土机械、挖掘机械、起重机械、筑路机械、桩工机械、风电设备、港口机械、石油装备、煤炭设备、精密机床等全系列产品，其中挖掘机械、桩工机械、履带起重机械、移动港口机械、路面机械、煤炭掘进机械为中国主流品牌；混凝土机械为全球品牌。

三一的视野广阔，胸怀世界。其立足湖南，经过多年的发展和积淀，已经成长为一家国际化工程机械企业龙头，充分享用了我国改革开放的经济政策红利。在国内，三一建有北京、长沙、上海、沈阳、昆山、乌鲁木齐六大产业基地。在海外，三一建有印度、美国、德国、巴西四大研发和制造基地。目前，集团业务已覆盖全球 100 多个国家和地区。

三一的核心竞争力如下：

（1）卓越的研发能力与研发团队。

（2）有平台化企业的影子，并逐步由产品型企业向平台化企业转型。

（3）产品毛利率居于行业首位。

（4）极具差异化的营销体系和售后服务。

（5）开放的企业文化，以"品质改变世界"为使命。

（6）挖掘机市场份额国产品牌第一。

8.1.3 选择三一重工的理由

理由一：三一重工是民营企业，也是工程机械行业里的龙头企业，市场应变能力强，经过 5 年的行业洗牌，中小企业逐步退出市场，我国工程机械产品的行业集中度正在不断集中，三一作为行业的龙头企业无疑是受益最大的。从管理的角度来看，行业集中度的提升有利于提高产品的利润率和市场份额，这种情况与多年前的空调行业类似。这是三一业绩提升的重要历史机遇。

理由二：工程机械行业是我国重点支持和发展的行业，代表着中国高端制造业的水平，更是中国高端制造业品牌走向世界的重要名片。如火如荼的"一带一路"倡议会带来海内外庞大的基建需求，从而带动工程机械行业的蓬勃发展，提高了需求方的景气度。三一在多年前就完成了全球化的市场布局，有能力把握时代发展的机遇，扩大市场份额，提升业绩。可以预见在未来 3

年左右，海外市场对工程机械的需求会持续回暖并不断提升。

理由三：作为周期性行业的代表，三一的现金流自 2012 年以来就不断恶化，但是从 2016 年下半年开始，三一的现金流就得到了强有力的恢复。就周期性行业来说，经营性现金流大幅度改善是行业回暖的重要标志。从 2017 年的第一季度财报来看，行业需求回暖已经被证实，一季度三一的净利润高达 7 亿多元，业绩的大幅度提升会让三一的高 PE 变成低 PE，可以吸引投资者的注意力。

理由四：三一积极与军方企业合作，民用技术应用于军工方面，有了实质性的突破和进展，这是三一获得的重大进步。军工方面的订单门槛极高，一旦进入相关合作平台，其业绩的稳定性得到了保障，并能获得垄断性的利润。此外，三一还参与了三湘银行投资、风能投资，这些都是 A 股市场喜欢追逐的概念，尤其是军工概念，一旦市场闻风而动，股价很可能迎来爆发性上涨。

理由五：三一于 2015 年 7 月发布了具有杠杆性的资产管理计划，此计划背后是大量员工和高管持股，持股均价在 7.8 元左右，持股金额近 8 亿元，目前已经被套了近 2 年，公司当前股价在 7.4 元左右，虽然资产管理计划脱离了被爆仓的危险区，但仍然被套，公司有做好业绩的动力，让公司员工解套赚钱，皆大欢喜。

理由六：三一于 2016 年 1 月发行了可转债，发行规模 45 亿元，目前可转债正处于转股期，可转债的转股价在 7.46 元左右，与当前市场价格基本齐平。三一是良心企业，往往喜欢在公司股价处于历史低位的时候推出员工持股计划。于 2016 年 7 月 30 日，三一推出了第一期员工持股计划，员工持股价格在 5.35 元左右，锁定期为一年；此外，行业的景气度不断提升，业绩不断高速增长，可以判定三一下调转股价敦促转股的可能性是极低的，抓住当前机遇，敦促可转债转股是当前的首要任务，这样能让员工赚钱，也能让企业效益最大化，一举多得。

理由七：三一目前布局的产业升级战略符合当前市场的需求与未来市场的变化。公司从一个单一的买产品公司逐步转变为产品＋服务的企业，利用互联网和大数据技术进行产业升级，提高公司产品的附加值，打造一个行业价值链的闭环，提高产品毛利率和利润率，为公司长期业绩的增长做了良好的铺垫。

理由八：无论从毛利率角度看，还是从净利润角度看，三一都居于行业首位，目前市场刚刚回暖，其毛利率从低谷的 25% 已经提高到了 32% 以上。从业绩增速的规模看，这可谓量价齐升的良好局面。工程机械行业是具有周期性惯性的，行业复苏期一般持续 3-5 年，目前刚刚回暖不足一年，未来还会有几年的好日子。

8.1.4　三一重工价格买入区间

鉴于三一重工的资产管理计划价格、员工持股价格、以及可转债转股价格等价格因素，以及行业基本面不断改善的因素，我认为三一重工股价买入区间可在 5.5-7.5 之间，与 2015 年相比，三一的股价已经上涨了 40% 有余，在过去的一年里，在疲软的 A 股市场里，其股价的表现还是算比较出色的。

由于目前三一的业绩持续增长已经被不断上涨的股价证实，未来股价若要继续大幅上涨，还需等待三一的半年报表现，一旦业绩高增长无疑，三一的股价必然会重新走上一个新台阶。2016 年发生的第 4 次股灾，三一的跌幅无疑是低于 A 股里面的平均跌幅的，在熊市里，真正具有业绩增长的股票往往具有抗跌属性。这也是市场有效性的体现。

8.1.5　投资三一的预期收益

若业绩迈入惯性高增长，未来两年三一很可能完成可转债的转股，三一完成可转债转股的条件是 20 个交易日内股价不低于转股价的 130%，也就是 $7.46 \times 1.3 \approx 9.7$ 元。

当前公司股价在 7.4 元左右，持有 1-2 年，保守估计收益在 30% 左右，若公司业绩的高速增长高于市场预期，超过 30% 的可能性也很大，年均复利收益在 15% 以上。虽然三一的股价从底部已经上涨了 40% 左右，但这不是三一不值得买的理由，股价上涨是对公司业绩改善的确定性预期做出了阶段性投票，除了业绩增长外，股价再次大幅度上涨的催化剂还有公司来自可转债的转股压力以及数年前的员工持股计划。

个人认为此项投资风险较小，在低于 7.46 元的价格买入都是具有安全边际的，若股价跌破 6 块，那是重大的投资机遇，越跌越买，赚钱是大概率事件。此外，从长远的角度看，随着三一战略成功转型，其市值突破千亿是大概率事件，这件事可能需要的时间相对较长，但未来已经到来，拼搏的是个人眼光与行动力。

8.2 "逆向投资"模型

"逆向投资"的是一种思维方式，此思维主要是利用市场的不理性而进行投资的。一般来说，优秀公司遇到重大利空时，其股价就会大跌，只要利空信息不是致命的，公司有回旋的余地，那么投资者在一片利空情况下做出投资决策就是可取的。假以时日，公司基本面恢复，股价必然上涨。"逆向投资"模型特征如下：

（1）公司是绩优股。

（2）公司的历史财务报表优秀。

（3）公司遭遇行业困境或者公司短期遭遇重大利空。

（4）公司近期股价跌幅巨大，一般高达 30% 左右。

（5）公司的管理层值得信赖。

8.2.1 公司案例分析：奥瑞金

自 1997 公司成立以来，奥瑞金长期致力于食品饮料金属包装产品的研发、设计、生产和销售，在为客户提供各类食品、饮料、罐头、啤酒、乳制品、调味品等产品的包装制品生产的同时，还可提供包括高科技包装设计、制造及全方位客户服务等一体的综合包装解决方案。

本节拟从四个方面来说明奥瑞金的基本信息；选择奥瑞金的理由；奥瑞金的买入价格区间；奥瑞金的预期收益。

8.2.2 奥瑞金的基本信息

公司主要业务为食品饮料金属包装产品的研发、设计、生产和销售，主要产品为饮料罐和食品罐。公司饮料罐产品的主要客户有红牛、加多宝、旺旺、露露、苏萨、汇源、康之味、青岛啤酒、燕京啤酒、雪花啤酒等知名企业；公司食品罐产品的主要客户有银鹭、达利园、伊利、三元、飞鹤、君乐宝、贝因美、蒙牛、建华香油等知名企业。

公司的核心竞争力如下：

一流的研发实力：公司拥有国内领先的技术研发中心，经人社部和全国博管会批准，公司取得博士后科研站资格。2016 年 11 月，在葡萄牙里斯本召开的 The Canmaker Summit 2016 年度盛会上，公司为客户设计生产的哑铃罐、葫芦罐、70gDRD 二片罐分别获得三片饮料罐银奖、三片食品罐铜奖、二片食品罐银奖。公司的产品设计、研发能力得到国际金属包装行业权威的认可。

优秀的下游客户资源：经过二十余年的发展，公司积累了食品饮料行业的一大批优质客户资源，并与主要核心客户签订战略合作协议，建立长期稳定的战略合作伙伴关系，保障公司业绩可持续增长的态势。目前，公司主要客户均为我国食品饮料领域内具有优势市场地位的知名企业，比如红牛、伊利、健力宝等。

智能包装优势：公司积极应对市场的变化，与时俱进，密切跟进互联网思维以及大数据运营方式，力求通过包装形式与内容创新、以二维码为代表的新技术应用以及大数据应用等方面带动包装产品的功能性拓展，并利用互联网整合多方资源与流量创造价值的能力，提升包装产品的应用理念，带动产业的转型升级。公司在智能包装的优先布局，走在行业的前列，具有十分明显的领先优势。

8.2.3 选择奥瑞金的理由

1. 定性理由

理由一：公司是我国包装行业的龙头企业，极具规模优势和垄断优势。

翻开奥瑞金的发家史，我们会发现其"傍大腿"策略是十分有效的，当年红牛来中国建厂时，奥瑞金还很小，抓住了与红牛的战略合作机遇。随着红牛在中国市场份额的不断提升，奥瑞金也得到了突飞猛进的成长。

现如今，奥瑞金借着红牛的背书信用，不断提升自己，与各大知名品牌合作，俨然成为我国包装行业中的龙头企业，无论是利润率和生产规模，都有明显的领先优势。知名品牌的销售业绩越好，奥瑞金就会从中分一杯羹。

奥瑞金不但具有制造业的规模优势基因，还具有消费垄断型企业的基因，随着市场的进一步延伸以及中国品牌的崛起，以及包装行业的集中度的不断提升，奥瑞金的牛股基因会逐渐壮大。

理由二：奥瑞金占有天时、地利，包装行业有不断升级的趋势，市场前景广阔。

我国是世界上第二大包装大国，2015 年，全国包装企业 25 万余家，包装产业主营业务收入突破 1.8 万亿元，包装市场极度分散，有利于龙头企业攻城略地，提升市场份额。随着我国居民生活水平的日益提高，广大消费者在对产品要求多样化、多变化的同时，对包装的要求也从开始的保存、方便携带、运输等功能向多元化功能发展。

在互联网经济快速发展的浪潮下，环保包装、智能化包装、个性化包装成为新的发展趋势。产品包装将被融入和赋予更多的元素，未来创新性、高端化、智能化的产品包装将具有更强的竞争优势，并为企业带来新的盈利点。

理由三：战略投资布局合理，有利于提高公司持续竞争优势。

奥瑞金近年来参与战略投资中粮包装以及永新股份，完善产业链的上下游投资布局，有利于提高公司的持续竞争优势。公司战略投资中粮包装，占上市公司 25% 的股份；战略投资永新股份，占上市公司股份的 20% 以上。中粮包装与永新股份在包装行业均有特点，奥瑞金的长期投资布局，有利于公司长期业绩的稳定，而且还可以做到强强联合，提高公司在包装行业的话语权。

2. 定量理由

理由一：财务报表稳健，年均增速较快，多年 ROE 维持在优秀水平。

以下是奥瑞金公司 2011-2016 年的财务数据。通过以下数据我们可以得到什么信息呢？公司处于高速成长阶段，营业收入在过去的 6 年里从 28.41 亿元增长到 75.99 亿元，增长 2.67 倍，净利润从 3.17 亿元增长到 11.54 亿元，增长 3.64 倍。很显然，公司营业收入的增速是低于公司净利润的增速，说明公司产品的毛利率在营业收入增加的同时也在快速提升。

单位：亿元

年份	营收	同比增长率	净利润	同比增长率	ROE
2011	28.41	44.71%	3.17	34.17%	37.17%
2012	35.06	23.43%	4.05	27.65%	25.46%
2013	46.68	30.25%	6.15	51.53%	19.79%
2014	54.55	16.84%	8.09	31.53%	22.57%
2015	66.62	22.14%	10.17	25.71%	25.51%
2016	75.99	14.05%	11.54	13.43%	24.55%

再来看看公司的 ROE 水平，公司在过去的 6 年里，年均 ROE 在 20% 以上，这是非常优秀的股东回报率，ROE 能够持续 5 年以上 20% 的公司都是非常不简单的公司，说明公司具有牛股基因。

理由二：公司分红率高，回馈股东大方。

公司的 ROE 高回报主要来自于其使用了较高的财务杠杆率以及公司产品周转率的提高。根据公司股东章程，每年公司的分红回报率不低于净利润的 20%。在过去的几年里，公司的分红一直都很大方，年均分红率高达 50% 左右。

高分红率主要说明了两个问题：第一，公司的现金流没有问题；第二：公司重视股东回报。另外，公司的高分红率也和公司的商业模式有关，高分红率有利于提高公司的 ROE。

就投资而言，分红率的高低也是选择一家公司进行长线投资的金标准。

理由三：近期受到红牛官司利空，股价大跌，上市公司高管大笔增持。

自 2017 年上半年以来，公司的经营遇到重大利空，主要原因是中国红牛公司与泰方就产品的专利权出现了矛盾，从而间接影响奥瑞金与中国红牛公司的合作。从奥瑞金的营业收入构成来看，红牛的营收构成很高，在 50% 以上。若红牛放弃与奥瑞金合作，那么这势必给公司带来致命的打击。

目前该诉讼还在进行中，公司的股价在二级市场上应声下跌，跌幅惨重，从9元每股跌到现在的6.8元每股。基于此，为了提振市场信心，公司高管以及上市公司大股东自5月份以来在二级市场上大笔增持了公司股份，个人投资金额在百万元以上，人均持股成本6.5元左右。

营业收入比较集中是公司的一大经营风险，公司的高管当然清楚这一点，从当前的形势看，红牛的发展还是离不开奥瑞金的支持，而且两家公司的关系一直都非常紧密，当前泰方的诉讼最终大概率会以比较平和的方式结束。

8.2.4 奥瑞金的买入价格区间

从行业的特性来看，奥瑞金属于普通制造业，但从奥瑞金的重大客户来看，奥瑞金实际上一家品牌消费类企业，其经营特点理论上和消费品差不多。因此，奥瑞金属于弱周期行业的公司，对于弱周期行业中的企业，其适合用PE来估值，一般来说，PE在15~20倍都是合理范围。

当前公司的估值水平如下：PB为2.79倍，PE为18.26倍，2017年受到红牛公司的利空影响，ROE在15%左右。目前公司还有好几个大项目在紧密投产中，给未来的业绩增长做好了铺垫。因此，当前估值属于合理水平，若非公司出现坏消息，当前估值属于低估水平。

基于以上的分析和判断，个人认为奥瑞金目前遇到的利空是短期利空，是暂时的，一旦利空消失，公司业绩再次恢复高速增长状态，其估值水平必然大幅度提振，好公司遇到利空消息往往是买入的好时机，因此，当前可买入的价格区间为6~6.9元，越低越好，与高管持股成本相差无几是比较理想的。

8.2.5 投资奥瑞金的预期收益

奥瑞金本来属于成长型的公司，由于公司受到暂时利空的影响，增速下降，利润下滑，似乎世界末日就要来临。若投资者能放宽自己的视野，从产业链的角度以及市场空间的容量维度去思考，就会发现，奥瑞金未来依然会有良好的发展空间。

理论上讲，一家公司的ROE越高，成长性越好，管理层水平不错，那么这家公司就是值得投资的，只要投资买入价不是高得离谱，投资者也能获得相对不俗的投资收益。奥瑞金在过去有出色的 ROE 水平，2017 年由于短暂的市场利空，ROE 下降。从历史上看，优秀公司遇到利空消息，这往往是比较出色的投资时机。

若投资者在 6.7 元的价格买入奥瑞金，假以时日，利空消息消失，公司经营回到正轨，重新恢复高速增长的状态，那么其估值 PE 就会提高，另外公司的 ROE 也会提升，投资者的投资回报应该不低于公司的 ROE 水平，也就是至少 15% 的年均收益率。总而言之，当下的奥瑞金是值得投资的，长线投资亦可。

8.3　隐蔽资产模型

"隐蔽资产"主要是指上市公司的长期股权投资资产价值不容易被市场发现的资产。要想充分了解这一资产，这需要投资者耐心，细致地去分析公司的战略投资结构。上市公司的市值往往和"隐蔽资产"有一定的价值差，利用这一价值差，找到投资的安全价格，就能在风险较低的情况下稳定获利。

"隐蔽资产"模型特征如下：

（1）公司历史业绩比较优秀，管理层值得信赖。

（2）公司长期股权投资较多，属于战略投资。

（3）公司长期股权投资标的的市值没有反映在公司股价上。

（4）公司长期股权投资大多数属于上市公司，其估值可以测算。

（5）公司净资产加上长期股权投资的资产价格大于公司市值。

8.3.1　公司案例分析：辽宁成大

辽宁成大原本是一家国有控股企业，但随着企业的多元化发展，国有持股比例逐年下降，现在国资委持股占比不足 12%，其他股东均为大众个人股东以及企业法人股东。因此，辽宁成大没有控股股东。辽宁成大的业务主要有如下几大版块：生物制药；商贸流通；能源开发；金融投资。

本节拟从四个方面来说明辽宁成大的基本信息；选择辽宁成大的理由；

辽宁成大的买入价格区间；投资辽宁成大的预期收益。

8.3.2 辽宁成大的基本信息

从目前的情况来看，生物制药板块和金融投资板块属于辽宁成大的核心优质资产，这两大板块贡献了 80% 以上的利润，其中生物制药板块是辽宁成大自己控股的，金融投资板块属于战略投资，参股比例比较高，在下属企业里属于重大股东。

商贸流通板块主要涵盖两方面业务：医药流通和传统贸易，其中医药流通板块做得比较出色，营业收入高达 30 多个亿，但是净利润不足亿元；传统贸易板块也是公司最初的主要业务，但近年来由于行业周期下行，几乎没有为公司创造什么利润了，有时候还会出现亏损。能源开发板块主要投资了页岩油业务，这项资产由于油价比较低迷而处于亏损状态，也属于战略投资的一部分。

公司的核心竞争力主要体现在：

（1）生物制药领域，在狂犬病疫苗细分市场处于垄断地位，市场份额超过 50%。

（2）金融投资能力强，旗下金融资产主要是广发证券和中华保险，其中广发证券公司持股 16.4%，中华保险公司持股 19.99%；广发证券是我国优质证券企业，投资银行业务做得十分出色。

（3）东北市场的医药流通领域处于垄断地位，营业网点超过千家，并介入了医药电商领域，有明显的渠道竞争优势。

辽宁成大当前的估值情况：股价 18.5 元左右，PE 为 30.4 倍，PB 为 1.48 倍，总市值大概 288 亿元。

8.3.3 选择辽宁成大的理由

理由一：辽宁成大是优质生物医药影子股。成大生物属于辽宁成大控股的优质资产，行业有门槛，生物医药未来前景看好，有巨大的成长空间。成大生物目前在新三板上市，上市市值达 60.5 亿元，PB 为 2.59 倍，PE 为 13.24 倍，公司多年净利润率为 44% 以上，负债几乎为 0，毛利率高达

85%。成大生物未来会转板，到中小板或创业板上市。新三板受制于流动性的影响，公司估值较低，成功转板后，按照当前生物医药的市场估值，其 PE 翻倍的概率高。辽宁成大持股成大生物 60.5%，持有的间接市值为 36.6 亿元。

理由二：辽宁成大是优质券商影子股。广发证券属于辽宁成大战略投资的优质券商。在证券行业，广发证券的盈利水平排名前 5，盈利能力优秀，净利润率高达 40% 以上，公司发展潜力大。当前广发证券的股价在 17.5 元左右，公司市值为 1330 亿元，PB 为 1.68 倍。辽宁成大持股广发证券 16.4%，间接持有市值为 218 亿元。很显然，辽宁成大是券商影子股，在牛市时，其股价弹性会更高。当前证券股估值并不高，属于历史低位，证券股本身也是值得布局投资的。

理由三：辽宁成大是具有广阔发展空间的保险影子股。中华保险同样也属于辽宁成大战略投资的保险公司。中华保险在保险行业知名度并不高，其经营业绩情况如下：截至 2016 年 12 月 31 日，公司总资产 643.07 亿元，净资产 155.43 亿元，净利润 8.52 亿元，营业收入 385.46 亿元，综合偿付能力充足率 308.89%，核心偿付能力充足率 225.24%。辽宁成大持股中华保险 19.99%，由于中华保险是非上市公司，按照净资产账面估值来计算，辽宁成大持股市值为 31.07 亿元。中华保险属于国有控股企业，未来上市的概率高，一旦上市，其资产又有重估的机会。

理由四：辽宁成大是医药连锁公司的影子股。成大方圆在医药流通领域全国排名前十，2016 年营收 30.7 亿元，净利润在 6000 多万元，公司净资产在 8 亿元左右，其主要市场在东北、华北、华东地区。医药连锁行业竞争激烈，利润率低下，但其作为销售渠道的价值也是不容忽略的。辽宁成大 100% 持股成大方圆，非上市公司按照净资产来估值，其持有市值达 8 亿元。

理由五：此公司属于史玉柱先生的战略持股，持股比例 4.25%。跟随知名企业家投资，能少走一些弯路。史玉柱主要看好辽宁成大的金融布局、生物医药以及页岩油三大板块。当前前两大板块都属于辽宁成大的优质资产，而页岩油板块受到行业下滑的影响，近年来出现了亏损，公司盈利主要靠前两大板块。页岩油行业属于典型的周期性行业，油价也在逐步触底回升，一旦达到盈亏平衡点，未来业绩爆发力强。

理由六：辽宁成大受到特华投资的青睐，持股均价在 19 元左右。特华投资控股有限公司是一家以金融投资、财务顾问、金融理论研究和服务为主业的民营企业。这家公司行事低调，但其背景深厚、历史投资业绩稳健出色。特华持股比例为 4.99%，属于财务战略投资，其长线看好辽宁成大的发展。

理由七：辽宁成大持股子公司市值超过当前公司市值，价值明显低估：成大生物 36.6 亿元，广发证券 218 亿元，中华保险 31 亿元，成大方圆 8 亿元，合计 293.6 亿元。此外辽宁成大还有周期性资产（贸易公司资产以及页岩油资产）高达 10 亿元未计算，受到供给侧改革的影响，这次周期性资产的业绩应比去年好得多，资产有价值重估的机遇。因此，保守估计，辽宁成大的净资产至少在 300 亿元以上。

8.3.4　辽宁成大的买入价格区间

特化投资的成本在 19 元左右，公司近期定向增发价格在 16.82 元左右，辽宁成大的实际账面资产至少值 300 亿元，按照 15.3 亿股股本计算，每股账面价值约为 19.6 元。因此，在 19.6 元以下买入是具有安全边际的。可买入价格区间在 16-19.6 元之间，越低越好。当前辽宁成大是一家综合性控股集团公司，适宜用财务指标 PB 来估值，当前 PB 为 1.48 倍，偏低估，具有投资价值。

8.3.5　投资辽宁成大的预期收益

2017 年是周期股价值大幅度反转的一年，辽宁成大在 2017 年一季度的净利润为 6.95 亿元，全年公司净利润在 24 亿元左右，2016 年公司净利润不足 10 亿元，业绩如此高速增长，市场势必会提振公司的估值。届时按照 15%PE 的保守估值来计算，公司市值应高达 360 亿元以上，而当前公司市值仅仅为 288 亿元。

360 亿元的市值，对应的股价应为 23.5 元，若投资者以 18.5 元价格入股买入此项资产，持有一年左右其投资收益应为：（23.5-18.5)/18.5×100%=27%。

只要耐心等待，持有一年的投资收益（很可能无须一年）就能高达 27%
以上，这也是一笔非常不错的投资。根据周期股的一般运行规律，其业绩提
振往往会持续两年以上，这是有惯性的。个人认为，若业绩严重超出预期，
持股两年的时间，年化投资收益在 30% 以上都是有可能的。

总而言之，辽宁成大在当前的估值下是有投资价值的，读者朋友们请独
立思考，耐心求证。本人认为此项投资的风险可控，风险较小，获胜的概率
比较高，而且赔率也比较可观。能否抓住机遇，要看各位读者的理解与行动
力了。

8.4 困境反转模型

困境反转类型的公司指的是该公司在历史期间遇到过重大挫折，公司的
业绩大幅度下滑，甚至亏损，但随着利空的阴霾逐渐过去，公司通过各种手
段逐步改善公司的基本面，提高公司的造血能力，使得公司的前景逐渐明朗，
业绩也在逐渐改善。"困境反转"公司模型的特征如下：

（1）行业周期在复苏，公司业绩有望快速爆发性增长。

（2）公司是行业龙头型企业。

（3）公司的 ROE 由历史低位逐渐回升。

（4）公司的经营性现金流在改善，并有持续增长的趋势。

（5）公司的 PB 比较低，一般在 2 倍以下。

8.4.1 公司案例分析：闰土股份

闰土股份有限公司创建于 1986 年，是一家专业生产和经营分散、活性、
直接、混纺、阳离子、还原等系列染料及化工中间体、纺织印染助剂、保险粉、
硫酸、氯碱、双氧水的大型股份制企业，系国家重点高新技术企业，中国染
料工业协会副理事长单位，中国制造业企业 500 强，全国民营企业 500 强。

本节拟从 4 个方面来说明闰土股份基本信息；选择闰土股份的理由；闰
土股份的买入价格区间；闰土股份的预期收益。

8.4.2 闰土股份的基本信息

公司建有国际上先进的封闭式、自动化染料生产流水线，年生产染料能力 15 万吨以上，其中分散染料年产 10 万吨、活性染料年产 3 万吨、助剂年产 9000 吨、直接混纺染料年产 5000 吨、阳离子染料年产 4000 吨；离子膜烧碱 16 万吨及其配套生产双氧水 9 万吨，是全球大型染料生产基地之一。

闰土股份的核心竞争力如下：

知名品牌优势：公司是染料行业内较早拥有 2 个驰名商标的染料企业，"闰土"商标、"瑞华素"商标被国家工商行政管理总局认定为"中国驰名商标"。"闰土"牌分散染料、活性染料为浙江名牌产品，"闰土"商号为浙江省知名商号，"闰土"品牌被评为浙江省出口名牌。

生产规模优势：公司染料年总产能在 16 万吨以上，其中分散染料产能 11 万吨，活性染料产能 4 万吨，其他染料 1 万吨，产品销售市场占有率继续稳居国内染料市场份额第二位。公司规模化的优势，降低了产品单位成本，并推进了企业的资源综合利用。

完整产业链优势：目前公司染料产业体系已形成了从热电、蒸汽、氯气、烧碱到中间体、滤饼、染料等完善的产业链，这在国内染料企业中独树一帜。

循环经济优势：在规模效应下，公司已经实现了母公司及控股子公司内的资源综合互补利用。公司在染料生产过程中，循环利用中浓度废硫酸、醋酸、溴等资源，一方面减少排放，另一方面变废为宝，节约资源，增加经济效益。被列入 2015 年度浙江省重点技术改造项目的"绿色安全改造项目"充分体现了绿色循环经济特点，其内部各个子项目之间的关联度极高，一个项目的副产品成了另一个项目生产的原料，是公司节能减排、循环经济、资源综合利用的重要实践。

8.4.3 选择闰土股份的理由

理由一：公司是印染行业的龙头企业。作为印染行业的龙头企业之一，公司在行业内有充分的话语权，并有产品价格的影响力。公司生产规模巨大，有极大的规模经济优势，作为传统化工产品的生产商，只有形成足够的规模，才能不断降低成本，提高资源的利用效率。

理由二：印染行业的集中度在不断提高。近年来，我国环保政策日趋严格，淘汰落后产能、污染大的企业是社会发展的必然趋势。公司作为行业龙头企业，资金实力强大，环保投入也在不断加大。环保资金的投入成为该行业的另一个巨大的"护城河"，很多小企业由于无力投入环保资金，导致竞争力下降，被大厂兼并重组是必然趋势。随着行业的集中度未来不断提高，公司的市场份额会逐渐提高，利润率也会逐步提升。

理由三：自 2017 年以来，染料价格的首次上涨主要是受九江之江和上虞一化工企业爆炸影响，原材料因此供不应求。再加上环保日趋严格等因素，小印染料厂逐步退出市场，市场供给在减少，进一步导致了产品价格提高的压力。因此，2017 年闰土股份的产品价格比 2016 年比提高了不少，产品的毛利率在提高，净利润也将提高。

理由四：公司的财务报表稳健，相较同行负债率低，ROE 有拐点触底趋势。

从过去的几年财务报表我们可以发现，公司的经营是呈现波动性的，公司的营业收入在 2014 年达到顶峰，然后回落触底，有探底回升的趋势。在过去的 6 年里，公司的平均 ROE 在 14% 左右，在上市公司里，这个收益水平属于中等。在 2017 年，公司的经营业绩大幅度提升，ROE 也处在拐点向上趋势。

单位：亿元

年份	营收	同比增长率	净利润	同比增长率	ROE
2011	30.66	32.30%	4.69	20.27%	12.54%
2012	35.47	15.86%	3.04	−35.03%	7.63%
2013	48.01	35.36%	8.24	172.30%	18.83%
2014	53.54	11.32%	12.87	56.18%	24.75%
2015	45.22	−15.40%	7.34	−42.97%	12.60%
2016	43.53	−3.73%	6.60	−10.40%	10.76%

公司的毛利率受到下游产业链的影响明显，在 2014 年公司的毛利率达

到顶峰，高达 43.18%，随后回落，这两年维持在 30% 左右的水平。在 2017 年，由于供求格局的转变，公司产品提价，毛利率在提高，公司的经营迎来了量价齐升的良好局面，经营困境的雾霾逐渐消失。

此外，不得不提的是，公司的负债率长期维持在低位，自 2010 年上市以来，公司的负债率维持在 20% 左右的水平，有息负债比例非常低，大多数属于经营负债，近两年行业在调整，低负债率增加了公司业绩弹性。稳健的经营方式，是聪明投资者一贯推崇的。

理由五：公司的分红率一贯大方，积极回馈股东。

从历年的财务报表来看，公司的经营性现金流在大多数年份都是非常充裕的，其经营性现金流净额都高于公司的净利润，因此，公司的业绩往往是比较真实的。

公司的大股东大多数是自然人个体股东，持股比较分散。上市公司回馈股东的方式主要有两种，其一是做好公司业绩，提振公司股价，其二是扩大公司的分红，让长线股东受益。

公司自上市以来，每年的分红比例高达 30% 以上，年年如此。在经营业绩比较好的年份，其分红率高达 50% 以上，这一点在众多上市公司里是做得比较优秀的。

2017 年，公司的业绩探底回升，预计全年净利润在 8.6 亿元，按照历史的分红比例，每股分红应该在 0.4-0.5 元之间，当前股价不足 16 元，股息率为 2.5% 以上，超过了银行定期存款利率，这也是相当不错的。

理由六：公司的大股东在积极增持股份，志在长远。

公司董事长大股东阮静波 2017 年大量增持了上市公司的股份，持股均价在 17 元以上，投入金额高达数千万元。当前公司股价处于市场下跌周期里，股价一度跌破了 16.5 元，以当前价格买入，应有一定的安全边际。

8.4.4　闰土股份的买入价格

闰土股份属于传统制造行业里的印染业，这个行业属于高能耗、高污染行业，但是它却是纺织品的上游产业链上不可缺少的关键一环。纺织行业竞争激烈，产品的差异化不明显，此行业应该如何估值呢？应该综合考虑 PB 和

PE 以及 ROE 三个相对财务参数。

当前公司的股价为 16 元左右，PB 为 1.83 倍，PE 为 15 倍，2017 年全年的 ROE 应该在 13% 左右，随着行业格局的转变，以及公司产品提价的因素，未来 ROE 有进一步提高的可能性。因此，当前价格是合理低估的，考虑到高管的增持价格因素，闰土股份的买入价格在 15–17 元之间，越低安全边际越足。

8.4.5　投资闰土股份的预期收益

就困境反转的公司而言，其投资收益往往具有极大的弹性，因为其业绩的转变是具有弹性的。一个投资标的持有一年以上的时间，若其潜在的收益率低于 15%，那么这个标的就不是理想的投资标的。

随着闰土股份的业绩不断释放，困境的雾霾逐步消失，若投资者以 16 元每股的价格买入闰土股份，其年化投资收益率在 15% 以上应该是没有什么问题的。从历史上看，每次闰土股份业绩的飙涨都带来了股价的大幅度提升。

根据 2017 年年报的预测业绩，闰土股份的年度净利润预计在 9 亿元左右，若市场给出 20 倍 PE 的估值，公司的市值应为 180 亿元，对应每股股价为 23.46 元，这对于当前以 16 元的买入价来说其收益是非常可观的。

8.5　低估绩优模型

低估绩优股往往是那些公司市值较大，业绩优秀，但由于受到行业的大环境或自身公司问题的影响，其当前的成长性比较低，但也能把当前的业绩维持在合理的水平。市值大、成长性低的公司往往不受到市场的待见，因此，其 PE 是比较低的。"低估绩优"模型的特征：

（1）公司属于行业领先、龙头型企业。

（2）公司具有稳定的经营业绩历史。

（3）公司的管理层值得信任。

（4）公司多年的平均 ROE 在 15% 以上。

（5）公司的分红率较高，股息率高于银行定期存款利率，一般在 3% 以上，越高越好。

8.5.1　公司案例分析：民生银行

民生银行成立于 1996 年，于 2000 年上市，是中国大陆第一家由民间资本设立的全国性商业银行，成立于 1996 年 1 月 12 日。主要大股东包括刘永好的新希望集团，张宏伟的东方集团，卢志强的中国泛海控股集团，王玉贵代表的中国船东互保协会，中国人寿保险股份公司，史玉柱等。民生银行的股权相当分散，从严格意义上讲，没有控股股东。

本节拟从四个方面来说明民生银行的基本信息；选择民生银行的理由；民生银行的买入价格区间；投资民生银行的预期收益。

8.5.2　民生银行的基本信息

公司自上市以来，业务发展迅速，业绩有明显的提升。2001 年公司营业收入仅为 51 亿元，净利润 6.46 亿元，到 2016 年年底，公司的营业收入为 1552 亿元，净利润为 478.43 亿元。在过去的 16 年里，营业收入增加了 30 多倍，营业利润增加了 74 倍，是了不起的成长股。公司抓住了中国经济发展的黄金时期的红利，在业内以"管理机制灵活、效率高、创新能力强"著称。

公司的发展战略如下：

民生银行致力于成为一家"具有鲜明特色及全球竞争力的跨界互联、聪惠共赢、平台型现代金融服务集团"，致力于成为中国金融市场具有核心竞争力、可持续发展的标杆性银行，秉承"持续创新的银行，追求卓越的银行，全球布局的银行，聪惠共赢的银行"四大发展理念，构建"融资＋融智＋融商＋网融"四轮驱动业务新模式，加快打造数字化、专业化、综合化、国际化的新版民生银行，打造基业长青的"百年民生"。

民生银行将坚持资产负债管理的引领作用，形成公司金融、零售金融、金融市场、网络金融、综合化经营、国际化发展的六大板块业务格局，构建"战略性大资产负债管理"模式，引领全行业务稳健发展；做强公司金融，优化客户结构，强化客户分层分类管理，优化行业和区域投向布局，抢抓投资银行和交易银行业务机会，提升公司业务专业化能力；做大零售金融，建立协同发展机制，构建新型"大零售体系"，打造金融生态体系，全面提升渠道效能；做优金融市场，打造一流的跨市场、跨行业、跨境的金融市场综合服务平台，加快向轻型银行转型；做亮网络金融，建设"E 民生"，打造"I 民生"，推进"民生 +"，加快构建垂直化传统业务和水平化新兴业务相结合的"民生网融生态圈"；做好综合化经营，顺应发展趋势，补充关键牌照，打造"集团军作战"综合金融服务平台，把"一个民生"战略推向纵深；聚焦"跟随战略"，加快国际化步伐，全面提升全球竞争力；打造特色分行，构建区域核心竞争力；构建融智业务线，形成差异化新型竞争力；做实风险管理，完善全面风险管理体系，坚守风险底线。

8.5.3 选择民生银行的理由

理由一：民生银行是一家民营制银行。

相较于国有企业来讲，民营企业其制度更灵活，决策效率更高，能够及时应对市场的变化。在我国上市公司里，99.9% 的银行都是国有企业，国有资产持股比例绝对值是非常高的，只有民生银行是民营企业。俗话说，穷人家的孩子早当家，民生银行是民营资本构建起来的银行，要想和国有银行分一杯羹，必须要更加努力和勤奋，才能给股东创造出更多价值和回报。实际上，民生银行做得很不错，在全国性银行里面占有一席之地，其品牌影响力也在逐渐扩大。

理由二：民生银行的股权分散、管理机制灵活、创新能力强。

截至 2017 年 9 月底，民生银行的前十大股东明细如下：

股东总数（户）				395 946		
前十名股东持股情况						
股东名称 （全称）	期末持股数量	比例 （%）	持有有限售条件股份数量	质押或冻结情况		股东性质
				股份状态	数量	
香港中央结算（代理人）有限公司	6 899 065 890	18.91	—	未知	—	其他
安邦人寿保险股份有限公司—稳健型投资组合	2 369 416 768	6.49	—	无	—	境内非国有法人
中国证券金融股份有限公司	1 820 370 063	4.99	—	无	—	境内非国有法人
中国泛海控股集团有限公司	1 682 652 182	4.61	—	质押	1 679 652 182	境内非国有法人
安邦财产保险股份有限公司—传统产品	1 665 225 632	4.56	—	无		境内非国有法人
安邦保险集团股份有限公司—传统保险产品	1 639 344 938	4.49	—	无	—	境内非国有法人
新希望六和投资有限公司	1 523 606 135	4.18	—	质押	87 402 000	境内非国有法人
上海健特生命科技有限公司	1 149 732 989	3.15	—	质押	1 149 732 989	境内非国有法人
中国船东互保协会	1 086 917 406	2.98	—	无	—	境内非国有法人
东方集团股份有限公司	1 066 764 269	2.92	—	质押	1 066 756 240	境内非国有法人

上表可以看出，民生银行无控股股东，股权极度分散。作为一家大型上市公司，股权分散的好处是非常明显的，可以防止大股东欺负小股东的情况发生。股权分散意味着股东大会真正成为公司的最高权力机构。如果是由一个持股50%以上的控股股东，股东大会也就是个象征意义，只要不是大股东

和上市公司之间开展关联交易，大股东需要回避表决，那么大股东基本可以代替上市公司做主所有事情。

这样的治理结构，大股东可以用很高的价格去购买并不那么值钱的资产，也可以把公司的优质资产廉价处理给其他公司；可以用很低的价格把增发新股卖给指定的投资者，同样也可以强行通过高价增发或者配股的方案。

正是因为民生银行的股权分散，才造就了民生银行"狼"一般的性格，其管理机制相较其他银行而言更加灵活，创新能力也更强。民生银行在业内创造了多个第一，而这些事情往往是其他银行不愿意做的。

理由三：民生银行发展战略极具差异化，能在未来的市场竞争中脱颖而出。

随着利率市场化、人民币国际化步伐的加快，面对日益复杂的宏观经济形势和日益激烈的市场竞争态势，国内商业银行战略定位同质化的现状将被打破。未来三到五年时间，民生银行将会加速转型、深化改革，牢牢根植于民营企业，形成明确的业务定位和战略目标，选择差异化经营道路，服务于实体经济，服务于创新小微金融，打造自身品牌，成为一家具有鲜明特色的金融机构，全面提升公司价值。坚持特色银行和效益银行的战略目标，通过加快分行转型和深化事业部改革，成为中国股份制商业银行中具有核心竞争力、可持续发展的标杆性银行。

民营企业是我国经济的重要组成部分，也是我国经济中最具活力的主体。随着中国国力的不断提高，在不久的将来，将会有越来越多的民营企业走向上市、迈向全球。根据民生银行的战略规划，民生银行将会牢牢抓住服务于民营企业这一核心，走与众不同的特色差异化道路，必然会在未来的市场竞争中占有一席之地。

理由四：民生银行历史业绩优秀，ROE 多年维持在 20% 的优秀水平。

民生银行的业绩高速增长止步于 2014 年，在 2014 年之前国民经济增速较快，近年来经济结构调整，民生银行也进入调整期。在调整期里，公司的营业收入与公司的净利润的增速同比放缓了不少，这是公司进行主动业务收缩，调整公司发展结构的结果。

单位：亿元

年份	营收	同比增长率	净利润	同比增长率	ROE
2011	832.68	50.39%	279.2	58.81%	23.95%
2012	1031.11	25.18%	375.63	34.54%	25.24%
2013	1158.86	12.39%	422.78	12.55%	23.23%
2014	1354.69	16.9%	445.46	5.36%	20.41%
2015	1544.25	13.99%	461.11	3.51%	16.98%
2016	1552.11	0.51%	478.43	3.76%	15.13%

即使公司业绩增速放缓，但公司的 ROE 常年都维持在 15% 以上，在过去业绩比较好的年份里其 ROE 均在 20% 以上，这是典型的绩优股。市场往往对增速一时放缓的公司给予比较低的估值，其实，越是如此，这对长线投资者来说越是好消息。

理由五：民生银行重视股东回报，分红可观。

民生银行自上市以来，公司累计分红 576.66 亿元，为长线股东创造了优秀的投资回报水平。纵观股市的历史，只有那些绩优股才会努力用分红回馈股东。到目前为止，民生银行每年也将 20% 以上的利润分配给股东，一年分红两次。在我国的二级市场，银行股的估值往往都很低，大多数跌破了净资产，按照当前民生银行 8.2 元的价格计算，其分红率在 3.5% 左右，不亚于银行定期存款利率，也和普通银行理财产品的收益相差无几。

8.5.4 民生银行的买入区间

民生银行属于银行业，银行业是高杠杆、高风险行业，同样也是经营信用的行业。在国民经济发展的成长期和稳定期，大型上市银行是不可能出现大风险的，因为银行是百业之母，是经济血液的流动站。

如何投资银行股？按照前几章的分析思路，金融行业投资选股的几个重要财务指标是 PB 和 ROE，尤其是 PB，极为重要。PB 越低越好，越高相对来说风险也就越大。因此，银行股的最佳买入时机往往就是在其 PB 大幅度下滑的情况下买入，这时候风险可控，因为公司 ROE 还在增长，净资产还在提高，就算股价短期不涨，每年的分红回报也是相当不错的。一般而言，低 PB

的银行股不可能长期不涨的，因为价值洼地迟早会被市场发现，会被快速填平。

民生银行当前净资产为 9.89 元每股，其股价是 8.2 元每股，PB 仅仅为 0.82 倍，而公司的 ROE 每年维持在 15% 以上，对于如此的市场价格，真正的投资者是不会错过的。按照当前价格买入民生银行，就是银行打折让您入股，这样的好事情，股市里经常发生，就看您是否具有慧眼。君不见，很多民企老板都想削尖脑袋开银行吗？市场上就有优秀的银行、便宜的银行股可以买，为什么要自己开一家银行和民生银行竞争呢？更何况大多数新银行肯定不是民生银行的对手。

8.5.5　民生银行的投资收益

对于金融股而言，在打折的时候买入银行股，其实其理论投资回报就是上市银行的 ROE 水平，民生银行的 ROE 均值在 15% 以上，从理论上讲，长线投资民生银行的回报在 15% 以上，再加上是打折入股的，若把民生银行的分红继续买入，投资回报在 20% 以上也并非不可能。

长期优秀的投资回报只属于那些极具耐心的人。全球著名的"股神"巴菲特每年的投资收益也就 20% 左右，可以这么说，当前价格买入民生银行是一次比肩股市的投资之战。

8.6　资产收藏模型

"资产收藏"的标的被我视为聪明一次的投资标的，其核心在于找到那些具有稳定发展前景的消费垄断型企业，这些公司往往有如下特点：它们是细分行业的隐形冠军企业、有稳定的经营历史、有其他竞争对手无法替代的竞争优势、市场地位无法被撼动，能够保持公司的业绩持续稳定增长，并且有充足的自由现金流，股息率可观。"资产收藏"企业的特征如下：

（1）公司是绩优股。

（2）公司是优质的消费垄断型企业。

（3）公司的管理层优秀，值得信赖。

（4）公司历年 ROE 在 20% 以上，低位数也不低于 15% 以上。

（5）公司的分红率较高，重视股东回报。

8.6.1　公司案例分析：信立泰

信立泰于成立于 1998 年 11 月，主要生产经营化学原料药、粉针剂、片剂和胶囊等产品，是一家集研发、生产、销售于一体的高新技术合资企业，公司于 2009 年上市，自公司上市以来，公司得到了飞速发展，无论是从公司的净利润增长速度，还是从销售规模来看，均有出色的市场表现。上市 8 年来，公司的净利润翻了近 7 倍，营业收入翻了 2 倍有余，是典型的成长股。

本节拟从四个方面来说明信立泰的基本信息；选择信立泰的理由；信立泰的买入价格区间；投资信立泰的预期收益。

8.6.2　信立泰的基本信息

信立泰药业致力于发展世界领先的高新科技，将研究开发创新医药产品作为企业持续发展的关键，以开发国家一、二类新药为主，主攻心血管、抗感染、抗过敏及抗肿瘤等治疗领域，研究开发具有自主知识产权的医药产品。二类新药硫酸氢氯吡格雷片（泰嘉）和地氯雷他定片（信敏汀）被认定为国家重点新产品。

近年来，公司增速放缓，其市场估值偏低。2016 年公司营业收入 38.33 亿元，净利润 13.96 亿元，净利润率 36.26%，如此高的净利润率在上市公司里是名列前茅的，也说明了公司的产品是具有明显差异化竞争优势的。

信立泰的主要核心竞争力如下：

1. 极度专业的研发能力

公司以技术创新为主，管理创新、商业模式创新并重，持续深入推进高端化学药、生物医药、生物医疗三条主线的发展，奠定公司在国内心血管领域的龙头地位；目前在研项目 50 多个，其中有多个一类新药，多个研发成果被评为"国家重点新产品""广东省高新技术产品"等。

2. 优良的产品结构

公司专注于心血管专科药领域，主营产品已形成"金字塔"状梯队式结构。主要产品泰嘉持续保持竞争优势及稳步增长；信立坦作为国内自主研发、拥有自主知识产权（1.1 类新药）的血管紧张素 II 拮抗剂类降压药物，已纳入国家医保目录，并在全国多个顶级学术峰会获得专家的广泛认可，目前学术推广全面铺开，四期临床正在进行中；泰加宁已进入快速放量阶段；创新生物药、生物医疗的研发稳步推进，将进一步丰富公司产品线，提高综合竞争力。

8.6.3 选择信立泰的理由

1. 定性理由

理由一：行业门槛高、发展空间大。

中国正在步入老龄化社会，老年人人口总数的比例逐年提高，而心脑血管病以及肿瘤是当今时代困扰老年人的两大疾病，大多数因病致死的老年病人大多数和这两类病种有关。信立泰公司的产品恰恰契合这两大疾病的治疗，尤其是心脑血管疾病以及糖尿病。

医药高科技公司是典型的高门槛行业，除了需要资本外，还需要相关行业的专业科技人才，信立泰在此行业沉淀多年，再加上国家加强了医药行业的规范管制，后来者要突破有行业积累的公司绝非易事。

红杉资本的投资哲学是：关注赛道，而非赛手。而信立泰公司是高成长赛道中的优秀赛手，是不可多得的优质标的。

理由二：公司发展战略明确。

公司具有国际化视野，眼界宽阔，广泛的和国内外医疗机构进行研发合作，以高端化学药、创新生物与及介入医疗器械为主导，以自主创新为动力，专注于"满足未被满足的临床需求"，以病患者为中心，追求品质提升和顾客满意，形成差异化竞争优势，逐步建成以中国为基地的国际化创新医药企业。

理由三：公司管理层的素质不错。

公司董事长叶澄海现年 74 岁，早年从政，而后弃政从商，成立信立泰公司。从董事长的相关介绍和履历来看，叶先生毫无疑问是具有慧眼和卓越的判断力的。公司分红一直很大方，自由现金流充裕，重视股东回报，这一点足以秒杀大多数企业。此外，公司董事长是公司的绝对控股股东，持股比例近 70%，上市多年来，公司股价上涨了几倍，但很少有减持公司股份的，足见其长线看好公司的发展。公司上市多年，没有出现什么重大丑闻，保持一贯低调务实的作风；总而言之，管理层是优秀且可信的。

2. 定量理由

理由一：公司的财务报表优秀。

单位：亿元

年份	营业收入	扣非净利润	净利润率	ROE
2009	8.5	2.13	25%	32.86%
2010	12.98	3.53	27.2%	20.62%
2011	14.75	3.98	26.98%	20.52%
2012	18.23	6.18	33.9%	27.13%
2013	23.27	8.23	34.70%	29.49%
2014	28.83	10.33	35.83%	30.75%
2015	34.78	12.47	35.85%	30.82%
2016	38.33	13.96	36.26%	28.68%

从以上罗列出的财务数据能发现什么问题呢？信立泰是一家优质成长型公司。从公司多年公布的财务报表上看，信立泰几乎没有有息负债，负债率很低，公司毛利率维持在 70% 以上。并且，从 2009 年到 2017 年，公司多年来 ROE 均保持在 20% 以上，净利润也在稳步上升，净利润率高达 35% 以上，足见公司的管理水平。自上市以来，信立泰表现出强的成长性。

营业收入从 2009 年的 8.5 亿元，成长到 2016 年的 38.33 亿元，接近 4.5 倍涨幅，扣非净利润从 2009 年的 2.13 亿元，成长到 2015 年的 13.96 亿元，涨幅近 7 倍。2009 年公司上市收日市值为 75 亿元，PE 高达 45 倍，而在 2017 年，公司 PE 为 22 倍，市值 320 亿元，8 年市值成长 4 倍有余，是优质成长股的典型。若非估值 PE 的压缩，公司当前的市值应远远超过 320 亿元，从这个方面也看出了公司当前的估值属于低估水平。

优秀公司往往具有优秀的财务数据，财务数据是公司经营的结果，由果导因，也能反映出公司是一家竞争力极强的企业。

理由二：公司分红率高。

自公司上市以来，公司就没有再融资过，说明公司的现金流造血能力极强。不仅如此，公司对股东也是非常慷慨大方的，多年的分红率接近 50% 的盈利水平。高分红率进一步证明了公司的财务报表是真实的，无水分。

根据以往公司的分红水平，2017 年的分红率应该不低于每股 0.7 元，按照当前股价 31 元来计算，公司的分红率为 2.2%，超过银行的 2 年普通定期存款利率水平。在医药行业，如此大方的公司实属罕见。

理由三：员工持股价格合理。

由于公司增速一时放缓，市场比较短视，2017 年公司股价表现低迷，因此公司推出了员工持股计划方案，在公司股价低迷时推出此方案的公司往往是良心企业。

2017 年 6 月 1 日至 6 月 7 日期间，公司第一期员工持股计划通过大宗交易方式，累计买入公司股票 20920300 股，占公司总股本的 2.00%，成交金额合计人民币 597903962 元，成交均价约为 28.58 元 / 股。公司员工持股金额比较大，把公司价值与员工报酬紧密相连，有利于提高公司的盈利水平。

参与该期员工持股计划的员工总人数约 260 人，包括公司及下属控股子公司的董事（不含独立董事、外部董事）、监事（不含外部监事）、高级管理人员和核心员工。其中，参加本次员工持股计划的公司董事、监事和高级管理人员共计 8 人，认购总金额为 8100 万元，占员工持股计划总份额的比例为 13.50%；其他员工认购总金额 51900 万元。

截至 2017 年 6 月 7 日，公司第一期员工持股计划已完成股票购买，并按照规定予以锁定，锁定期为最后一笔购买的标的股票登记过户并由公司发布相关公告之日起 12 个月，即 2017 年 6 月 8 日至 2018 年 6 月 7 日。

8.6.4　信立泰的买入价格区间

信立泰属于医药行业，由于医药行业的弱周期性，医药行业的公司的估值往往处于偏高水平。对于医药股，往往适用于 PE 来估值，很多医药公司的 PE 在 25~30 倍以上，甚至更高。

信立泰公司当前 PE 仅为 22 倍，公司市值 320 亿元，公司股价在 31 元左右。根据公司的发展前景以及行业的判断，当前估值属于偏低水平，长期看，买入风险较低，可以获得相对不错的投资回报。

鉴于公司的员工持股价格在 28.58 元每股，当前市场价格不过高于员工持股价格 7% 左右。鉴于当前公司的估值较低，因此，个人认为信立泰的买入价格区间可为 27-32 元。

8.6.5 投资信立泰的预期收益

从理论上讲，长期看，若公司的估值保持不变，某家公司的投资回报，就是这家公司的 ROE 水平。因此，ROE 越高的公司，越值得长线战略投资。

当前公司的 PE 并不高，处于历史相对低位水平，仅为 22 倍。若投资者以 30 元每股的价格投资信立泰，也就是 314 亿元的市值入股公司，那么其理论的投资回报应该会在 20% 以上。

若公司未来业绩提振，净利润增速回到两位数，那么公司的 PE 估值就会得到大幅提振，其年投资回报预计在 30% 左右。若公司未来业绩保持平稳，即使估值不变，投资回报至少在公司的 ROE 水平。就目前来看，未来公司的业绩大幅度下滑的概率极低，只要持续跟踪公司基本面，风险就可控。

小结：

就以上几个投资模型而言，读者可以根据自己的实际情况以及理解深度进行选择吸收。一招鲜，吃遍天。没有投资实战经验的读者，可以先重点考虑选择活学活用"可转债与正股套利模型"以及"资产收藏模型"。这两大投资模型也是本人平时投资经常使用的，可以让人真正做到淡定投资，把投资赚钱当作一种乐趣和副产品，同时，也有益于身心健康。快乐投资，才是投资的最高境界。

第 9 章

投资组合与投资策略

———————————○————————○———————————

　　无论做什么投资，都是有风险的，只是风险有高有低，出现
的概率有大有小。因此，投资永远都要与风险为伍，投资行业也
是经营风险的行业。

本章主要内容包括：
➤　投资组合管理
➤　投资策略分享

9.1 投资组合管理

9.1.1 投资风险管控

在进入投资市场之前，就要深入了解投资到底存在哪些风险，以便百战不殆，从容不迫应对市场的变化。

1. 市场风险

一般来讲，市场风险主要包括如下几个方面的风险：政策风险、利率风险、系统性风险以及经济周期风险等。其中，系统性风险是投资者最无法把控的。

（1）政策风险：指的是国家宏观政策的变化对金融市场以及公司盈利的影响。国家的宏观政策主要包括货币政策与财政政策以及产业政策，这些政策会影响上市公司的盈利，从而会影响公司股价的波动。比如，国家通过发放大量财政补助给新能源汽车公司，这样就会对新能源汽车公司的业绩产生正面影响，进而影响股价的上涨。

（2）利率风险：指的是中央银行主要为了调整通胀对实体经济的影响而出台相关利率升高或者降低的政策。通胀只是影响利率的一个重要因素，除此之外，利率还受到中央银行的货币政策、经济周期以及国际利率水平的影响。利率的变动是非常不确定的，常有发生，并且利率变动是一个积累的过程，因此，利率风险具有一定的隐蔽性。利率对股市的影响也是非常明显的，主要是影响股市的市盈率。一般来说，股市的平均市盈率为利率的倒数；利率提高，股市的平均市盈率会下降；利率降低，股市的平均市盈率会提高。

（3）系统性风险：指的是一个事件在一连串的机构和市场构成的系统中引起一系列连续损失的可能性。风险的溢出和传染是系统性风险发生时最为典型的特征，另一个重要特征就是风险和收益的不对称性。与个别风险的管理相比，对系统性风险的监管更艰难、更复杂，需要监管理念、监管方式的一些根本改变。系统性风险的特点是：对整个股票市场或绝大多数股票普遍产生不利影响。系统性风险造成的后果带有普遍性，其主要特征是几乎所有的股票均下跌，投资者往往要遭受很大的损失。正是由于这种风险不能通过分散投资相互抵消或者消除，因此又称为不可分散风险。比如 2015 年股灾行情，就属于系统性风险，当时股价天天跌停，市场上几乎没有不大量下跌的股票，投资者均损失惨重，而这时候股价的下跌完全脱离了公司的基本面，市场处于极度不理性的状态。

（4）经济周期风险：经济发展是具有一定的周期性的，而在不同的市场周期里，不同的行业又会呈现出不同的周期。有些行业正处在景气周期，而恰恰相反的是，有些行业却在衰退周期。在景气周期的公司，其业绩往往比较优秀，公司的估值往往比较高，投资者愿意付出较高的风险溢价，而处在周期低谷的公司，其业绩往往比较惨淡，公司的估值也就相应处于历史低位，投资者往往对其退避三舍。比如，前几年煤炭行业的产能严重过剩，煤炭价格大幅度下跌，各大煤炭上市公司业绩纷纷亏损，煤炭公司的股价也相应跌幅惨重；而近年来，随着供给侧改革政策的实施，煤炭价格探底回升，公司业绩大幅度提振，其股价也相应走高。

投资者应该知晓以上市场风险，在入市之前做到心中有数，这样才能更好地驾驭风险，避免成为风险的奴隶，从而导致投资失败。

2. 流动性风险

流动性风险指的是由于将资产变成现金方面的潜在困难而造成的投资者收益的不确定。一种股票在不做出大的价格让步的情况下卖出的困难越大，则拥有该种股票的流动性风险程度越大。因此，投资者应该根据自己投资本金的大小以及可以承担的流动性风险而选择合适的投资标的。

在流通市场上交易的各种股票当中，其流动性风险差异很大。例如，有些股票极易脱手，市场可在与前一交易相同的价格水平上吸收大批量的该种股票交易。如招商银行等大蓝筹股票，每天成交成千上万手，表现出极大的流动性，这类股票，投资者可轻而易举地卖出，而在股票价格上很难引起剧烈波动。而另一些股票在投资者急着要将它们变现时，很难脱手，除非忍痛贱卖，在价格上做出很大牺牲。当投资者打算在一个没有什么买主的市场上将一种股票变现时，就会掉进流动性陷阱。

此外，不得不提的是，我国股市的交易具有涨跌停板，每只股票在交易日中每天的最大涨幅是 10%，最大跌幅也是 10%，当一只股票的股价处于涨跌停板时，该公司的股份的流动性就大大减弱，在这个时候，投资者想在涨停板买入或者在跌停板卖出就会变得很难。

3. 信用风险

信用风险主要是针对债券投资而言的，债券是低风险投资的一个重要品种，受到风险厌恶型投资者的偏好，但是，投资债券之前，务必要了解其信用风险。

信用风险对于银行、债券发行者和投资者来说都是一种非常重要的影响决策的因素。若某公司违约，则银行和投资者都得不到预期的收益。现有多种方法可以对信用风险进行管理。但是，现有的这些方法并不能满足对信用风险管理的更高要求。

国际上，测量公司信用风险指标中最为常用的是该公司的信用评级。这个指标简单并易于理解。例如，穆迪公司对企业的信用评级即被广泛公认。该公司利用被评级公司的财务和历史情况分析，对公司信用进行从 AAA 到 CCC 信用等级的划分。AAA 为信用等级最高，最不可能违约。CCC 为信用等级最低，很有可能违约。

公司的信用评级越高，则投资者或金融机构所承担的信用风险越低，所要求公司付出的信用风险贴水越低；而公司信用评级的降低，则投资者或金融机构所承担的信用风险越高，在高风险的情况下，投资者或金融机构要求公司付出信用风险贴水越高，则公司会很大程度上增加融资成本。

一般来说，信用风险越高的公司，其发出的债券的票面利率就会越高。比如万科的信用风险很低，其可以在市场上以低至 3.5% 的利率发行债券，而其他小型地产公司就无法这么做，这就是公司实力的差异造成的结果。对于过度高于市场利率的债券，投资者在投资之前要做足功课，以防范信用违约风险。

9.1.2　资产配置的逻辑

总体而言，资产配置的逻辑主要和两大因素有关：投资者的年龄以及风险偏好。一般来讲，越年轻的投资者，其可承担的风险就越高，反之，就越低。

另外，投资者在年轻的时候其资金量是偏小的，还处于原始资本的积累阶段，不适合过度分散的投资。环顾全球，伟大的投资者其实都是风险厌恶型的，他们只是在合理聪明的冒风险，都属于保守投资者这一类。

1. 先集中，后分散

年轻时，资本有限，有限的资金在投资收益率较低的情况下其绝对收益还比较小，不足以覆盖家庭的日常开支，因此，在这时候做投资，一定要把火力集中起来，打几次胜仗，才能够完成资本的原始积累，待本金积累到一定程度，比如 1000 万元左右的资金，就要开始准备分散投资了。很多老板在年轻的时候都没有什么钱，他们总是把有限的资金都投在自己熟悉的生意下，有时候还会加财务杠杆去投资，待他们财务自由后，他们就会开始多元化投资了，以分散风险。简单地讲，就是在自己的鸡蛋数量比较少的时候，就尽量放在一个篮子里；待鸡蛋数量增多时，就尽量多找几个篮子放鸡蛋。

2. 加息周期，配置低估值、高股息的资产

股市的平均估值往往受到宏观经济的影响，其中，影响股市最大的因子是利率。在利率逐渐提高的经济周期里，投资者应该重点配置估值相对较低、股息率较高的股票资产，特别是那些股息率可以与实际利率媲美的股票资产。若投资者对估值的理解还不够，建议去买低 PE 的蓝筹股，以防范风险。

例如：随着 2008 年金融海啸渐行渐远，以美国为首的西方资本主义国家逐步退出宽松的货币政策，自 2016 年以来，美国就启动了美元利率上涨的货币政策，这一政策的实施，必然会对资本市场产生巨大影响。货币收紧，利率提高，资金就会流入那些风险更低的资产。从股市上来看，投资者应该把资金买入那些低 PE 的蓝筹价值股，由于这些公司的估值本来就低，下跌空间非常有限，大公司的业绩往往更加稳定，抵抗风险能力强。

因此，笔者在 2018 年的投资仓位里布局了较大仓位的银行股，主要是光大银行、民生银行和农业银行。这些银行股大多都跌破了净资产，有比较高的安全边际，就算股灾再次爆发，对投资者的伤害还是比较小的。假以时日，随着市场的企稳，股市人气的高涨，这是一笔赚钱概率非常高的投资。在熊市里面投资，防守是最大的进攻，只要不亏或者小亏，就是赚钱。

3. 降息周期，适当配置周期性资产

在降息周期，大多数经营杠杆以及财务杠杆较高的周期性明显的公司往往具有极大的业绩弹性，这些公司往往会在短短一年的时间里就能获得非常出色的经营业绩，业绩快速提振往往会给公司的估值带来显著的变化。这时候，公司的股价在短期内往往会有一个出色上涨的过程，投资者可以提前埋伏，待公司业绩爆发性增长确认后，卖出该资产，以获得足够的利润回报。此类型的公司有：工程机械、地产、银行、航运等。

例如：2008 年金融海啸，全球股灾到处蔓延，我国股市也不能独善其身，上证指数从 6000 多点的高位跌到不足 2000 点，跌幅高达 75%。随后，全球各大央行注入海量的流动性资金并启动大规模的宽松货币政策，比如美国启动了海量 QE，我国央行是一而再、再而三的降息，并启动了 4 万亿元的投资。投资者当时若看明白了情况，就应该懂得布局一些周期股进行投资。

笔者当时见证了一些投资高手买入了三一重工和海螺水泥这两只周期性股票。随着 2008 年年底股市的反弹，到 2009 年 9 月份左右，大概不到一年的时间，这两只股票都经历了猛烈地上涨，上涨幅度更是让人瞠目结舌。三一重工从 13 元左右涨到 39 元左右，海螺水泥从 18 元左右涨到 55 元左右，绝对涨幅都接近 2 倍。这样的收益率在当时来讲，肯定是暴利了。这足以让投资者见识到周期性资产的爆发力了。

4. 优先配置可战略投资的资产

无论宏观经济是处在加息周期还是降息周期，投资者都应该配置一些可战略投资的股票资产，因为战略投资的股票是可以穿越牛熊的，它们是时间的朋友，业绩往往随着时间的增加而逐步平稳壮大。这些公司犹如一坛酒，历久弥香。可战略投资的资产在股票市场上是非常稀缺的，A 股上市公司一共有几千家，能值得投资者真正做长线投资的公司也就几十家而已，投资者入市之前，一定要做足功课，这样才能避免选错标的，错过让时间为资产增值的机遇。

综上所述，无论股市是处在熊市，还是牛市，总有一些优质公司的发展是能够穿越牛熊的，大幅度战胜指数的。全球著名投资者巴菲特之所以能够长期战胜标准普尔 500 指数，其秘诀在于他能够精选一些能够长期穿越市场

牛熊的公司，并长线持有十几年甚至几十年不动，获得极高的复利增长。A股到目前不足 30 年的历史，还不到而立之年，但是 A 股里面也存在一些长期大牛股，这些股票就是笔者所说的可战略投资资产，投资者可以以一个收藏的心态来买，无惧短期市场波动，目的是为了获得较高的复利投资回报。

经过与各大投资高手交流，笔者见证了一些民间高手长期投资云南白药和双汇发展的投资历史。云南白药自 1993 年上市以来，公司的市值增长了近百倍，给那些长期投资者带来了极为丰厚的投资回报。在 2008 年大股灾之际，云南白药的跌幅明显是低于大盘的，到了 2009 年，上证指数在 3000 点左右，现而今，时间已经到了 2018 年，上证指数仍然在 3000 点左右，如果按照指数的涨幅来判断，云南白药当前股价在 100 元左右，对应指数至少在 15000点以上。在近十年来，云南白药的市值涨了多少倍呢？涨了接近 7 倍。这个长期收益率能否让投资者满意呢？有不少投资者在股市里追涨杀跌，10 年下来投资收益率非常低，能跑赢指数就不错了。

时间是优秀公司的朋友。优秀公司具有长线走牛的基因，投资者一旦骑上它们，就不要轻易落马，因为它们一定是驰骋江湖、纵横股市的"千里马"。千里马常有，而伯乐不常有。选择投资战略资产，必须具备伯乐的眼光与格局。

9.1.3　构建投资组合

到了实践投资的时候，就无法避免构建投资组合这个问题了。究竟如何买、到底卖什么，这是让很多投资者感到头疼的事情。根据本人以往的投资经验，投资者可以参考如下投资组合模型。

1. 打新投资组合

对于很多刚刚入市的投资者而言，他们对股市的了解非常有限，但是他们又不想错过打新股的投资红利。根据现有的新股发行制度，新股中签是一定赚钱的，中了一签新股，少说可赚取万元，也有可能高达 10 万元，这对很多普通投资者来说是一个巨大诱惑。但是要想获得打新资格，必须拥有一定的股票市值作为门槛。如何才能构建比较合适的打新投资组合呢？

选择那些估值低、分红率高的大蓝筹作为打新投资组合是投资经验不足的投资者的最佳选择。低估值、分红率高意味着有足够厚重的安全垫，无须担心股市波动。就目前的市场行情来看，选择破净的银行股以及低估值的公用事业股是非常不错的选择，投资者可以根据市场情况在沪深两市分别上市的公司里各取一只进行投资。

例如：根据当前我国新股的发行制度，打新股是一件稳赚不赔的生意，这笔生意与买彩票类似，其中奖的概率却比买彩票高多了。但是，要想中新股这种彩票，必须配有一定数量的沪深股票才行，也就是说，必须要有股票持仓才能打新股。对于很多普通小型投资者来讲，打新收益还是非常可观的。根据以上分析，投资经验不足的投资者，选择那些安全性比较高的股票进行打新比较好。

笔者曾经向一些投资小白提供了一些打新股的股票配置建议，实际上这个建议还是非常不错的，经受住了市场的考验，并给他们带来了不错的收益。股票持仓明细如下：

上海证券交易所持仓：兴业银行，买入均价 16.05 元。

深圳证券交易所持仓：双汇发展，买入均价 21.55 元。

以上股票都是大家耳熟能详的，它们有什么共同特征呢？都是低估业绩优秀的大盘蓝筹股，分红率高，估值低，公司的发展前景也是比较可观的。经过长达 1 年多的持仓，兴业银行与双汇发展均有不同程度的涨幅，远远跑赢指数的涨幅，而且这几个投资新手还中了 2 只新股，新股一共获利 3 万多元。

以上的投资收益是不是打败了不少投资老手呢？投资是一项经营风险的工作，首先考虑的应该是风险，其次才是盈利。只有这样，才能把雪球持续不断地滚下去，让复利不断增长。

2. 超级明星投资组合

根据中外的投资历史研究，选择那些超级明星股进行长期投资，也能给投资者带来不错的复利回报。至于什么样的公司可以称为超级明星呢？超级明星公司一般都是和普通老百姓有着密切关联的公司，他们的产品到处可见，有出色的品牌以及良好的财务状况，并且管理层正直诚信，选择这样的公司进行长线投资，踏踏实实当好股东，可以事半功倍，成为一个快乐的投资者。比如贵州茅台、五粮液、伊利股份、双汇发展、东阿阿胶、招商银行等，只要在以合理的价格买入这些公司，长期投资，即可获得不俗的投资回报，这种投资方式贵在坚持，需要和时间赛跑。

例如：知名投资人李剑曾经在博客里反复提及投资要投资优秀公司，知名基金经理但斌曾经在其书中《投资的玫瑰》中提到：只投资那些"皇冠上的明珠"企业，因为这样的公司都是长线大牛股，都是具有牛股基因的。根据笔者的投资经验，如果市场中没有良好的低估标的可供选择，去用一个合理的价格买入那些超级明星企业——俗话说的白马股公司，也是一个非常不错的投资选择。这些组合一旦建立，一般情况下，只要持续关注财务报告，关注一下公司的基本面就可以，可以做到淡定投资，长线持股，而且还能获得不俗的投资业绩。

下面以投资者李剑的历史投资组合与大家分享一下，看看"不战而屈人之兵"的高境界是如何达到的，这种方法其实比较适合那些没有太多时间来分析投资的读者。在 2002 年，李剑给自己的女儿开了一个股票账户，当时的投资组合是：张裕 B、东阿阿胶、云南白药和贵州茅台，这都是市场上超级明星企业，公司的品牌价值高。没想到到了 2012 年，他女儿的股票市值居然涨了 10 倍有余。而时至 2018 年，组合里除了张裕 B 表现比较差外，其余三只股票东阿阿胶和云南白药以及贵州茅台的市值均相较 2012 年增值了几倍。因此，可以推断出李剑女儿当前的股票市值应该比原来增加了 30 倍左右。在 18 年里，资产涨了 30 多倍，这是非常了不起的投资收益。

以上投资结果说明了一个什么问题？只要选好了优质企业，长线投资，不做短线差价，也能获得了不起的投资收益。"股神"巴菲特也是使用了如此策略，他的经典投资名言是："如果不愿意持有 10 年，就连 10 分钟都不要持有。"

3. 高速成长型投资组合

只要一家公司能够不断地长大，业绩稳健提升，其公司的股价必然随着业绩的增长而上涨。成长股才是真正的优质股。有投资经验的投资者，只要耐心挖掘、认真思考并拓宽自己的能力边界，就能在市场上找到这样的公司。投资成长股的核心在于公司的成长是否是可以持续的。

必须要指出的是，有些公司的成长是有陷阱的，这里主要陷阱就是成长是无法持续的。因此，每次看到一家公司业绩快速增长时，投资者要耐心分析快速增长的根本因素，找出其中是否存在可持续增长的基因，这是投资成长股的关键。若要分散投资风险，可选择不同行业的高速成长股，比如在医药行业、食品饮料行业以及科技行业中分别选择一家优质成长型公司进行投资。

例如：每年股市都不乏热点，同样也不会缺乏成长股的亮眼业绩而造成的股价大幅度上涨这样的风景线。买入成长股，长线做多成长股，是股市获得超额投资收益的重要法宝，这也是很多成功的投资者津津乐道的事情。在美国，投资大师费雪就是因为长线投资成长股而大获成功，也因此名声大噪。在中国内地，历史上有不少 10 倍股出没，比如 1997 年左右的四川长虹，近年来的泸州老窖、贵州茅台等优质企业。在中国香港，2004 年入市的腾讯，到 2018 年，其公司的市值成长了高达 560 倍，为很多长期投资者带来了财务自由，让人赞叹不已。

买成长股投资，必须要理清市场定价的逻辑。一般来说，高速成长股的 PE 往往比较高，一般在 30 倍以上。如果只是觉得 PE 高，而害怕买入，那么就容易错失良机。下面列举一个简单的成长股投资组合案例，供读者参考。在 2010 年年底分别买入老板电器和华兰生物，中途不做任何买卖操作，一直持有到 2017 年年底。其投资收益率到底是多少呢？

老板电器，在过去的 7 年里，公司市值增加了 10 倍；华兰生物，在过去的 7 年里，公司市值增加了 3 倍。由于老板电器的业绩增速高于华兰生物，它的市值增速也高于华兰生物。若某个投资者在 2010 年分别投资了 10 万元到老板电器和华兰生物上，当初 20 万的市值 7 年后成长到 130 万元，7 年时间里，绝对盈利高达 550%，而且这不需要做任何买卖操作，淡定穿越几个牛熊周期，这肯定是一笔非常优秀的投资。

但是，投资成长股必须要注意的是，防止杀估值。优秀的成长型企业，一旦业绩增速下降，市场就会用脚来投票，短期会毫不留情杀估值，这时候对投资者来说是重大考验。若业绩增速下降是短期性的事件，则可淡定长线持股；若是因为行业出现了拐点，增速必然放缓，那么逢高减仓出局才是明智的选择。投资者要根据实际情况而做出反应。

9.2　投资策略分享

投资策略乃投资之术。只要能领悟投资之道，投资之术就是小儿科了。下面和读者分享一下本人在投资过程中常用的投资策略，这些策略要根据不同的投资环境而进行适当调整，没有一劳永逸的投资策略，因地制宜、因时而变才能更好地做投资。

9.2.1　股债动态平衡策略

股债动态平衡投资策略其实是来自投资鼻祖格雷厄姆，格雷厄姆建议普通投资者的投资组合最好同时持有股票和债券，二者保持一定的比例，定期进行平衡。这其实符合高抛低吸的道理，只不过这种高抛低吸是被动进行的，中间没有预测和择时，更符合普通投资者。

到底如何操作和实现股债动态平衡呢？这里面的精髓在哪里？投资者构建一个投资组合，其中 50% 的资金投资股票，另外 50% 的资金投资固定收益的债券，根据市场的走势情况进行动态调整，以获得稳定的投资收益。

例如：若某投资者建立了如下投资组合，A 股票 5 万元，B 债券 5 万元，股票与债券的市值比例为 1 ∶ 1。当股市下跌，A 股票下跌 10% 时，股票与债券的市值比例为 0.9 ∶ 1，这时候卖出一部分债券（0.05 倍总市值），买入 A 股票，使得股票与债券的比例再次达到 1 ∶ 1 的平衡。若 A 股票上涨了，则进行反向操作，使得股票与债券的比例达到平衡。依此类推，这样既能锁定投资收益，也能让投资者减少一部分的投资风险，比较适合保守稳健的投资者。

必须要指出的是，这里说的债券主要是低风险的债券，比如国债和 100元附近的可转债。一般来讲，国债的利率比较稳定，也是市场上无风险利率的代表。而可转债可以被看作是上市公司发行的看涨期权，100 元左右的可转债下跌空间非常有限，而上涨空间是无限的，正常情况下，至少会有 30% 以上的上涨空间。

9.2.2　现金为王投资策略

什么时候现金为王呢？现金是氧气，当股市极度下跌，出现系统性风险的时候，投资者就会发现现金的重要性了。很多投资者手上不留一点儿现金，老是急匆匆的满仓，若投资研究不够充分，股市下跌，就容易有套牢的风险。现金为王的投资策略主要应用在如下市场情境中。

当股市指数持续高位上涨，人人迫不及待入市，大多数投资者忘乎所以，都争相入市的时候，此时投资的风险最高。这种情况往往在大牛市的时候出现，人人一致的时候往往是最危险的时候，此时兑现股票，换取大部分现金是非常重要的，理性的投资者从来不会去追求赚取最后一个铜板，敢于急流勇退乃智者所为。高位套现后，留着现金干什么？买货币基金等待时机。

另外，若投资者在一个极度低迷的熊市里入场，这是一个非常不错的开局。但是，既是在熊市投资，也不能轻易满仓，因为熊市持续的时间可能比较长，股市还可能持续下跌，留有一定的现金，就能争取主动权以应对股市的下跌，这样好在低位加仓，降低投资成本。投资是现金与股票之间的变换艺术，只有真正掌控了这个度，投资赚钱不是特别难的事情。

例如：2015 年股市牛气冲天，上证指数一度攀升到 5000 多点，证券公司开户人数大幅度增加，持股市值一天一个样，好像钱就是捡来的一样。贪婪的情况被过度放大。这时候理性的投资者就应该适当降低仓位，套现一部分股票持有现金，以等待时机，因为树不可能长到天上去的。果不其然，股市于 6 月份开始暴跌，无数个跌停，不少投资者损失惨重。最终指数跌到了 2600 多点。这时候有现金就是捡钱的机会了。实际上，等股市跌到了 3000 点左右，就有不少公司凸显出十分明显的投资价值了。

这一行情历历在目，笔者当时非常果断地在一片恐慌之际，用股票账户里面的现金在 13 元左右买入兴业银行的股票，随着国家出台利好政策，股市开始不断反弹，兴业银行很快就涨到了接近 17 元，历时不到 3 个月。3 个月的投资收益率高达 20% 以上，是一笔非常可观的投资回报了。

不只是 2015 年的大股灾可以这么做，A 股经常发生小型股灾，对应的是上证指数在极短期内跌幅 15% 左右，这时候若投资者有现金就非常好了，趁机买入那些被错杀的优质企业，然后耐心等待，就能在短期内获得超过 10% 以上的投资回报。获利后，迅速卖出，继续持有现金，等待下一次股灾。这样反复做，就充分利用了市场的不理性与不作为，能让自己的投资收益率不断提升。即使是在熊市，也能尽量做到不亏损，甚至还有不错的投资回报。

必须要指出的是，在一片下跌之际，投资者需要买入的标的是优质标的。短期投资收益率超过 10%，就可以及时兑现，以待下一次机会。这样的机会经常会有，只要投资者有耐心。对于非常有耐心的人来讲，股市就是提款机。

9.2.3　集中投资策略

对于投资本金不够大的投资者，投资应该尽量集中。大家都知道，"股神"巴菲特管理几千亿美元的资金，也就投资了 20 多个公司的股票，而且前五大公司的市值往往占到投资本金的很大一部分。优选投资标的，集中火力投资，才能提高投资的绝对收益，改变投资人的命运。

可是，我国股市的大多数投资者往往都是自发进行分散投资的，他们觉得投资标的选得越多越好，这样可以分散风险。可是，他们忘记了，分散了投资风险，同时也就降低了投资收益，特别是投资的绝对收益。很多喜欢分散投资的投资者往往都有如下经历：有些股票涨了很多，可是没有重仓，最终结局就是整体投资收益并不高，错过了资产增值的机会。

对于那些喜欢分散投资的投资者，我的建议是不需要买个股来进行投资，直接买指数基金，这样还更省事，而且长期下来，还能打败 80% 的投资者，包括那些所谓的私募基金投资者。

若投资者需要在投资领域有一番作为，在本金比较小的时候，采取集中投资的策略往往更能提高水平和投资收益。因为投资者真正看懂了某家公司的投资价值，他才会有信心重仓买入。随着时间的推移，投资者的水平会得到锻炼并不断提高。

例如：越是投资比较小的投资者，越需要集中投资。一般来说，投资本金在 50 万元以下的投资者，其持有投资标的最好不超过 5 只。根据中登交易系统的数据反馈，我国 80% 的投资者，其投资本金在 50 万元以下，这意味着 80% 的投资者都不应该过度分散投资。长期下来，过度分散的股票投资收益率肯定比不上指数基金，买指数基金还避免了选股之苦，对吧？笔者预计阅读本书的读者大多数的投资本金都不会超过 50 万元。下面以用 40 万元的投资本金来举例说明如何构建投资组合。

根据保守的投资理念，留着 20% 的资金空仓，以待时机是正常的，因此可建仓的资金在 32 万元。根据笔者的投资经验，32 万元一般买 2-3 只股票是比较合适的，这个资金可以均等分配。如果买 3 只股票，每只股票就建仓 10 万元左右。到底挑选什么样的股票进行建仓呢？可以选 3 个不同、关联度非常低的行业各精选一只股票建仓。例如，读者可以选择银行业、生物医药业以及旅游行业中的某只股票进行组合。笔者自己曾经建立过类似的组合如下，供读者参考：

招商银行：持仓 11 万元；通化东宝：持仓 10 万元；宋城演艺：持仓 10 万元。

这三只股票是以上列举的三个行业的典型代表，公司业绩优秀，基本面良好，只要价格合理低估，就可以买入，淡定持有，让时间为自己赚钱。

9.2.4　大周期投资策略

大周期投资策略，主要是依据股市的牛熊转换周期和上市公司的经营周期的变化而做出的投资策略。要想拥有大周期思维，就必须拥有比较广阔的投资格局，这样才能做到心中有数，能够淡定面对市场的波动和风险。

月有阴晴圆缺，股市也一样，是有牛熊周期，在牛市大多数公司的股价都能不断上涨，而在熊市，不分青红皂白，大多数公司的股价都会下跌。若投资者没有大局观，就容易的在熊市迷茫、悲观，而在牛市过多乐观，其实这大可不必。我国股市大概 5 年一次牛熊转换周期，在熊市末期，投资者要敢于重仓优质公司的股票，以待牛市收割利润。若投资者有耐心，可以在熊市末期介入证券股，耐心等待 2-3 年，在牛市卖出，也能获得不错的复利投资收益。

公司的经营也是有周期的，没有一家公司可以长期经营稳定，永远高速增长。优质公司也有业绩低迷的时候，也有遇到困境的时候，这时候股市往往过度反应，会因为某一季度或者某一年的业绩不符合预期而大跌，这种情况的出现，对于那些长期投资者来说，是巨大的福音。因为好的投资决定往往是在情况不好的时候做出的，因为这时候才会有出现低价格，才有便宜货，低价买入优质公司，随着时间的推移，不赚钱都难。

例如：大周期投资策略比较适合周期性行业中的公司，到底哪些行业具有周期性呢？而且周期性是非常明显的呢？一般来讲，如煤炭、钢铁、船舶、工程机械、航运、证券、汽车、房地产等。这些行业里的公司，其经营业绩受到宏观经济的周期性影响非常明显，在景气周期，业绩突飞猛进，爆发力非常强；而在不景气的周期，业绩就会出现暴跌，甚至亏损。这让人感觉，一会儿是在天上，一会儿就跌到了谷底。

周期性行业的公司如何投资呢？一般来讲，在周期性行业业绩出现谷底的时候投资比较好，因为在谷底的时候公司价格便宜，只要耐心等待行业周期回暖，业绩爆发时兑现，就能获得非常不错的投资收益。在业绩出现谷底的时候，这些公司在财务指标上会出现什么特征呢？根据笔者的投资经验，这些公司往往有如下特征：

第一，公司的经营性现金流非常差，往往为负数。

第二，公司的净利润创新低，与历史低位基本持平或更低。

第三，公司的股价经历过惨烈而残酷的暴跌，一般跌幅在 50% 以上，甚至更多。

第四，公司的股价与公司账面价值接近或者大幅度折价于公司的账面价值。

第五，公司的股票在二级市场上成交量极度低迷萎缩，是人人唾弃的对象。

例如：笔者的一个朋友在 2012 年大熊市里不断买入证券股海通证券，当时海通证券的股价在 9 元左右。自我的那位朋友买入后，海通证券的股价仍然在不断下跌，最后跌到了接近 8 元。但是，他没有放弃，越跌越买，一直买到了 2014 年上半年。当然了，这三年来，海通证券的股价一直低迷，他的买入均价在 9.3 元左右，股票账户也没有出现大面积的浮动亏损。他之所以能够坚持几年，就是因为他相信股市是有牛熊周期的，证券股一般在牛市至少有翻倍的投资收益。果不其然，2014 年下半年到 2015 年上半年大牛市，海通证券从底部上涨了接近 3 倍，我那个朋友最后赚了 1.8 倍后盈利出局。4 年下来的投资年均复利收益也有 25% 以上，这也是一笔非常可观的投资收益。

　　使用周期性投资策略时，心中一定要有大局观。只有看得长远，才能淡定并坚持下去，否则，就很容易功亏一篑，倒在黎明之前了。

后 记

财富自由与身心自由

———○————————————————————○———

　　一个人要想获得自由，则必须要与孤独为伍。保持精神上独立和孤独，这是自由的前提。自由是人人都向往的状态。对于一颗心而言，自由意味着长了一对羽翼丰满的翅膀，可以任意飞翔。"不自由，毋宁死，"这是哲学家的宣言。

本章主要内容包括：
➤ 孤独与自由
➤ 财富与自由
➤ 自由生活的安排
➤ 财富传承的秘密
➤ 个人商业模式与财务自由

孤独与自由

诗仙李白曾有句诗："古来圣贤皆寂寞，惟有饮者留其名。"一句简单的诗词道破了宇宙的秘密。古代的皇帝称自己为寡人，寡人是什么意思？意为孤独的人。帝王将相，这些都是人类社会中的顶层人士，曲高和寡，他们在精神上一定是孤独的，能与他们共同对话的人极少，能引得思想上共鸣的人更是凤毛麟角。正是因为他们如此的孤独，保持精神上的独立，才有了至高无上的自由。

自由，这是很多人一辈子神往的两个字。请问现代人自由吗？人身自由、心灵自由、精神自由吗？大多数人还是离不开"组织"与"体制"的，很多人嘴上说喜欢自由，但是他们心底却排斥自由带来的孤独感，自由与孤独可以说是孪生兄弟。喜欢自由却讨厌孤独，这是典型的叶公好龙。为什么说自由人往往是孤独的？原因是真正自由的人不多，一个人能获得各种自由，一定是这个人敢于独立思考，不从众的结果。

"独立之精神，自由之思想。"这应该是教育追求的目标，也是古圣先贤不断推崇的教育意义所在。学习的根本目的在于格物致知，在于提高自己的认知，从而更好地行动，做到知行合一。可是当今时代的教育体制剥夺了太多学生独立思考与独立判断的能力，他们在学校里上课，不过是标准答案的接受者，更不敢质疑教师的权威。因此，教育体制里培养出来的学生往往只适合从事具体的劳动事务，大学毕业走上工作岗位后，大多数人成为工厂流水线上的螺丝钉。

当今时代，时代的巨富人物是马云、马化腾等。他们之所以能够取得如此的成就，固然离不开时代的洪流效应，但更多得益于他们自己的独立思考与独立判断，他们敢于做精神上孤独者，走在时间的前面。

获得财富，最离不开前瞻性的洞察力。一个巨富之人，一定是勇于走在时间前面的人，而走在时间前面的人往往意味着形单影只，精神上高度孤独。

他们的思维方式、行动和实践定然是与普通大众截然不同的，也可以这么认为，他们的思想高度自由，不易得到旁人的理解，但他们却根本不在乎。

回到投资上来，如果您要做谋划或做投资，只需要与极少数几人商量或者自己做决定即可。千万不要与众人探讨，这往往是在做无用功，因为乌合之众是很难理解一个有独立思考、独立判断的人，他们往往只会跟随大流，人云亦云罢了。因此，他们终究不会自由，只会成为别人的棋子或附庸。曾国藩曾说："谋可寡而不可众"，诚哉斯言！

一个人的思想有多孤独，他的成就就会有多高。从某种角度上看，孤独与成就有强相关关系。在当今社会，只有财务自由了，才能有资格去谈人身自由、心灵自由。因此，对于普通百姓来讲，迫切而需要解决的问题是财务自由。要想获得财务自由，就必须增加自己的被动收入，而被动收入的获得往往是来自投资的生意。在商业社会里，不懂得如何去投资，却想要获得财务自由，这是一件非常艰难的事情。

任何一个投资者，在做投资判断之前，都要经历孤独的探索之旅，旅途中或有公司分析或有市场估值等，确定投资标的后，敲下键盘就完成了整个投资的布局，剩下的时间不过是用来验证他的判断。判断准确，投资获得收益；判断错误，投资损失本金。因此，投资赚钱不过是判断力的副产品而已。

投资最需要一颗孤独、独立思考、独立判断、自由的心！不改变内在的东西而想轻松获得外在的物质财富，这是异常艰难的。所有想获得财富自由的人都应该进行一次彻底的深刻思考，思考自由的本质。每一个投资、创业致富的人都是"孤独"的自由人！他们不仅自由，而且思想丰富，热衷于奉献与分享，身上充满了正能量。

财富与自由

财富就是自由；自由亦是财富。在当今社会，财富数量的多寡直接影响到个人的生活质量与水平。财富越多，可供选择的自由就越多。在这个世界上，大多数东西都是可以用财富来衡量的。热爱财富，就是热爱自由。

财富是一个人精神上的产物，自由同样也是如此，这是一对孪生兄弟。拿金钱、肉包子以及狗来举例简单说明：向一只狗扔几个肉包子，出于本能，狗肯定会欣然前往吃包子，但是若扔几块钱给这只狗，这只狗很可能没有什么反应，至少不会流口水。这个简单的事例说明了什么？

狗当然知道肉包子是可以吃的，但是它无法知晓钱是可以买来肉包子，一样也可以换来口腹之欲。对于狗而言，它们肯定是无法懂得金钱的含义的。因此，钱是人类精神相关的产品。自由也是一种精神状态，我们经常说的人身自由、财务自由都是在说与人身或者财务相关的可供多种选择、不受拘束的精神状态。从哲学思辨的角度来看，财富与自由是高度统一的，它们都是关乎"精神"的。

人的欲望被无穷的刺激和挖掘，只要是合乎法律的，市场上几乎都有相关产品在叫卖，财富越多，可供选择的余地就越大，自由也就越多。对于口袋里仅有几百元的长途旅行者，他们选择可乘坐的交通工具恐怕只有普通汽车了；而那些口袋里有几万元的背包客，他们可以轻松选择豪华游轮、高铁、飞机等交通工具，当然了，根据个人喜好，他们同样也可以选择乘坐普通汽车。

到底拥有多少财富才能实现财务自由呢？这是人人都关心的话题，也是普通百姓十分渴求的愿望。财务自由只是大多数教科书上的一个概念而已，这个概念对于不同的人来说，其获得自由的财富多寡是因人、因地而异的，无法用千篇一律的数字来概括。

财务自由是这样一种状态：某个人在不上班的情况下获得的收入远远超过个人上班努力工作获得的薪水与酬劳，并能覆盖基础的固定生活支出。即被动收入远远大于主动收入。因此，一个人要想获得财务自由，他要迫切做什么呢？调整自己的收入结构，提高自己的被动收入。世界上所有获得财务自由的人，都有持续不断、稳定的被动收入。只有持续而稳定的被动收入，才能让人安心放弃主动收入，去从容选择自己想要的生活。

曾经有篇文章说，北京月入 6000 元的保姆比月入 30000 元的白领的生活质量要高。这是因为，保姆每个月可获得的房屋租金收入就高达 50000 元。房屋租金收入属于被动收入，这不需要保姆日夜辛苦工作就能获得，而普通白领的工资必须得通过努力工作才能换取。相比较而言，当然是白领显得更焦虑一些。到底哪些收入属于被动收入呢？股票的股息、银行存款的利息、房租的租金、投资证券或房产获得的差价收益、图书的版税、影视作品版权等。被动收入往往都有一个特点，这些都是资产性收入，只有优质良性资产才能让人源源不断获得被动收入。因此，要想改变个人的财务结构，就必须要思考如何去构建个人优质资产这样的问题，关于这一点，读者们应主动深入、绞尽脑汁去挖掘。

只有拥有财务自由了，才有资格去谈论人生自由、心灵自由。很多人一辈子都在辛辛苦苦为别人打工，可是"工"字不出头，到了退休的年龄，依然过着紧巴巴的日子，这样的结局自然是大多数人不愿意要的。其实，只要人在年轻的时候不断积累金钱财富，逐渐购入或者打造个人的优质资产，就能让自己老有所依，甚至在中年的时候就能获得相对自由的生活状态。当前，国家仍然要以经济建设为中心，普通百姓千万不要等着国家的救助，因为这不符合经济的发展规律。恰恰是因为有了财富差异，财富才得以流通，个人命运与阶层才能得到改变；因此，捍卫私人财富，就是捍卫自由。

亲爱的读者朋友，趁自己还年轻的时候，未雨绸缪，为自由而战、为幸福的生活而战，这是一件让人值得称道的事情。选择不同，结局自然不同。从今天开始，在心中默默地种下财务自由的种子，用辛勤的劳动去浇灌，相信这颗种子会随着时间的前进而生根发芽，茁壮成长，并荫庇后人。

自由生活的安排

经过多年的努力奋斗，一路上过五关斩六将，终于站在了财务自由的山顶上。人生的重大目标得以实现，是值得庆贺的，因为这个目标对于大多数普通百姓来说，他们终其一生的辛劳也未必能换来这样的自由。财务自由了，真正身心自由的生活才正式开始。有人担心财务自由后如何更好地面对生活这一问题，其实，只要愿意认真思考，自由的生活一样可安排得惬意妥当，以下是个人的一些浅见，供读者参考。

1. 从容选择自己感兴趣的工作，不是为钱，而是出于兴趣

现在在极少人能够十分幸运地去选择自己感兴趣的工作，大多数人工作的目标都是为了获得更多的劳动报酬，这时候获得金钱是以牺牲个人兴趣爱好为代价的，即使有心有不甘，但身不由己。财务自由后，就可以淡定地去选择自己感兴趣的工作了，这时候工作的心态与之前大不相同，因为当一个人努力工作是单单出于兴趣的时候，其会工作得更加出色。比如，在这个世界上，很多著名的画家都是因为纯粹爱好画画这门艺术而努力工作的，名利双收只是兴趣的副产品而已。

2. 花时间去游历名山大川，用思想的脚步去丈量这个世界

一个人财务自由后，用一句流行的网络用语可以概括："世界那么大，我想去看看"就不再是一句空话，更不是逃避工作和生活的托词。不管是读万卷书，还是行万里路，都是为了更好地体验生活，提高对这个世界的认知水平。认知水平得到提高，不仅可以让生活过得更有声有色，还能提高投资水平，赚取更多的财富，造福社会。大千世界，无奇不有，学识比不上见识，见多识广的人，才不会成为井底之蛙，更不会执着个人偏见，让自己蒙受不必要的损失。旅行，也是为了更好地认识自己，看清自己。若不懂得思考，不用心去感受旅行，就算是走了万里路，其水平依然停留在"邮差"这个层面。

3. 教育好自己的子女，传承财富的基因

获得财务自由不是一件很容易的事情，这离不开财商的提高与投资的正确实践。在我国大多数学校里，几乎没有提高财商教育的课程，而孩子在大学毕业后就不得不面临谋生的重大课题，毕业就面临失业，这是教育的重大败笔。父母是孩子的第一老师，对子女的教育有义不容辞的责任，父母不能把所有的希望都寄托给学校的教师。父辈们财务自由后，就要努力教育好自己的子女，传承财富的基因，提高子女们的社会生存能力，这样才能避免子女长大成人后成为"伸手党"以及社会的负担。若所有的子女都能过上独立、自主、自由的生活，那么为人父母的责任应该就落到了实处。

4. 若心有余力，财富来源于社会，努力为社会贡献的自己光和热

"修身、齐家、治国、平天下"，这是中国古代士大夫的毕生追求。到

了现代社会，就普通百姓而言，能做好前面两步就是非常了不起的成就了。而后面的两步不仅仅需要更高的能力，更离不开时代赋予的机遇。一个人获得的财富来自哪里？来自社会。当一个人通过自己的奋斗获得财务自由后，在心有余力的情况下，就应该努力回馈社会，为社会的发展贡献自己的绵薄之力。当每个财务自由的人都能如此思考时，这个社会就能承载更多的财富，让更多的普通百姓提高自己的生活水平，国家自然也会繁荣昌盛。

财富传承的秘密

自古以来，中国就有句古谚语："富不过三代"，其实西方世界也有不少类似的谚语，比如 clogs to clogs in three generations，可见财富传承之难。中西方文化虽有差异，但在某些方面还是有很多契合的东西。

自改革开放以来，中国经济发生了翻天覆地的变化。当年响应"先富起来"的人们，无疑都在这次经济浪潮中获得巨量物质财富，原始积累已经完成。现如今，中国企业家的数量十分庞大，这些人的年龄层次大多处在中老年阶段，但以老年居多。

根据中国子承父业的传统，不少企业家家族要开始考虑下一代接班的事情。如何让财富合理安排、顺利传承给下一代甚至是几代？这是当代中国每个富裕家族需要认真思考的问题。可是，这恰恰与"富不过三代"的魔咒是相违背的，本节写作的主要目的就是想探讨这个话题。

在讨论财富传承之前，首先要谈一谈财富的特征。财富在我国的文化中的特性与"水"非常相似，很多人把水比作财富，可见财富的流动性有多大。根据相关统计，每隔 10 年财富就进行一次大的分配和流动，没有与时俱进的人是很难留住财富的，这是财富传承有难度的根本原因。

继承财富与传承财富有很大不同，传承讲究的是可持续性，这与投资有异曲同工之妙。不管是财富的继承还是传承，都离不开财富规划的顶层设计。财富传承主要包括以下几个方面：物质财富的传承、人力资源的传承和精神财富的传承。在这几大传承中，离不开会计师、律师、教育工作者、资产管理者等专业人士的参与。可见，财富传承是一项庞大的系统性工程。

财富传承的最关键之处在于精神财富的传承。人们常说的财富属于物质财富，对于物质上的钱财、金银珠宝、各类房产，没有人能一辈子永远守护，因为人的生命是有限的。因此，不管是多大的富豪，哪怕是全球首富，也只是物质财富的暂时守护者。

《道德经》有言：金玉满堂，莫之能守，说的就是这个道理。其实，精神财富才是物质财富之母。一个人的外在财富是由内在财富决定的，内在财富有多丰厚，外在财富就有多丰厚。获得外在财富只是结果，而内在财富才是根本原因。

很多人一辈子在不断追求物质财富，辛苦之余，也没有得到多少，其实这是在本末倒置。只要多花些时间来思考如何获得内在财富、精神财富，这样物质财富自然就能顺利流入你的口袋。

精神财富是什么？就是一个人的逻辑、思想、判断力、价值观，也是世界财富运行的重大规律。关于财富的传承，近代中国曾国藩的外孙曾经写了一本书《保富法》，没有阅读过此书的读者，强烈建议阅读。本书统计了大量历史案例，究竟能得到什么样的启示呢？那些散财、多行善事家族的后代往往比较有出息，而那些留有巨额财富却不注意精神财富传承的家族，往往都会走向没落，逃不过"富不过三代"的魔咒。

古今中外，您会发现一个相似的现象，凡是巨富、大富大贵的人，同时也是伟大的慈善家。一个人富不富裕，就看这个人做不做慈善。越是大富豪，越是了不起的慈善家。这是相辅相成的，为什么？因为这是宇宙的规律：舍得舍得，越舍越得。

华为的任正非就是一个具有舍得智慧的人，他仅占华为公司股份1%左右，他是这个时代伟大企业家的典型，为国家贡献了大量的税收，解决了社会就业问题，使大量员工成为富豪，而且推动了整个产业的蓬勃发展。这印证了佛学的智慧：财富从哪里来？从布施来，布施得越多，反过来，最终收获也就越多；同时也印证了《道德经》中的"天之道，损有余而补不足"这一道理。

比尔·盖茨、巴菲特、扎尔伯格，无论是老富，还是新富，都选择了大量捐出其获得的巨额物质财富。印证了伟大的富豪，也一定是了不起的慈善家这一说法。本人能力有限，不断分享自己的投资感悟，若这些微不足道的文章能改变极少数人的命运，那也算是贡献出了自己的一份光和热。

一切有形的物质财富终将毁灭，唯有精神财富永世长存。中国的企业家们，当你们把巨额的财富交给您的子女时，一定要特别注意后代精神财富的传承与培养，这样才能真正地守住财富，才能打破"富不过三代"的魔咒。

个人商业模式与财务自由

普通老百姓经常口中所说的财务自由，其实与个人的商业模式有关。商业模式本来是公司运营中的商业语言，但这一语言也适用于个人的身上。曾经《穷爸爸富爸爸》一书风靡全球，也引发了很多人对财务自由生活的向往。若个人的改变只是停留在思想上，却没有落实在行动上，财务自由的目标终究是空谈。下面从几个方面来阐述个人商业模式与财务自由的关系，希望能对读者带来有益的启发。

1. 为什么普通百姓勤劳而不富有

俗语说："小富靠勤，大富靠命。"这是中国一句流传已久的俗语。这就告诉人们，要发家致富，获得小康的生活水平，依靠不断的努力奋斗、勤奋劳作就能达到目标。而大富大贵，虽然是人人向往的目标，但若没有良好的天命，是很难达到的。

"小富靠勤"成为中国人民几千年来的人生信条。中国在过去几千年的文明里，是一个以农业文明为主的社会，工业文明的发达与璀璨也是当代最近几十年的事情。来自于农耕文明的"小富靠勤"似乎对当代互联网文明社会显得并不适应。我们会看到，很多十分勤奋的中国人民，他们日出而作，日落而息，但却并没有获得小康的生活水平，他们经常感叹生活的艰辛与不易，不敢生病，更不敢去医院，因病致贫的人不在少数。

中国 GDP 已经世界第二了，人均 GDP 接近 9000 美金，这一收入水平在全球处于中等偏上的位置。即使如此，我国仍然有大量的贫困人口。

如果说贫穷是一个结果，那么到底是什么导致了人的贫穷？因病致贫、因失业致贫、因地区的落后而致贫、因投资破产而致贫，这些都是非常常见的现象。所谓勤劳，不过是别人上班 8 个小时，自己上班 10 个小时，甚至 16 个小时，增加劳动的时间，多打几份工而已，为什么依然还不富有呢？

在谈到富有之前，我们首先要知道财富分配的逻辑在哪里。这个社会的财富到底是如何分配的呢？风险＞劳动。劳动就是普通百姓眼中的勤劳。而劳动又分为普通劳动和差异化劳动。普通劳动在单位时间内创造的价值低，可替代性强；而差异化劳动在单位时间内创造的价值高，可替代性弱。

纵向比较，一家公司的财富分配是这样的，老板承担高投资风险，收入自然最高，技术业务骨干的差异化劳动收入明显高于前台行政的普通劳动收入。横向比较，上市公司赚钱能力是有差异的，赚钱能力强的公司其产品往往有更高的毛利率和净利润率，而那些经营业绩比较差的公司情况往往相反，产品同质化，低毛利率，低净利润率。

曾经有部励志电影《当幸福来敲门》，我相信很多人都看过。电影里的主人翁之前做的是普通推销员的工作，生活穷困潦倒，而后他通过自己的努力，成为华尔街一名出色的证券经纪人，并创立了自己的公司，成为贫民窟里的百万富翁。很多人电影看了也就完事了，但这个致富故事说明了什么？为什么前者的工作无法成为富人，而后者可以呢？因为前者提供的是普通劳动，产品是普通商品。而后者提供的劳动是差异化劳动，含金量高，产品是差异化产品。

回头看看身边的例子。很多卖菜的老农，天天披星戴月，起早摸黑，怎么能说他们不够勤劳呢？但是他们都致富了吗？实际上他们不但没有致富，反而可能工作失去健康。而巴菲特这样的投资家在家里敲敲键盘就把钱赚了，而且成为世界闻名的大富豪。

2. 到底什么是财务自由

说到财务自由，很多人觉得这是不可能的事情。当然了，这也是人人向往的生活目标。那么到底什么是财务自由呢？有人会说，我有一个亿就财务自由了。财务自由是不是意味着必须要有很多钱才行呢？实际上并非如此。

教科书是如何定义财务自由的，我们来看看。当一个人无须为生活开销而努力赚钱工作时，当一个人的被动收入超过日常生活支出时，我们就认为这个人达到了财务自由。很明显，财务自由不是需要一大堆钱才能完成的。每个人的日常生活标准不同，因此，每个人财务自由目标就有差异，不能千篇一律。有些人的家庭一年生活开支 10 万元，有些人的家庭一年生活开支 50 万元，有些需要数百万元，不同的要求背后，对财务的目标就有很大差异。

那么笔者是如何定义财务自由的呢？所谓财务自由，只是这样一个状态：不用出卖自己的时间来换取生活必需品。我们想要的是自由，而金钱只是手段而非目的，不要把目的当成手段，这样的生活才更有意义，对吗？财务自由后，就能花更多的时间去追求人生的兴趣和爱好，成为真正意义上的自由人。人生最大的悲剧是人到中年，还必须努力为基本生活而奋斗，忽略了被动收入的打造，成为生活和金钱的奴隶。

3. 财务自由与个人商业模式有什么关系

个人如何达到财务自由呢？这与个人商业模式有着密切的关系。商业模式本身是一个关于公司的概念，也就是为了说明公司是如何赚钱，如何为客户创造价值。公司有商业模式，个人难道就没有吗？实际上个人也是存在商业模式的。只是很多人没有认真思考，仔细观察社会的各种现象。个人的商业模式有哪些呢？下面简单和大家罗列一下：

（1）普通上班族，朝九晚五，出售个人时间给老板，获得工资收入，这类人是社会上的大多数人，占80%左右。

（2）各类娱乐明星、体育明星，靠高额的出场费赚钱，提高单位时间的报价，获得高额收入。

（3）老板，各大股份制企业的股东，购买他人的时间，让他人创造有价值的产品，卖出产品，获得利润，他们主要靠别人的劳动来赚钱。

（4）自雇人士，各类小企业主，门店老板，靠出卖自己的劳动时间和产品来赚钱。

（5）作家，专利发明者，靠一定时间内的创造出的产品，重复卖出。

总而言之：个人商业模式不外乎如下几点：

（1）第一种商业模式：一份时间出售一次；普通上班族，农民工等人是此类模式的典型代表。

（2）第二种商业模式：一份时间出售多次；作家、专利发明者等是此类模式的代表。

（3）第三种商业模式：购买他人的时间再出售。老板、投资家们是此类模式的代表。

一个人的时间是有限的，如果只是通过单单出售自己的时间来获得更多的财富，那难度太大了。因此"工"字不出头，说的就是这个道理。如何通过让自己的时间重复卖出或者购买他人的时间为自己创造价值，才是普通人应该提高的地方。前者是很难达到财务自由的，而后者更容易获得财务自由。企业家和投资家从本质上看，就是通过购买他人的时间而发财的，而普通百姓只知道出卖自己的有限生命来获得财富，您觉得这个致富的概率会有多高？

4. 作为个体，如何改良个人商业模式从而提高收入

作为个体，如何改良自己的商业模式，从而提高收入呢？很明显，要像第二种商业模式和第三种商业模式看齐。第二种商业模式是让自己的时间可以做到重复出售，比如成为专利发明者，出卖自己的专利或者依靠专利来创业，靠这个无形资产就能获得比较丰厚的收入。第三种商业模式就是告诉人们要尽可能早学会投资，借用别人的智慧，站在别人的肩膀上去赚钱。

当今时代是一个软价值时代，作为个体来讲，要重视软价值。在软价值时代，创造性思维和技能性活动成为价值创造的主要来源。每个家庭或者个体要根据软价值的创造原理，才能摆脱"勤劳而不富有"的境况。

软价值包括：版权、专利、软件著作（一份时间多次卖出模式，提高周转率模式）；文化类软价值要素包括：艺术品、文物等（提高单位时间内毛利率，净利润率模式）；金融类软价值要素包括：股票，基金，期权等（利用高杠杆率，借用别人的智慧模式）。根据以上软价值的举例说明，聪明的读者就会发现，无论是提高周转率还是毛利率，甚至是利用高杠杆，都是为了提高股东权益回报率 ROE，ROE 提高了，也就意味着赚钱能力提高了。作为个体，应该要努力提高自己的软价值，比如文化创作能力、艺术品鉴别能力和金融投资能力等，才能创造更高的价值，提高自己的收入，把自己打造成一个拥有高毛利率的产品，服务于社会和大众。